天下 ①

明清对外战略史事

邓文初 著

上海三联书店

目 录

下篇　陆地的冲撞

引 言　中国问题与本土理论

> 影响历史进程的并不是发生的事件，而是人们对这些事件的建构，而这些建构往往是虚幻的，是不真实的。

> ——阿迈斯托

本书处理的虽然是一个宏观历史问题，但篇中文章却都是从具体事件与场景入手；作者虽然心存一以贯之的叙事体例，读者却不妨任意挑选其中的篇章开始阅读。以这种方式写作此类具有一定理论难度与思想深度的文本，一方面算是对历史叙事理论化、社会科学化的某种疏离；另一方面也是因为认识到，体系化的历史写作多少是以新概念、新理论与新方法的轰炸替代对史料的深度挖掘、对史实的严肃解读与对历史过程的具体描述。后者最能考验一个历史学人见微知著、洞烛机枢的史识史才，但在某种程度上却已经成为我们这个时代的稀缺品，甚至不免被讥笑为饾饤碎片。其实，每个历史细节都具有独立存在的历史意义与展现全局的诠释力量，所谓芥子须弥，关键在于历史学人自身的识见、火候与境界是否到位。毕竟历史是由活生生的人、物与活泼泼的时、事组成，而不是抽象的概念与宏大的理论。就算是在那些社会学所强调的结构—功能中，政治学所勾勒的组织与制度间，在那些看似无关个人的整体历史中，个人的感受及其认知、群体的行为及其心理、族群的文化与其命运体认，仍旧具有不可忽视的重大意义。说到底，就算是国际关系，依旧需要归结为人与人之间的关系，归结为代理人之间的互动。尽管代理人的人格构造远比自然人复杂，但终究不是抽象的制度或玄妙的理念。宏大的历史场景本来应由这些细节性的历史进程构成，历史意义的发掘与领悟也需要从这些具体事实切入，但主流的历史学写作似乎在进入史料之前就已经"胸有成竹"了，史学于是就沦为社会科学的注脚。

当然，理论先行的历史写作之所以大行其道，原因还在于，这种写作可以批量生产、流水线作业，且多少有着对读者的趣味诱导与逻辑控制，其知识的"生产—消费"市场足以产生拉动经济杠杆的幻象。

本书所论述的宏观历史问题，或者按学术界的行话说即所谓的"问题意识"，在我个人的学术生命中具有连续性。对这一问题的探索就是：在世界历史的巨大变迁中，中国是唯一一个保持着帝国规模的统一国家，尤其是在近代以来，随着几乎所有帝国的崩溃，中国仍旧维持着一定程度的规模与统一，这一独特结果是如何形成的？如果说我之前的学术研究是在传统的近代史时段中对这一问题的探索，本书则是对此问题的进一步上溯，试图在明清帝国的历史进程中发现其秘密，梳理其起源及其向后延续的历史惯性。本书借用了"忽必烈的事业"这一概念来描述这一问题，这是东邻历史学家檀上宽在其《永乐帝——华夷秩序的完成》一书中提出的概念。他说，由于元朝统治时间过短，并未完成中华一体化的制度与知识建构，未完成帝国的政治整合任务，从而给后继者留下了一个巨大而复杂的难题——如何整合一个超大规模的政治实体，以实现天下一体化、华夷秩序一体化，或者说实现大一统。

借用这一命题，是想确认这一问题的重要性。忽必烈所开创的横跨欧亚大陆的庞大帝国，虽然最终在元末反抗力量的冲击中分崩离析，但其开启的真正意义上的全球化第一波历史进程却并不因此中止，反而随着以汉族为主体的大明帝国的兴起，历史上的大一统记忆被激活并得到强化，成为此后明清帝国乃至近代中国的"历史使命"。本书所处理的主题，从传统史学角度讲，可以理解为近代世界历史中的"西方的崛起"与"中国的衰落"这一陈旧的话题。但放在如此宏观的历史序列中考察，这个"旧问题"就获得了"新生命"——明清帝国所面对的巨大政治困境，并非仅仅是中华帝国的内生困境，而是全球化过程中人类必然面对的共同困境；中华帝国遭遇的这种特殊境况，可以理解为先于西方世界且在几无知识准备的情况下过早进入全球化议题，从而造成"消化不良"。如何在制度上消化这样一个超大规模的政治实体，以实现一体化进程？事实上，人类至今也未必找到了一种理想制度。"忽必烈的未竟事业"，既是我们的遗产，也是人类共同的遗产。历史并未终结，而是仍在探索之中。

我个人更倾向于将历史研究当作一场未完成的对话，当作现代与过去之间的往复交流。这既是历史阅读的体验，也是历史研究与写作的感悟。史学，无论是对于专业的历史学家还是业余的爱好者，其魅力，除了有趣猎奇等等知性冲动，大约多少都与在这种历史与现实的往复中、在这浩瀚的宇宙时空中，孤独的个体获得了暂时的归宿有关。

对逝去时间的探寻过程，因此就成为人类意义的落实过程，生命时间的流逝因此就获得了思想空间的驻足。"过去—现在—未来"那永不停止的时间之箭，也就被我们的思考截获，彼此隔离的我与你，由此就可以在意义的巨网之中美丽邂逅。于是，人类这种能够自我反思与需要他人认同的动物，才能够在这如梦幻泡影的宇宙中确定自己的位置与方向，人类的孤独个体由此发现自己并非一颗"流浪的地球"，而是无始无终的宇宙中所有星体的同伴，我们是一个整体。

过去的已经过去，未来的尚未到来，通过历史的对话，我们获得了自我的存在，获得了与他人、与先辈及后来者"三位一体"的完整性。

物不孤立，人无独存，人类是一个整体，历史亦然。

这当然是全球化时代的常识，但也应该成为我们了解全球化之前历史的准则。当然，只有我们相信这种相互依存的永恒法则，那些微弱的，有如宇宙射线一样的幽灵般的联系才能进入我们的视野，那些山崩钟应的效应才不会被当作神话抛弃，而亚马逊河谷中扇动翅膀的蝴蝶才能与我们人类共享着这一份共同的历史荣光。

盖里·汤林森在《文艺复兴魔术里的音乐》中说："意义与价值源自与他人持续不断的对话，而我们所得的意义与价值，只是那不断对话中的短暂驻足而已。"

如果说，本书的写作有某种一以贯之的理念，那就是交流创造历史，是人类跨越自身局限，试图与自然、与他人接触、交往，试图了解另一个世界并认识到人类历史的整体性，历史由此起源，史学也由此诞生。

历史写作如果应该与历史发生具有某种同构同源的关系，我以为，这应是历史学应该具备的自反性背景。

20 世纪 90 年代以来，中国近代史研究经历过一种颠覆性的范式转型，社会进化论、冲击反应论、现代化模式、社会转型模式、全球化范式等等，几乎都被打入"西方中心主义"泥潭之中，被当作"东方主义"的陪葬品而被摒弃。随着后现代主义、后殖民理论、新全球史以及"中国中心观"的兴起，中国近代史的认知体系出现了一次脱胎换骨式的更新与重组，其价值判断也随之发生了逆转甚至颠倒。中国意识、中国话语、中国理论以及中国经验等等带着"中国"字样的东西获得了话语权，而原来作为标准、参照与思想资源的"西方"就此被打回了老家。

　　我曾称这种现象为学术界的"腾笼换鸟"游戏，在新作《历史学家的作坊》中也曾具体分析过这种以族国为边界的学术研究背后的谬误，并揭示了其来龙去脉。冷静反思这一波所谓范式转型，就能发现，它其实最终还是落在西方世界的自我反思框架之中，其问题意识、论述主题与方法体系几乎都是西方学界的翻版，亦步亦趋，真正原创性的话题与自生性的方法仍然阙如，遑论理论体系的创造与话语建构的自主。

　　引发大陆历史学界转向的最新资源是美国加州学派。2000 年彭慕兰的《大分流》曾在中国研究中产生重大影响，其基本观点是，在大分流之前，中国的路径具有普适性，且其成功经验远超当时的西方世界，东西分流或者说此后的"西方的成功"与"中国的衰落"是 18 世纪之后，工业化开始时代的事情。近年译介过来的王国斌、罗森塔尔合著的《大分流之外——中国和欧洲经济变迁的政治》（他们两人也属于加州学派），将"大分流"时间节点推至忽必烈统一中国，并认为，中国的国力与发展得益于由蒙古人开创的这种"大国规模"，其国内市场与劳动分工，以及政府对于社会的弱干预模式，是中华帝国早在西方之前就已经进入"斯密型增长"的原因。导致中西分流的工业化路径，很可能是历史的偶然。中国模式或道路某种程度上远远先行于欧洲，欧洲或许正在重复中国的道路，比如欧盟这类的一体化进程。

我们自然可以以完全不同的方式对待加州学派的这些"假说"。这一假说引发本土的"理论自信"，也可以当作一种国粹式的条件反射对待，见仁见智，不足置论。我个人以为，无论如何，加州学派观察问题的这一独特角度值得认真对待，超大规模政治体所具有的优势似乎在历史上与在现实中都是一个被忽视了的常识，确实需要重新审视。但更重要的是，其所造成的困境也需要加以检讨。由于加州学派主要是经济学家（尽管他们已经由传统的经济学进入制度经济学，他们称之为"政治经济"，不同于马克思主义传统中的"政治经济学"），他们的论述对象是作为政治经济体的帝国或国家（加州学派并没有将国家认作自明的实体，而注意到需要将中国这样的帝国与整个欧洲大陆相比较，或者将苏格兰与中国的长江三角洲相比较），这就可能在方法上造成巨大的失误。事实上，存在于东亚的这个实体，并非一个同质体：其内部有市场，但并非一个完整的统一市场；有文明，但却是多种文明的并存甚至对峙；有中央集权式的治理模式与等级化的官僚体系，但它的覆盖面局限于汉文化区域，其周边还并存着诸多独立或半独立的政治实体；甚至这一实体也会随着历史进程而变换面孔——它既是一个国家、一个帝国，也是一个世界，一个华夷体系与多文明的互动系统。忽视了这种错综复杂的关系与过程，过早提出一套宏观性的结论，其实是危险的。更何况，这些经济学家们的研究视野，较少关注经济活动背后的人：人的意志、欲望、理想与行为；人与人之间的关系，人的互动、人的自我与他人，人们之间的相互比较与等级构造、群体的塑造与平等的追求；以及由人之关系所代表的国与国之间关系，他们对主体意识的建构、利益的诉求、区域的组合与霸权的争夺等等。也就是说，他们严重忽视了权力的性质。这一本该作为"政治经济"核心而加以关注的问题，社会科学难以处理的"人"这一主题，人的因素对历史的影响，被严重忽视了。当然，他们在强化规模优势时也有意忽视了超大规模的困境所在——比如，超大规模政治体与皇帝个人之治之间的矛盾，帝国对资源的集权配置与市场自身法则之间的冲突，华夷秩序内部的等级与平等诉求之间的紧张，天下主义对于外部世界的封闭造成的贸易梗阻与战争频发等引致帝国政治衰败的问题。当然，这些也可能是促进政治发展的因素，关键在于，历史中的决策能否认知及如何应对这些问题。

　　加州学派与其所批判的世界体系理论一样存在着方法论困境，世界体系理论采用"中心—边缘"分析框架时，曾将某些区域当作一个自明概念对待，而忽视了无论是中心还是边缘，其内部仍存在着"中心—边缘"，存在着第二级甚至第三级的"中心—边缘"结构。在这种层级结构中，"中心—边缘"的边界并非固定、清晰，而是始终处在变迁与替代之中，建构中的关系与关系的建构也许更应该是历史学关注的重心，而静态的结构多少属于历史分析者心中的幻象、一种认识论的投射。

　　郑永年先生最近提出的"明代的陷阱"因此就很可能无法构成一个真命题，而只能算是现代人对历史的归罪，一种近乎道德化的指责。在《中国通往海洋文明之路》中，郑永年先生强调：论技术，大明帝国最有可能成为海洋大国；论机会，无论是太平洋还是印度洋都向大明帝国敞开着，西方势力当时还未向东方大规模发展；论势力，作为当时全球第一经济实体与军事大国，大明帝国当然可以为全球海洋立法，并创造在自己掌控之下并属于自己的海洋秩序与文明。但大明帝国却错失了良机，"尚未崛起就已经夭折"。究其原因，是"王朝以陆地地缘为中心的意识形态"。当然，郑永年先生也提及形成"地锁国家"这一意识形态的历史根源，是因为帝国扩张是由北部少数游牧民族完成的等等。这些，如果秉持"同情地理解"这一原则的话，则郑永年先生所说的海洋崛起的机会根本就不是明清帝国的机会，当然，也就不存在他所说的"陷阱"。

因此，如果历史研究要抓住真确的"中国问题"，并以真正的"本土化"话语展开阐述，首先要解决的并非西方中心主义遮蔽，而是历史研究者自我认知的修正——首先要面对的其实是某种现代人的自我中心主义痼疾。

"中国中心观"自然不必拒绝，但比较的视野同样不能缺失，事实上，没有比较，甚至连自我认知都不可能，遑论历史反思与文化重建。

只是这种自我认知与他者比较需要摆脱单行道式的研究旧径，而采用一种全方位的互动互看方式，一种以内部视角平衡外部视角、整体视野平衡局部视野，制度史路径补充结构化路径、框架性思考融合人文思考的前后左右的往复交流，一种近乎国际关系中的不同主体之间的多边对话关系，一种相互考辨与反复打量的"量子纠缠"。这种史学研究路径的设置，就是我所提出的"历史研究方法论与历史进程的发生学一致"，历史与逻辑的一致。历史研究如果想达到逻辑自洽、方法自足，获得学科的独立地位，而不是沦为社会科学的附庸与注脚，不被现实问题牵连套牢，避免陷入国族主义的困境，当然，也避免陷入西方中心主义的困境，则这种"历史与逻辑的一致"在某种程度上就可能是一条突围之路。

严格地说，本人专业属于思想史领域，或者也包括民国史，但一贯以为，学术研究尽管可以且需要划分为各类专业，但专业毕竟只是某种山头主义的代名词，甚至无法面对一个微末如蚂蚁之类的存在，遑论人类历史这样的复杂系统与庞大时空。梁漱溟先生曾以思想家的强硬（或者还有些骄傲吧）口吻宣示，"我为问题中人，而非学术中人"，就是因为看到专业化趋向的问题。可以毫不夸张地说，任何一个微末的问题，无论是历史的还是社会的，都远远大于整个专业，因为生活是整个的，历史是整个的。面对整体的人类社会，强行切割地块的专业，在看似解决了部分问题的同时，却制造了更多的假问题。而一部分的所谓专家其实就沉陷在自己制造的假问题之中，皓首穷经，闭门造车。

前《战略与管理》执行主编黄钟兄一直关注中国外交问题，他对鄙人的史识文笔多有激赏，且常常以乡贤前辈历史学家蒋廷黻为榜样鞭策之，以为我辈后学不能让先辈向隅，蒋廷黻先生的《中国近代史》应后继有人。我本人不是研究外交的，且近代以来外交史实的描述与技术分析虽算不上汗牛充栋，但也足够让读者头昏目眩，似乎不必再给读者添乱。不过黄钟兄具有一切思想"鞭子"的天赋，那就是将他捕获的对话者逼到一个更高层次。想来，他是深得"培养对手的最好办法是提升敌人"之道的。于是我们的对话就由外交史的技术层面进入国际关系的政局层面，由战略决策的行动层面进入决定行动的知识层面，由国际知识的传播层面进入生产知识的共同体层面，并进而触及制度、人事、心态、文化及帝国命运这样的话题。这些话题，对于一个以梁漱溟先生"问题中人"自诩的人来说，是无法拒绝的，何况吾辈视交流为学术之真生命，又岂忍拒绝？！

于是，试着思考这样一个令专业史家却步的"老大难"问题：近代以来中国的外交变局究竟是怎样造成的？这种变局究竟导致怎样的政治变动与文化变迁？国家如何认知与应对这一变局，其决策背后的学理依据究竟是什么？如果没有这场中西交往与冲突，中国的历史进程是否真会如大胡子卡尔·马克思所批判的"密闭棺材里的木乃伊"一样，虽然将长存下去，但时间的延续，并不会给这个古老的机体注入新的生命，正如黑格尔在《历史哲学》中判定东方的历史是停止的一样？这种"欧洲中心论"的"东方主义"究竟是偏见还是事实？与之相对，新的全球史与"中国中心观"是否又是一种颠倒了的"西方中心主义"？

……

在密集的对话中，我试着对这些"老大难"问题进行新的定位与新的思考。当然，这种"新"定位，是指放在"战略"框架下的"新"；"新"思考，是指在知识融合背景下的"新"探索，试着去突破现有知识分类体系造成的专业化分割，在综合性的整体认知中重构历史的多元多线进程。因此，从知识体系而言，本书总是在外交史、政治史、思想史等领域穿梭，交叉采用地缘政治学、知识社会学、国际关系学等领域的方法，看似纷乱，但万变不离其宗，所有的努力都是在试图解释本书所面对的问题。

本书分上下两部分，上篇处理大明帝国的海洋政策，重点在其对待南中国海—印度洋区域的战略决策与布局；下篇处理大清帝国对待蒙古诸部落及俄罗斯帝国的态度，梳理大陆板块的地缘格局。两部分都是在我提出的"双重三角关系"的多边互动框架中展开叙事，在这一框架中探讨帝国对外战略的决策制定过程及其背后的制度与知识基础，并试图理解这一决策过程中的权力、文化与心理机制。

结语部分则重在学术对话，将散落在各个篇章之中的观点、理论串联起来，属于"理论重述"，阅读起来或许稍有艰涩，不感兴趣的读者可以略过。

绪 论　　近代究竟意味着什么

没有平等的精神，近代的历史无以降生

　　如果一定要将近代与传统截然二分，以便在连续绵延的历史长河中划定某种界标，在人类模糊混沌的自我中确立一种清晰的意识，则此坐标非"平等"莫属。平等思想尽管其来也弥远，其获取人类的认同也弥久，但作为一种时代精神，却是近代的独属品格，一个虽不伟大却足以彻底改变人类历史轨迹的发明。

　　人团聚以家、以族、以部落、以国家，随着人的平等而来便有了家族、部落、民族、国家的平等。人之交往产生人际关系，国之交往即为国交，此自古皆然，然而之所以有所谓外交，外交之所以有所谓的近代形态，在于此种平等精神的灌注。

　　平等精神并非上帝的恩赐，而是人类在越来越频繁的交往中建构起来的基本规则和领悟到的生活常识。作为政治动物的人类注定无法在穴居中永世隔绝，也无法永久忍受那种穴居时代建构起来的天尊地卑与身份等级。但要突破这种"天不变，道亦不变"的中古法则，则

举步维艰。

所谓物极必反、大道好还，人类总是要将自己逼入绝境才迷途而知返，人类平等的获取即借道极端不平等的帝国扩张而来，这是一个历史的吊诡。借助帝国的扩张野心与权力意志，天堑变通途，自然的屏障打破了，穴居的隔绝融化了，海洋与陆地编织成一张巨大的网络，欧洲与亚洲合并为一个完整的体系，分散的资源集中在一个经济圈中得以互补互济，各自独立的知识如同季风和潮汛一样循环交锋，各色人种也走到一起——自然生态——转而化为文明系统，旷野之地球再变而成历史的天空。

从此以来，政治扩张了，它由城市而国家，由国家至世界；空间扩张了，由贵族而市民，由外在的身份而内在的价值，人性得以张扬，人格得以辨识，主权得以确认——主权的确认正是近代民族国家成立的基础。主权即国格，而国格无非群体的人格——没有人格尊严的弘扬，何来国格的保持与维护？近代民族国家的诞生，就是在这种帝国自我扩张的阵痛中降临——正是帝国的南征北伐，强行将异质而分居的部落纳入一个整体，帝国无远弗届的占领控制，促进人类的交往与交换。交流即对撞，物与物的对撞，人与人的对撞；交流越是频繁，对撞越是激烈，伤害越可能巨大，反思也就越可能深刻，也就愈加需要召唤一种新的原则以规约这种新的生活。在这种激烈对撞中，孕育了人类平等相待的现实需求与模糊意识。

于此，我们可以说，近代乃是人类走向整体的第一步，近代乃是人类获得整体感的自我确认之路，近代乃是平等人格、国格的相互尊重与确认，近代乃是自由意志的发现与张扬。没有这种价值的张扬，人类也就无以走出中古，近代的历史也就无以降生。

文化相对主义的幻觉只能慰安一时

这种意义上的近代史乃是人类历史上的一个漫长过程，从平等意识的诞生到人与人之间、国与国之间平等交往的实现，需要走出自己的母体，跨越一个深邃而巨大的体制、身份壁垒，跨越建立在这种结构之上的帝国体制。地理大发现为这种突破带来了动力，商业文明的兴起又崩解了强大的旧体制，但要走出身份帝国的阴影，却需要更长的时间。新生总是对于母体的告别，但这种告别却会因为母体的强大而备尝艰难——越是强大的母体越会成为新生成长的障碍。

更为诡谲的是，历史从来就难以同步，在这一波持续五百年之久的近代化过程中，由地中海蔓延至欧洲，并由欧洲向整个世界扩散，凡与这波力量接触的一切古老社会，其命运都如马克思所说的密闭空间中的木乃伊，一旦接触新鲜空气，则顿时摧枯拉朽、纷纷解体。几乎没有一个文明体能逃过这一劫运，唯一的例外，是中国。她虽备受摧残、饱经沧桑却顽强地背负着自己的古老躯壳，跌撞颠踬而旧命维新。

史家每每强调近代乃是两个世界的对撞，是不同文明之冲突，是异质文化之消长，人类社会终将借此融为一体，启蒙时代之理想，东西攸同，普世同遵。而其反论则认为，文明或许有阶梯，文化绝无论高下，历史进程本来各自东西，各有所长，野蛮之西方凭其强盗惯技、霸权话语，颠覆汉家天下，玷辱大同世界，所谓近代，乃强权对公理之践踏，优胜劣汰、适者生存。

如果仅从各自的文化本位看，从穴居时代人类之眼光看，则文化或许确实没有优劣，只是适应与否，环境决定也。但这种"彼亦一是非、此亦一是非"的本位自信所能存在的唯一理由，是彼此间的孤悬隔绝，是老死不相往来的信息阻碍。帝国时代的降临，早已将这种道家乌托邦的存在基础摧毁殆尽。比较的幽灵固然会暂时强化文化个性，文化相对论也许还能支吾一时，但比较过程本身乃是一种更强大的力量，它终将重建一套共识、一套规则、一套交流与理解的语法、一套国家间战争与和平的伦常，为人类社会之共存奠定基础。何况交手之间，高下立判，事实犹在，抵赖不得。

文化相对主义的幻觉也许能慰安一时，但它无法治疗本体的苦痛。近代化过程，不管写成何种高头讲章，妙笔生花，都无法遮蔽其中的苦难与艰难，那些还带着血腥的残忍，以及从这种冷酷的事实中惊醒过来的清醒与挣脱羁绊后的自由酣畅。具体的文化形态或许还会残留着历史的记忆，但文化形态背后的人类情感却有着共通的感应，人类情感背后的社会生活尤其有着共通的诉求。社会是最初的，也是最终的决定因子，而文化只是生活的样法（梁漱溟语），只是保卫人类生活的装甲，文化只是为人的，而不是反之。

近代史其实远未结束

时间的坐标是单一的，且呈直线放射，但时间的现实却是多元的，更像是横断山脉一样皱褶纵横，重叠交错且压缩在一个整块之中，指针早已滑过现代、掉入后现代的烟云，而我们也许至今还在拖着传统的脐带行走。近代的中国已成过去，中国的近代化却风雨飘摇、进退失据。心理的解放往往最早，也往往最迟，因为它的弹性，因为它的反复，我们的脚步还在中古与近代的门槛流连徘徊。在这个意义上，近代史其实远未结束。

历史尚在展开之中，或许历史本无所谓进展。历史只是已然，但已然之内，或被称之为必然，或被命名为偶然。然而，无论偶然必然，均非历史自有脉络，不过著史者的论断。以局中人说局中事，越是条理明辨，越是断章取义。发现铁律，固然是雄才高论之举，体悟偶然之道，或许更接近人类的真实，大道至坦。

同样，于已然之外，历史还有应然或然，在现实之外，未来自有可能状态。没有应然之对境，就无法观照已然之真相；没有已然之事实，更无以构想应然之镜像。这本是理事互释之道、经史互训之义，然史家鲜有能解悟者。读史一悲，著史亦一悲！

历史自有憎恶，而史学应无偏颇。无偏颇之著史者并非无偏见，偏见时时处处在，要在不偏执。在可能的历史中解读过去的踪迹，也许能改变些人类对于自身的认知。帝国这种"孑遗生物"，乃是历史学最好的标本，一种体积巨大的标本，一座足以令绝多历史学家惊叹莫名的富矿。其躯体有如地质层的堆积，不同世代的生命共存在于一个横切面，历时的维度被压缩为共时的结构，时间的流逝潴积为一圈圈文化的痕迹，变动不居的历史于是有了恒定不变的物质形态。

揭示这种帝国"孑遗生物"在近代世界中赖以存在的背景及其理据——国际局势变化所带来的挑战与机遇，国内政局的激荡造成的顿挫与转向，帝国外交在此错综复杂、变动不居之中的战略因应，其布局谋篇、运筹策算，其力量对决、轻重权衡，其出处得失，生聚教训，其已死的故智与新生的精神。

在可能的历史中解读过去的踪迹，也许能改变人类对于自身的认知。虽然，已然发生了的历史无法改变，但未来的历史终究由我们自己的双手创造。人类近代史漫长而曲折，中国的近代史更是颠沛往复，但这些早成陈迹，我们所能做的，是对其重新认知与叙述，而我们的未来命运，或许就在这样的书写与思考之中。

上　篇

海洋的世纪

南中国海与明朝的海洋战略

随着全球史的兴起,历史学界对于中华帝国的认知发生了巨大变化。其中"从中国发现历史"一派对中华帝国的传统形象甚至做了某种颠覆性改造,认为,至少从元以来,世界经济一体化趋势已经出现,而由大明王朝将其制度化。一些比较谨慎的历史学家则认为,早在18世纪全球经济体形成之前,确实存在着某种布罗代尔意义上的"世界经济体"。这个经济体以南中国海贸易圈为中心,连接欧亚大陆;在这个经济体中,中华帝国处于当然的领袖地位,它不仅是最重要的,同时也是最积极的参与者,且一定程度上承担着规则制定者(立法者)与仲裁者之双重角色。其所具有的制度创新能力与主动的外交态势,对全球化历史影响至巨,但其贡献却被此后以欧洲为中心的历史书写遮蔽了。

支持这些说法的最新证据,是一份最近发现的大明航海图。

《塞尔登的中国地图》讲述的西方故事

2008 年 1 月，美国乔治亚南方大学副教授巴契勒（Robert K. Batchler）访问牛津大学，在鲍德林图书馆塞尔登捐赠的一批东方文献中发现了一幅古地图。这幅地图并非简单勾勒中国海岸线，而是具体标示了南中国海域的广阔空间与详细的贸易路线。这位副教授是研究 17 世纪美国贸易史的，他立即发现了古地图的巨大价值。在 2011 年举办的《塞尔登的中国地图》学术讨论会上，巴契勒进一步指出，这幅地图和墨卡托投影法地图不太一样，是葡萄牙和中国两个不同绘图系统的结合。《塞尔登的中国地图》由此引起学术界的高度关注。

著名的全球史学者卜正民（Timothy Brook）通过文本与地图的对勘发现，这幅地图与中国历史学家向达 1935 年在牛津大学鲍德林图书馆抄录回国的航海指南《两种海道指针经》（指路簿）属于同一时期的作品，而那两本指路簿是由荷兰东印度公司职员从巴达维尔带回的，因此，这幅航海图也应是经由荷兰东印度公司流入牛津大学图书馆的。指路簿与航海图若合符契，正可以相互发明。

这幅地图的发现，使卜正民为他的全球史"讲述一个完全不同的明朝在世界中的故事"提供了极好的素材。不过，他讲述的另一个故事或许更适合本文主题。

故事发生地在地图的中心，马来半岛南端，今新加坡海峡，时间是万历三十一年，1603 年 2 月 25 日。

先一年，荷兰东印度公司（成立于 1602 年，获得荷兰政府特许垄断东方香料专卖权，且拥有与土人订立条约及宣战之权力）船长雅各布到南中国海域的南部寻找香料，当时最重要的香料港口在爪哇的万丹，但被葡萄牙人控制，他们一见到荷兰人就处死，以警告这些新来的竞争者。雅各布毫无收获，只好向西航行至马来半岛，与当地一个小国柔佛建立了关系。这个独立的政权曾向葡萄牙宣战，因而希望借助荷兰力量抵制葡萄牙，双方共同拟定了一个计划，拦截葡萄牙商船，如果不能从船上买到香料，则劫持船只并夺走香料。当时，正好"圣卡特琳娜号"经过，荷兰人炮击并最后迫使其投降（炮击力度控制得恰到好处，足以威胁船员而不至于将其击沉）。葡萄牙船员毫发无损地被带到马六甲，而船只则被荷兰人劫持到阿姆斯特丹。当然，荷兰人这次"劫掠"行径斩获颇丰。

对"圣卡特琳娜号劫持事件"，葡萄牙人提出抗议，阿姆斯特丹海事法庭进行审判。1604 年 9 月，法庭判决支持荷兰东印度公司，认为"圣卡特琳娜号"是荷兰对葡萄牙战争中的合法战利品。根据国际法，荷兰和柔佛有权在不受第三方强制的情况下进行贸易；根据自然法，雅各布船长也有权在缺乏有效司法干预的情况下对违法者予以惩罚。

"海盗"荷兰人胜诉了。

这个故事如果放在汉语语境，本来可以到此结束，但竟然没有完结——这正是《塞尔登的中国地图：重返东方大航海时代》只能是一个西方历史学家的作品，而不可能出自中国史学家之手的原因——后续故事似乎更为精彩，也似乎只有在讲完后续部分后才算是进入本文正题。

胜诉了的荷兰东印度公司竟然觉得自己的法律逻辑不够坚实，因此决定在判决书下达之前及时拿出一份有力的法律意见书！他们通过员工亲属关系找到了格老秀斯来完成撰写法律简报的任务，格老秀斯拿出的是一份厚厚的法学论稿，题名为《论捕获物和战利品法》，而其中第十二章则专门探讨海洋是否自由，以及荷兰对干涉自己贸易的第三方动武是否合法的问题——这一部分后来被单独抽出并制版发行，这就是国际法中的名著《海洋自由论》。

这个故事与《塞尔登的中国地图》有什么关系？

原来，1613 年，格老秀斯随同荷兰官方代表团赴英国伦敦就贸易争端展开谈判，他是官方发言人，在开幕式与闭幕式上发表长篇演讲，在告别演说中也一再重申自己的海洋自由论，尽管双方并没有达成任何协议，但争论却引起塞尔登的高度注意——塞尔登当时是初级律师，却有着与格老秀斯一样的才华与抱负，他也在寻求引导人类通过公共途径解决各种事务与争端的法则。为了解格老秀斯的思想，他设法弄到一本《海洋自由论》（英国禁止这本书入境），而且决心写一本书来批驳它，这就是此后的《海洋封闭论》，英文本曾以《论海洋的控制权与所有权》为名出版（1652 年）。

塞尔登收集（此后并捐赠给牛津大学的图书馆）的这幅中国航海图，显然是其海权理论的重要材料，尽管其相关性难以精准确认，但卜正民却做了一个大胆假设——如果荷兰东印度公司交给格老秀斯撰写法律意见书的是这幅地图，而不是两幅欧洲地图，结果又会如何？格老秀斯在驳斥葡萄牙企图排斥荷兰的做法时，是否就可以提出如下理由：其一，亚洲水域不是所谓的"无主之地"，那些当地居民是自由人，他们有权处理自己的事物；其二，阿拉伯人和中国人同东印度各国人民的贸易往来已经进行了几个世纪，从未中断，并且现在仍在继续，而葡萄牙人是此后进入的，因此，他们没有权利改变现状。而塞尔登如果要反驳，他又如何从法律与事实的角度展开辩难？这幅地图能否支持葡萄牙对这片区域的管辖权呢？

如果这场辩论真的发生过，世界历史又当如何书写？

如是，也许国际海洋法的历史就要重新写过了，甚至，全球史的轴心或许该转移至中华帝国吧？

"塞尔登地图"背后的中国故事

这里还有一个故事，与卜正民的故事正好同时发生，也几乎发生在同地——南洋群岛的南端，不过故事主角已经发生变化，而故事的性质，严格说来，应该称之为"惨案"才是。

在南洋群岛这片海域中，菲律宾离中国大陆最近，也是最早的华人开发区。明朝就有"若要富，须往猫里雾"的俗语，"猫里雾"即菲律宾。西人麦哲伦于正德十六年（1521）航海至此，嘉靖二十二年（1543）西班牙国王派遣军舰侵占菲岛，当时西人已经认识到华人在当地经济发展中的重要性，16世纪末，西人莫牙博士（Dr.Antonis Morga）曾说："凡一市镇之设，必不能缺华人，彼等既系各种事业之经营者，且工作勤苦，而工资低廉。"

万历三十年（1602），明政府派人至吕宋（马尼拉）探勘银矿，为西班牙人阻止，并认为其侵犯主权，当地土人与西班牙人一起修武备战，有杀尽华侨之谣言。华人乃于八月三日"圣法兰西节"起事，聚众焚市，杀人颇多。总督率西班牙兵130人征讨，为华人所败，无一生还；九月五日，华人聚众攻城，不克，为土人及西班牙军队反攻，聚而歼之，死亡达2.4万余，生还者仅300人。

这是万历三十一年（1603）间事。第二年（1604），西班牙遣使至澳门，将这一惨案通知葡萄牙人，鉴于事涉大明帝国臣民，又函达广州、漳州中国官吏，其说辞是：华人将谋乱，不得已先行平叛，"请令死者家属往取其孥与帑"。福建巡抚徐学聚报告朝廷，万历帝大怒——但他不是针对西班牙人，而是罪责张嶷——有"究其祸端，良由张嶷妄奏采榷，为之厉阶，及奸商前年杀其酋长，积怨蓄憾"，万历皇帝指责张嶷是提出到吕宋勘探银矿引发这一惨案的罪魁。《明史》记载："帝惊悼，下法司议奸徒罪。三十二年十二月议上，帝曰：嶷等欺诳朝廷，生衅海外，至二万商民尽膏锋刃，损威辱国，死有余辜，即枭首传示海上。吕宋酋擅杀商民，抚案官议罪以闻。"

福建巡抚徐学聚则移檄吕宋，檄文在"薄责"西人之外，表示明帝并不加罪，其中的理由，除了帝国与西人从来亲善，竟然还有如下说法：

> 海外争斗，未知祸首；又中国四民，商贾最贱，岂以贱民兴动兵革？又商贾中弃家游海，压冬不回，父兄亲戚，共所不齿，弃之无所可惜，兵之反以劳师……爰降旨，特行令所在，遣使传谕尔等酋长部落，令咸改悔，畏天守善。其海外戕杀姑不究治。尔等当思皇帝浩荡之恩，中国仁义之大。

这种姿态，导致此后西班牙人对待华人时越来越严苛，征收重税，驱做苦力，甚至限制华人在马尼拉的人数不得过6000，且必须信奉天主教；后又强制华人付租住税、房屋税等。崇祯十二年（1639）又击沉华商海船2艘，强征华人做工，再次引发暴乱，时达一年之久，华人死亡2万余，此崇祯十二、十三年间（1639—1640）的大血案（此后相继还发生过1662年、1686年的大屠杀惨案）。

相比"圣卡特琳娜号"劫持案，这件惨案的性质要严重得多，但是，发生在靠近帝国疆域边缘的这一系列惨案，似乎并没有引出欧洲式的"故事"来……

为什么没有法律诉讼？为什么没有海权主张？为什么没有国际法的法理论争与建构？为什么没有后来呢？

后来？自然是没有后来的，否则，全球史的轴心真的就该转移至中华帝国，而新的全球史也该重新写过了。

南中国海的开放框架与帝国的战略选择

卜正民在《塞尔登的中国地图》中讲述的故事，是试图引出主张海权自由论的格老秀斯与主张海洋主权论的塞尔登在国际法中的冲突，以解释其南中国海区域制度框架在 17 世纪的多样性甚至矛盾的并存状态，那是一种开放性的制度框架——他说，今天的国际海洋法仍是双方观点的结合——既承认海洋自由又允许合理管辖，这一框架是开放的，而全球化的欧洲起源或许就是在 17 世纪初期的南中国海拉开帷幕，历史的机会曾向所有人平等开放，其中，或许中华帝国本来有着近水楼台的优势。

但全球史的书写却最终落在欧洲人的肩上，为什么？

如果将上述两个"故事"放在南中国海开放框架中解读，如果将在此二百年前的郑和下西洋之航海图与 17 世纪初期的这幅"塞尔登航海图"合并来看，确实可以这么说，在 16—17 世纪既存的海洋框架中，同时并存着几套性质互异的制度：经贸方面，则朝贡、朝贡贸易、互市贸易以及海商的自由贸易、走私与海盗行径等等共时性并存，从合法到非法、从国家垄断到自由贸易的经济体制共存；从法律制度看，除了土著的法律外，大明帝国的法律与欧洲法律这两种不同体系也同时并存，尽管不同主体在选择法律管辖范围时会有不同的考量，但至少，当时的欧洲国际法系统已经涉入这一海域的框架之中，而中华帝国的法律也凌驾在南中国海上空——贸易行为，不管是私商盗匪还是国家垄断，最终是一种法律行为。南中国海的开放格局，为人类法律实践提供了舞台，占据这一舞台中心的，必然是事实与理论的双重主张，权力的发生，也必然是事实与意志的双重表述。

只是，欧亚两端，在这个共同舞台上的表演方式却截然不同，大明帝国似乎并不在意这些法权，也没什么法理主张，虽然曾经高调参与过，而且事实上也始终是其最重要的介入力量。

明清帝国的海洋战略一脉相承，而其初创者是大明开国者洪武帝朱元璋（明太祖），定型者则是篡夺其侄儿建文帝政权的永乐帝朱棣（明成祖）。

朱元璋的禁海政策为史界所熟悉（洪武四年即 1371 年，"禁濒海民不得私出海"），不必赘言。这里仅就永乐帝的政策制定略做展开，不仅因为他是彼时帝国海洋政策的最后定型者，而且，因其积极的对外政策产生的巨大影响，至今仍具有魅力。其中，郑和七下西洋的史实尤其为全球史所乐道。

《明史·郑和传》对于郑和的大航海是如此定位的："成祖疑惠帝亡海外，欲踪迹之，且欲耀兵异域，示中国富强"，一些史家将之归结为"通四夷，给封赏，扬国威，示富强"。

尽管追踪建文帝的说法近乎野史，但却是一个无法忽视的制度创设机缘。朱棣篡夺建文帝位留下的权力合法性问题，对他而言是一个致命的心病。若逃亡的建文帝与海外势力联合，朱棣的权力就将处在永远的威胁之中，所以，不少明朝史家都把郑和下西洋和寻找建文帝下落联系起来。更重要的是，朱棣为巩固其统治根基，需要对建文帝的统治基础即江南地主阶层进行打击。他以"复祖制"相标榜，而所谓"洪武祖制"的精神实质，就是对江南豪族大加挞伐。元代海上贸易十分发达，那些从事海上贸易的江南豪族与元朝政权关系融洽，元朝"轻刑薄赋""恩及富室"，故明初许多江南士人怀念元朝，屡屡形诸诗文，而朱元璋的死敌张士诚又是依靠江南地主、大力发展海外贸易而与之分庭抗礼的。故朱元璋在征服江南后，不仅对江南大姓大族大肆杀戮，亦采取贱民化与强制迁移等手段将其连根拔除。为一劳永逸，朱元璋实施严厉的海禁政策，所谓"片板不许入海"。海禁政策的产生与朱氏权力的巩固有着直接关系（参见郑克晟：《从郑和下西洋看明初海外贸易政策的转变》)。

当然，在长达 28 年的七下西洋中，其意图总会发生某些变化，那种策略性的政治行为渐渐淡出，而某种根深蒂固的思想就会浮现，这就是诸多历史学家所强调的"永乐盛世"之心结——永乐帝朱棣一直以元世祖忽必烈为榜样，在其政治理想中，大明帝国要远追元代"天下共主"的盛事，完成天下一家、华夷一体的伟大秩序建构，郑和下西洋只是永乐帝这一战略意图的具体实施罢了。

大明皇朝尤其是永乐帝的对外战略，看似有囊括南部海域的决心与魄力，其派遣郑和下西洋，宣示大明一统于周边国家，似乎在建立一个以中华帝国为轴心的天下秩序或者说华夷秩序。然而，这样的行为，某种程度上只是在满足其篡夺皇权背后的心虚，满足其个人的权力欲望与天下共主的想象——在权力合法性得不到帝国内部承认时，"国际"社会的"臣服"就会变得越来越重要，即使是象征性的，甚至是虚幻的——决定帝国对外战略的最终因素，是统治权问题，虽然，似乎还有些别的什么。

海洋是开放的，但帝国却选择了背海而立，其背后的原因，则是留给历史学家们的艰难任务。

明初国际秩序的构想

从明清帝国长时段看,奠定此后帝国国际秩序与战略框架的洪武、永乐两朝确实在积极外交方面做了许多探索与创设,其对外交往的规模、频率及其影响也足以称雄当时的世界。仅就当时的使节往来看,自洪武二年二月到正统十四年八月(1369—1449)的 80 年间,亚非国家对华使节的派遣达 694 次(日本、朝鲜等与郑和下西洋无关的国家不在此内)。其中洪武朝的 29 年间共 183 次,平均每年 6次;永乐朝的 21 年间,约 318 次,平均每年 15 次;宣德朝的 9 年间,共 79 次,平均每年约 9 次;正统朝的 14 年间共 104 次,平均每年 7 次。其中,永乐时期无论就其频率还是规模都令时人惊叹,如永乐九年(1411)七月甲申,满剌加国王率其妻子陪臣 540 余人入朝,二十一年(1423)九月戊戌,西洋、古里、忽鲁谟斯等 16 国,"遣使千二百人入贡方物至京",朝贡国家由洪武时的十几个增至永乐时的

60余国。也难怪时人有"我朝国势之尊，超迈前古，其驭北虏西蕃，无汉之和亲，无唐之结盟，无宋之纳岁币，亦无兄弟敌国之礼"，故不免发出"呜呼盛哉"的感叹。明初的外交态势，确实有以"帝王居中，抚驭万国"（《明成祖实录》永乐元年）的气势打造中华帝国"天下共主"身份与重建东亚国际秩序的雄心在。只是，帝国是如何打造这种国际秩序的？其意图又达成了多少？

"永乐盛世"的底色

明初朱元璋派遣使臣宣示中外，还仅仅是在履行国际上的告知义务，表示已承元开基，恢复正统，为中国主。原隶属元帝国之诸国番夷，需要交回旧元册封，由帝国颁发新册印信。其辞令也是格式化的，如对爪哇的国书："中国正统，胡人窃据百有余年，纲常既堕，冠履倒置。朕是以起兵讨之，垂二十年，海内悉定。朕奉天命以主中国，恐遐迩未闻，故专报王知之……"（在给占城王的国书中也是"朕主中国，天下用安，恐番夷未知，故遣使以报诸国"之类）此外，就是颁发《大统历》，让四夷"其知正朔所在"。

洪武二年编定的《皇明祖训》具有最高法令意义，朱元璋垂示子孙：

> 四方诸夷，皆限山隔海，僻在一隅，得其地不足以供给，得其民不足以使令。若其自不揣量，来扰我边，则彼为不祥。彼既不为中国患，而我兴兵轻伐，亦不祥也。吾恐后世子孙倚中国富强，贪一时战功，无故兴兵，致伤人

命，切记不可。但胡戎与西北边境，互相密迩，累世战争，必选将练兵，时谨备之。今将不征诸夷国名，开列于后：东北朝鲜国，正东偏北日本国，正南偏东大琉球国、小琉球国，西南安南国、真腊国、暹罗国、占城国、苏门答剌、西洋国、爪哇国、彭亨国、白花国、三弗齐国、渤泥国。

朱元璋对群臣说过，这些小国，"彼不为中国患者，朕决不伐之"。这既是基于国势的判断，也是明初战略重在西北防御，而在东南沿海采取保守外交态度的国策使然。

但成祖朱棣却有超迈洪武的雄心，其外交政策一改洪武"祖训"而趋向主动积极。史称成祖"锐意通四夷"，其意图除了建立朝贡贸易体系外，文化上的目标尚有"恒使敷宣教化与海外诸番国，导以礼义，变其夷习"，即推广儒家文化于四夷。而就其政治意图言，则主要是通过"宣威中外""招徕四夷""赍予厚物"等"怀柔远人"诸策略以实施其建立天下共主的雄略霸图。

《明史·西域传》记载："自成祖以武定天下，欲威制万方，遣使四出招徕。由是西域大小诸国莫不稽颡称臣，献琛恐后。又北穷沙漠，南极溟海，东西抵日出没之处，凡舟车可至者，无所不届。"

"以武定天下，欲威制万方，遣使四出招徕"，确实在某种程度上透露了明初外交战略的底色——明初"万国来朝"的盛景，是在武力威制的背景下"四出招徕"的，也就是说，它多少是一种单方面的努力与认知，"很大程度带有自我陶醉的渲染成分"，其表面效果大于实际效果，象征意义远超现实意义。

帝国是如何建立国际秩序的

尽管洪武、永乐均以元朝继承者自命，但自元朝崩溃后，南部海域一带以及印度洋的局势毕竟发生了巨大的变化。原有秩序不存，不仅"四夷"与中华帝国之间的关系解体，帝国边境时时遭遇骚扰，"四夷"之间也是纠纷蜂起、冲突不断，其关系更需要重整重组。

但任何新秩序的重建都意味着对原有秩序的否认、冲击甚至破坏。其成功不仅需要重新调整与各国间的关系，调整帝国与各藩属间的关系，而且需要一套至少在当时能为各方所接受的国际理论（文化），以及实践这一理论的强制力量。

就当时南部海洋区域的地缘政治与战略地位看，满剌加（马六甲）位置极为关键，它地处东西洋的交汇要冲，是太平洋与印度洋的交通要道，帝国无论是从维护其自身利益还是维持区域海洋秩序考量，都需要首先控制这一地带。但也正因其要冲地位，使得它成为各种力量争夺的要害之处。14 世纪以来，爪哇和暹罗（泰国，当时处在阿瑜陀耶王朝治下）就在此地反复争夺。当时的爪哇并非小国，自元世祖远征爪哇而全军覆灭时起（至元二十九年，即 1292 年，元世祖派遣 2 万兵力跨海远征），爪哇国（当时又称满者伯夷、阇婆）就迅速崛起为海上霸主。14 世纪中期，其控制区域除爪哇本岛外，尚有苏门答腊、马来半岛、婆罗洲以及巴厘岛、望加锡、班达群岛和马鲁古群岛。

洪武二年，朱元璋曾派遣使者招徕爪哇进贡，但爪哇不予理睬；第二年，洪武帝再次遣使告知"元君已灭"，"朕仿前代帝王，治理天下"，爪哇在确认元朝灭亡后才遣使来贡。不过，其属国三佛齐（当时为室利佛逝）、渤泥（婆罗洲）却没有反应。

当明朝使臣抵达渤泥时，爪哇的代表正好也在。他警告渤泥国王：

"苏禄来攻，王帅师却之，今闻归诚中国，无我阇婆矣？"渤泥国王只好称病拒见中国使臣。但中国使臣沈秩威胁说："尔谓阇婆非中国臣邪？阇婆尚称臣，于尔国乎何有？使者朝还，天兵旦夕至，虽欲噬脐，悔可及乎！"在这样半威吓半诱劝的背景下，渤泥派出使臣到大明"一游"，但终明之世，也就只此"一游"。可见，爪哇之势力，并不在大明帝国之下。

朱元璋也一样在主动招徕三佛齐进贡，并于洪武十年（1377）册封其国王，赐给镀金银印。而册封使团（随带至少300名军士）竟然被爪哇扣留杀害，并乘机将明廷册封的三佛齐国灭了——事隔两年，明廷才借爪哇"礼意不诚"扣留其使臣，但朱元璋最后还是将他们释放了。过一年，当爪哇使臣再次入贡时（洪武十三年），朱元璋才提出警告，但也只是轻描淡写："岂尔恃险远，故敢肆侮如是欤？""尔二王当省己自修。"

对爪哇的软弱，并非出于大明帝国在外交上不敢用威、重在"敷宣教化"，而是基于对爪哇海上力量的考虑。对南部海洋局势的判断，尽管一开始朱元璋并不太明确，但三佛齐灭国之后应是清楚的，因为在当时的南部海洋一带，爪哇势力范围之内再无国家朝贡。马六甲以西的国家，自洪武三十一年（1398）后，也再无朝贡国东来。明廷对于南部海洋的控制，也只有中南半岛的安南、占城、真腊（柬埔寨）、暹罗。

不过，就算是这些"硕果仅存"的邻国，也未必真的臣服。暹罗就始终在挑战大明帝国的地位——其对三佛齐的控制就是明证。

14世纪末，三佛齐遭到爪哇进攻，巴林邦王子拜里迷苏剌被迫逃亡，在逃亡之地又遭到暹罗进攻，再次逃亡至马六甲。不过，他的运气终于来了——在逃至马六甲后不久的1403年，明代使臣尹庆路经该地,"宣示威德及招徕之意"—— 他正好碰上明廷决意重组南洋国际秩序的绝佳时机,而扶植三佛齐对大明帝国的海洋战略可谓至关重要。于是,这位王子抓住机会,派出使节随同尹庆赴明廷朝贡。使节在明成祖面前提出内附归属之意。《明成祖实录》记载:"其王慕义,愿同中国属郡,岁效职贡,请封其山为一国之镇",这正应了"敷宣教化"的大愿,成祖大喜,对礼部官员表示:"先王封山川,奠疆域,分宝玉,赐藩镇,所以宠异远人,示无外也。"于是为其亲撰碑文:"赐以铭诗,勒之贞石,永示其万世子孙、国人,与天无极。"1405 年,明成祖封拜里迷苏剌为满剌加国王。

满剌加将自己纳入中华帝国的天下秩序之中,当然并非仅仅出于仰慕之心,而是利用明帝国的力量以对付比自己强大的对手。而大明帝国又正好需要扶植并利用这个位处"南洋总汇"要地的小国以经略东西洋。当时的暹罗虽也向明廷朝贡,但其国势强大,并不太在乎大明帝国的"秩序",于是满剌加警报频传,帝国也只好警告不断。

永乐五年(1407),占城(今越南)贡使返国,舟飘至彭亨(今马来西亚),暹罗扣留使臣,不让归国。同时,苏门答腊及满剌加也在投诉暹罗恃强发兵夺取天朝所赐印诰,于是,帝降旨敕责:

> 占城、苏门答腊、满剌加与尔俱受朝命,安能逞威拘其贡使,夺其诰印。天有显道,善福祸淫,安南黎贼,可为鉴戒。其即返占城使者,还苏门答腊、满剌加印诰。自今奉天循理,保境睦邻,庶共享太平之福……

暹罗倒是遵旨如命了,但并不因此收敛。1419 年,满剌加再次报警,明成祖也只能再次警告,话说得很严厉,却又自己替暹罗国王开脱。《明成祖实录》记载：

> 况满剌加国王既已内属，则为朝廷之臣。彼如有过，当申理于朝廷，不务出此而辄加兵，是不有朝廷矣！此必非王之意，或者左右假王之名，弄兵以逞私忿。王宜深思，勿为所惑，辑睦邻国，无相侵越，并受其福，岂有穷哉！

郑和第七次下西洋时，暹罗问题并没有解决，他也随带了给暹罗国王的敕谕。《明宣宗实录》记载：

> 比闻满剌加国王欲躬来朝，而阻于王国。以朕度之，必非王意，皆王左右之人不能深思远虑，阻绝道路，与邻邦启衅，斯岂长保富贵之道。王宜恪遵朕命，睦邻通好，省谕下人勿肆侮，则见王能敬天事大，保国安民，和睦邻境，以副朕同仁之心。

帝国似乎没有别的办法，一再试图"教育"这些"蛮夷"，但在国家利益面前，"说教"是没用的。

这里需要就上引文提及的"安南黎贼，可为鉴戒"史实略做注解。元以来的越南分为两个国家，在北部的越南与在南部的占城（占婆）之间时有战争。朱元璋在位期间采取的是调解政策，希望双方和睦相处。到成祖时，北部的胡朝（1398—1407，是原陈朝政权外戚篡夺建立的）不仅侵占了明帝国广西边境，对于明廷要求其停止入侵占城的敦劝也置若罔闻，且抢夺明廷赏赐给占城的物资。明廷派兵予以警告，才撤出围困占城首都的军队。

1404 年，逃亡老挝的陈朝王孙陈天平到达中国，告发胡氏夺权真相。永乐帝遣使敕谕当时的越南王胡汉苍，要他"迎还天平，以君事之"，并派军队护送陈天平回去，但胡汉苍却在中途将其劫杀。永乐帝大怒，于 1406 年兴师问罪，灭其国，置交趾布政使司，并其版图，这就是警告暹罗时提及的"鉴戒"。但明廷对越南的占领并没有多少效力，越南民众激烈抵抗。1427 年，明军只能撤出，由黎氏复国，此后双方纠纷历明清两朝而未尚稍歇。

尽管越南属于朱元璋祖训中的"不征之国"，但永乐帝最后还是将其灭掉了，原因大约与越南对占城的侵略有关——占城乃是大明通往东南亚与南亚的第一站，是郑和下西洋的大本营，一旦失去，帝国在南部海洋的战略就全盘皆输——帝国虽喜欢唱教化高调，但涉及重大利害时，武力介入从来都是毫不犹豫。

显然，从战略角度看，明廷有着十分准确的判断——占城与满剌加，一东一西，控制住这两端，也就控制住了整个南部海域，控制了东西洋。确实，郑和经略东西洋的重点也在这里（郑和下西洋建立的两个转运中心——"官厂"就设在占城和满剌加），他不仅以武力剿灭了威胁马六甲海峡航运安全的海盗集团陈祖义，设立宣慰司，也努力化解当地政权争执，控制局面；他告诫那些"喜战好斗"的岛国，要"循理安分，勿得违越；不可欺寡，不可凌弱"，"不服，则耀武以慑之"，恩威并施，以维护大明帝国的海上权利，建立南部海洋秩序。但好景不长，"及郑和之战舰，由南洋撤回时，诸小国及散居各处之岛屿，亦皆立即瓦解，而恢复其往昔互相内讧之状态焉"。（奚尔恩：《远东史·十五世纪时中国与马来西亚之交通》）

开放而自由的海洋有它自己的地缘政治格局与内部秩序，要改造这一格局、重建国际秩序，大明帝国并不具备绝对优势。

天下秩序的理论与理想

大明帝国建构其天下秩序的策略，除了以强大的武力为后盾，"据诸番要冲"，以保障其海上之权外，对"四夷"的控制主要是通过建立朝贡关系将周边世界扁平化。按永乐帝的说法，就是诸番"即已内属，则为朝廷之臣"，因此，其内部朝贡关系必须取缔，各藩属地位平等，朝廷为唯一的权威来源，大明皇帝为天下共主。日本学者滨下武志认为这种模式其实就是将中华帝国的国内治理模式向外复制、拓展，是自秦汉以来中央集权无远弗届的扩张在国际关系上的显示。这一模式将"中央—各省"的关系延伸至周边与外国，形成一个以帝国为中心的同心圆等级结构，一个"君—臣—民"的金字塔结构。在这一秩序中，中华帝国——作为天下共主——并不是平等参与者，而是立法者、监视者与仲裁者，周边夷狄"平等地"臣服其下，中华共主君父般高高在上。

当然，这种"设计"只能是一厢情愿、一种纯粹的纸面理想，在现实中根本无法生根。因为其秩序的运行，需要一个"居天下之中"、无偏无袒、大爱无私的君父，一种非实体的"虚君"。但占据这一"虚位"的"中华帝国"却是一个政治实体（国家）——作为实体，必然要介入实际政治，与各国发生利益关联，从而失去其"非实体"身份——"中华帝国"。既要"超然中外"，又想"君临天下"，这样的两难任务，没有一个地上的王国能够承担。

"朝贡贸易"体制是如何失败的

国人所津津乐道的"三宝太监下西洋",誉之者称其为"扬中华之国威于海外",毁之者则讥笑其"花钱赚吆喝",这些后人对于历史的雌黄,不必多论。当事人究竟如何认知,才是一个严肃的问题。

郑和船队 2.78 余万人,62 艘宝船,宝船长达 44 丈,宽 18 丈,其余的船只计 200 余艘,每艘宝船造价在五六千两银子以上,如此巨大的规模,所耗国费肯定不赀。所以,连好大喜功的永乐帝也是"一则以喜,一则以惧"。其喜,不必说,其所惧则在"须是支动天下十三省钱粮来,方才够用"。

《广志绎》载:"国初,府库充溢,三宝郑太监下西洋,赍银七百余万,费十载,尚剩百余万归。"也就是说,郑和下西洋所耗国币600 万两,这些国币除了部分购买珍奇异宝进献皇上外,大部分用于赏赐奖诱朝贡列国——600 万两意味着什么?当时的物价为每石粟值银二钱，而明朝中叶时的国家岁支，也不过 300 余万两。

所以当时即有"岁时颁赐，库藏为虚"的记载。永乐十九年（1421），郑和第六次下西洋间，北京奉天、华盖、谨身三殿火灾，明成祖下诏求谏言，侍读李时勉等上书"连年四方蛮夷朝贡之使，相望于道，实罢中国"（罢，疲也）；"且钱出外国，自昔有禁，今乃竭天下之所有以与之，可谓失其宜矣"。明初本来已经出现钱荒，经过郑和这一"扬威"，钱荒也就愈发严重，通货膨胀于是"迎头赶上"。

政治家们都是清醒的实用主义者，绝不会睁着眼睛干这样的昏事。其实早在明初，道理就已经很明白了：朱元璋意识到，没有一个国家会甘居人下，臣服所谓的中华上国，那些宣称仰慕中华文明的四夷，最终都是为利益而来（洪武十三年朱元璋就说过海外诸番"虽云修贡，实则慕利"的实话）。为此，他在"设计"大明与周边国家关系时，调整自己的思路，试图将政治性的朝贡与经济性的贸易合为一体，这就是王圻所谓"无贡不市，无市不贡"原则的建立。在具体执行时，更是设计了一套精密的防范措施，在"朝贡有定期，规模有定制"之外，又附加了一套"勘合制度"。明人张岱记载，太祖"以海外诸国进贡，信使往来不实，乃命礼部置勘合文簿，发给诸国，俾有凭信稽考，以杜奸诈"。明廷发给朝贡使团凭证"勘合文簿"，"每国勘合二百道，号簿四扇"，朝贡使团不仅要将人数、船舶数、进贡物品、贸易商品数量一一填写清楚，明廷港口官员也要依据底簿一一勘查比合，只有比合相符的使团才能允许其进京朝贡，这就是学界所称"朝贡贸易"体制的主要内容。对这种体制，日本学者檀上宽将其归结为："这个体制的特征就是把周边国家对中国物资的需求作为筹码，将以明朝为中心的华夷秩序推广遍及东亚全域。若周边诸国要与中国进行商贸往来，就必须要置身于明朝制定的华夷秩序框架之中，受其规范。"确实，在这个体制中，"夷人"获利益之惠，帝国得声光之隆，天下秩序井然，列国与臣民的行为都被纳入帝国的周密规划之中。从制度设计角度讲，这套体系确实欲达到"各取所需，各得其所"的理想效果。然而，这样的"理想"在现实中并没有存活多久，尽管明清帝国在对外关系上，始终是以一种近乎"理想主义"的固执态度执行着这套体制。

我们的问题是：这种"理想"的制度究竟是如何失败的？

朝贡体系的"顺风船"

郑和第六次下西洋回朝时，带回1200人的朝贡队伍，《明史》记载这是"旷古未有"的大盛事。不过历史上的这种重大利好，往往暗含着令人哭笑不得的闹剧，或许，这种"旷古未有"的声势背后是"旷古未有"的笑话——只是，不便揭破而已。

《殊域周咨录》有一段记载：

> 按四夷使臣，多非本国之人，皆我华无耻之士，易名篡身，窃其禄位者，盖因去中国路远，无从稽考，朝廷又惮失远人之心，故凡贡使至，必厚待其人，私货来，皆备偿其值。不暇问其真伪，射利奸氓，叛从外国亦众，如日本之宋素卿，暹罗之谢文彬，佛郎机之火者亚三，凡此不知其几也。

这段文字明白指出那些"四夷使臣"的华人身份，尽管"皆我华无耻之士"的说法有夸大之嫌，但文中所列名单，却真实不差。我们就其中佛郎机国（葡萄牙）翻译火者亚三的故事略做解说。

葡萄牙乃是最先挑战朝贡体制的西方国家，《明武宗实录》有"佛郎机最号凶诈，兵器比诸夷独精"之语。葡萄牙并未列入大明的朝贡国之内，正德十二年（1507），其使臣携国书至广州，试图建立外交贸易关系，当时的广东布政使违例允其入广州进行贸易，并报告明廷，明廷不允，命令遣还使者。

但使者比留斯却滞留广州，据说，这与其通译火者亚三夤缘权贵有直接关系。《明史·佛郎机传》记载："其人久留不去，剽劫行旅，至掠小儿为食，已而夤缘镇守中贵，许入京。武宗南巡，其使者火者亚三，因江彬侍帝左右，帝时学其语以为戏。"

火者亚三如何有此能力，不仅违背祖制，且能亲近武宗，随侍左右？《明史·佛郎机传》中说，武宗崩，亚三下吏（下狱），"自言本华人，为番人所使"。

原来火者亚三本是华人（浮梁人，浮梁即今江西景德镇），所以，葡萄牙不仅能突破朝贡贸易的祖制，"且诈称满剌加国使臣，朝见欲位诸夷上"。（《殊域周咨录》）

葡萄牙人冒名满剌加使者跻身朝贡行列，华人伪为四夷使者从事顺风贸易的事，绝非个案，不仅上举《殊域周咨录》有如是记载，明代史籍此类史实处处皆是。《明武宗实录》中有："先是两广奸民，私通番货，勾引外夷，与进贡者混，以图私利。"《明史·琉球传》也有："近年所遣之使，多系闽中逋逃罪人，杀人纵火，奸狡百端，专贸中国之货，以擅外番之利。"《明史·满剌加传》也有记载："正德三年，使臣端亚智等入贡，其通事亚刘，本江西万安人萧明举。"

私人著述中，沈德符在其《万历野获编》中还举了正统年间的爪哇使臣财富八致满，为福建龙溪人，本名洪茂仔；扬淮西沙，也是中国人，本名祁信；正统年间的爪哇使臣亚裂马用良，通事南文且、良殷等，均为福建龙溪人；弘治十年（1497）暹罗通事奈罗，是福建清流人……

推动明初朝贡贸易的主力，表面看是大明帝国与四夷诸国，但背后的主力，却可能是那些被禁止的海商。帝国有自己的海洋战略，苦心孤诣设计了这套独步中外的朝贡贸易体制，但海商亦有自己的求利之道，其手段之"巧妙"，可谓道高一尺魔高一丈——朝贡贸易制度于是成为海商们谋利的顺风船。

禁海政策将海商逼成"倭寇"

"昔也夷人入中华，今也华人入外夷也"，明人郑晓在《吾学篇》中如是说，它反映着一股巨大的历史潮流——帝国沿海民众已经参与到全球贸易的大潮之中，闽广江浙一带居民纷纷下海，或移民，或贸易，其势方兴未艾（"云中、闽、浙犹未艾也"）。故郑晓警醒说，"非国家广行网罗，使有出身之阶"，恐"祸兹大矣"。但这样的识见在当时可谓绝唱，而将那些"入外夷"的华人通通定性为"罪徒""奸民"却正是中华文化的固有特色。于是，随着火者亚三等"冒称"使者诸人的"伏诛"，朝贡贸易也由此被强行中止。

不过，火者亚三并非仅是个人，而是"华人入外夷"之大趋势的一个代表。明实录记载，1521年左右，火者亚三等既伏诛，广州有司绝安南、满剌加贸易，而诸番船舶皆潜泊漳州，私与为市。葡萄牙人"遂往漳州府海面地方，私自驻扎，于是利归于闽，而广之市井萧然矣"。没有火者亚三的协助，葡萄牙人仍能改道福建从事贸易，主要是国内海商的引导，兵部尚书张时彻在报告中说："福人导之改泊海港、月港，浙人又导之改泊双屿"，他们以双屿、月港为基地，从事与日本、琉球等地的贸易。

大明帝国的应对之道就是禁海，而且制定了严厉的法律，"敢于私下诸番互市者，必置之重法"。国内市场也严禁销售番货，《大明律》甚至规定，"若奸豪势要及军民人等，擅造二桅以上违式大船，将带违禁货物下海，前往番国买卖，潜通海贼，同谋结聚"，"正犯比照谋叛已行律处斩，仍枭首示众，全家发边卫充军"，法律还奖励告发、实施连坐等。

然而，严刑酷法的结果却适得其反，不仅没能控制走私贸易，反而引发大规模的海盗，终明之世扰乱东南海岸并几乎将明朝逼入死路的"倭寇"之乱，就是这种禁海政策的产物。

宋元以降，中国海上贸易发达，江南财富绝大部分来自于此。沿海居民更是天生亲海，尤其是福建，"土窄人稠，五谷稀少，故边海之民，皆以船为家，以海为田，以贩番为命"。一旦禁海，人民就"生计萧条，情困计穷，势必啸聚"（《明神宗实录》），他们只有铤而走险，加入走私集团，从事武装走私。真所谓"市通则寇转而为商，市禁则商转而为寇"（明唐枢语）。

明史中一再提及的"倭寇"由此诞生。一般史料认为，王直为倭寇最大头目，故有"以倭人来，自王直始"的说法。

然而，"倭寇之首"王直何许人也？

明人万表《海寇议后》记载：

王直，歙人。少时落魄，有任侠气，及壮，多智略，善施与，以故人宗之。一时少年若叶宗满、徐惟学、谢和、方廷助等，皆乐与之游。

歙县属于徽州，王直最初为盐商，因违禁而投身漳州的海商帮，"卖货浙、福"，嘉靖二十三年（1544），为新安海商许栋属下，当时的许栋控制着走私贸易基地双屿港。嘉靖二十四年（1545）王直与日本使节接触并赴日本，带3名日人回双屿。嘉靖二十七年（1548）浙江巡抚都御使派遣大军横扫双屿港，许栋等人败走东南亚，剩下的海商集结在王直手下，在舟山与大陆之间的烈港建立据点，继续与日本贸易。他与叶宗满等贩运硝黄、丝绵往日本、暹罗、西洋等国，"往来互市者五六年，致富不赀"，其势迅速扩大，独霸东南沿海，并控制着东南亚与中国、日本之间的贸易，其海商集团之下聚集着中国、日本和葡萄牙的众多商人。嘉靖三十二年（1553），官军再次袭击烈港，王直撤退至日本九州的五岛列岛和平户，并建立根据地，将自己的发型剃成日本武士的样子（月代发型，这也是中国海商被称作倭寇的原因之一）。

王直给日本沿海带来了经济繁荣，平户因此变成了繁荣的贸易港。日本人也十分信任王直，俨然认他为中日贸易的总代理商。尤其是，日商运货到中国贸易，往往被官府留难，强夺其宝货，不给所值，或被海盗掠夺，他们能通过王直得到公道。所以，王直在倭商中有着崇高的地位。

王直是武装海商，但绝非单纯商人，他有政治眼光，凭借自己强大的力量多次攻灭几股大海盗武装（嘉靖二十九年率船攻击掠夺杭州的海盗卢七，杀千余人，将擒获船只、俘虏交定海卫指挥；嘉靖三十年受海道衙府和宁波府委托击败海盗陈思盼，声威大振，海商、海盗群集其下，尊为盟主）。以此为契机，他希望劝说明朝解除海禁，承认海商贸易。当他前往"叩关献捷，乞通互市"时，官府不仅不许，且趁机令参将俞大猷率舟师千余围攻，"（王）直以火箭突围去，怨中国益深，且渺官军易与也"。(《海寇议后》)

嘉靖三十一年（1552），王直纠集倭人和海盗，侵松江、上海与温州，破黄岩，"复四散大掠象山定海，而浙东为之骚动矣"；次年，王直"连舰数百，蔽海而至，浙东、西，江南、北，海滨数千里同时告警"。其党徒徐海、彭老等，不下数千人，"俱列兵近港，乘巨艘为水砦，且筑屋港上诸山，时时出入近洋，掠我居民，至是遂登陆，犯台州，破黄岩县，杀掠惨甚"，自此以后，东南沿海不复宁静了。

嘉靖三十四年（1555），此后有"抗倭名将"之称的胡宗宪鉴于在王直的猛烈攻势中"浙、直（江苏）、闽、广几不可支"，乃派使节与王直谈判。《嘉靖东南平倭通录》记载："胡宗宪欲招降之，乃遣人招谕曰：如直等来归，悉释前罪不问，且宽海禁，许东夷市。直等大喜。"听到"宽海禁"消息的王直对自己徽州老乡胡宗宪的话信以为真，为此提出"日本缺少生丝和棉布，应该开展贸易，如此海盗可平"等建议，并向明廷上疏，要求开放海禁，从事贸易，且亲赴胡宗宪军门。然而，胡宗宪的招降其实是一个圈套，他"以礼羁縻"王直，等待朝廷命令——结果是死刑判决——第二年（嘉靖三十八年，1559）王直被斩于杭州官港口，"部落死者万人"。王直临死之前说："死吾一人，恐苦了两浙百姓。"果然，此后的"倭寇"犯边越演越烈，东南半壁江山几至糜烂。

为什么斩了"倭寇之首"，却不能制服小小的"倭寇"？

其实，明史上所谓"倭寇"，主要是像王直一样的中国人，私人著述如郑晓《吾学篇》说，"闽、浙、江南北、广东，人皆从倭奴，大抵贼中皆我华人，倭奴直十之一、二"；茅瑞徵《皇明象胥录》也说，"其间真倭仅十之一、二，绝与其国王不相闻"；甚至抗倭指挥胡宗宪也持同样的观点，他说，"其间真倭甚寡，皆闽浙通番之徒"；著名历史学家顾炎武在《天下郡国利病书》中同样认定"真倭十之一"；当时的官方文献也认为大致如此，《明世宗实录》（三十二年壬寅条）记载，"凡再战，擒贼四十余人，则皆浙江临海、福建漳、广东揭阳等县人，盖江南海警，倭居十三，而中国叛逆居十七也"；《明史·日本传》的说法是："大抵真倭十之三，从倭者十之七"，官史显然将真倭的比例提高至三成，且颠倒了主从关系，但承认了基本事实。

此后的历史研究不仅更清楚地揭示了这些事实，且将倭寇泛滥的原因直接归因于朝贡贸易的控制及海禁政策，由加拿大著名明史学家卜正民撰写的《挣扎的帝国：元与明》中明白指出，禁海带来的长期影响，就是"迫使商贩走私，而海盗愈发猖獗。随着走私之间竞争的加剧，他们开始武装自己，因此，沿海的暴力冲突再次升级"。国内历史地理学家葛剑雄更是直截了当表示：

> 明朝实行海禁的结果是武装走私集团"倭寇"应运而生，所谓"倭寇"的首领和主要成员实际都是中国人，被他们雇佣的日本人只是少数。走私贸易的收入不仅养活了不少贫民和土豪，也补贴了福建地方政府的开支。只要中央政府的海禁政策不是十分严厉，地方政府对走私就会睁一眼闭一眼，甚至包庇怂恿，坐收渔利。

> ——葛剑雄：《烟波浩渺信难求——古代中国与海洋》

"华夷同体，有无相通，实理势之所必然"（唐枢：《复胡梅林论议处王直书》）（胡宗宪字梅林），天下秩序的理念本来应建立在这一基础上，但帝国的制度设计者却偏要逆"理势之所必然"，其结果自然是注定了的。不过，这一制度的深远历史影响并未得到认真清理——大明帝国的衰败及此后的明清易位，晚清帝国在近代以来面对海洋力量兴起时的手足无措，多少与对这种制度的路径依赖有着直接关联——为什么一种看似合理甚至理想的制度设计会最终落下必败之局，这大约是制度设计者及此后的当局诸公无法想象也不敢想象的，大约他们也从来没有认真思考过这个话题吧？

怀柔政策与外交困境

"朝贡体制"不仅被海商们利用，成为他们谋求额外财富的顺风船，且其背后"怀柔远人"的道德高调与政策实施，又使得这一制度成为四夷要挟帝国的便利工具，由此将本来可以采取强势外交姿态的帝国推进被动尴尬之局，从而丧失对国际局势的控制权，在应对外交难局时往往只能采取"绝贡"之类的强硬态度，但这样的计出下策不仅于事无补，反而遗下无穷后患。

明清帝国在对日关系上的应对乖方，与怀柔政策有着直接关系。

怀柔政策的起源

历史学界一般区分嘉靖年间的倭寇与明初倭寇，认为，与 16 世纪（以嘉靖为主）主要由海商组成的倭寇相比，14—15世纪的倭寇虽然也有着复杂成分，涉及朝鲜、中国与日本沿海流民、海盗，但主体部分是日本人，属于"真倭"，是"前期倭寇"。他们主要骚扰北部沿海如朝鲜半岛、辽宁、山东一带，虽也是"无一年无之"，但规模很小。明朝初建时，朱元璋着意处置倭乱问题，曾多次派遣使者远赴日本，除了告知中原易主外，主要的使命是要求日本国王约束、禁止倭寇。

洪武元年（1368），明廷向日本派遣过使者，但据说使者在日本五岛附近被杀，因此，明廷与日本最初发生正式外交关系应是洪武二年（1369）的第二次出使。《明史》记载：

> 明兴，高皇帝即位，方国珍、张士诚相继诛服。诸豪亡命，往往纠岛人入寇山东滨海州县。洪武二年三月，帝遣行人杨载诏谕其国，且诘以入寇之故。谓："宜朝则来廷，不则修兵自固，倘必为寇盗，即命将狙征耳，王其图之！"日本王良怀不奉命，复寇山东、转掠温、台、明州旁海民，遂寇福建沿海郡。

按诸史实，当时扰乱沿海的"倭寇"，南多北少，山东倭寇只是小股，且不能确定为真倭，而浙江沿海的"倭寇"，却可以推定是上引文中所称的亡命"诸豪"。朱元璋在未弄清楚真倭假倭的情况下，草率指责日方，甚至错将良怀当作日本国王（明史所称良怀其实是驻节九州的太宰府征西大将军怀良亲王），这样的外交错误自然无法达到目的。是故使者赴日时，怀良亲王杀其5人，将杨载、吴文华拘禁达三月之久。不过太祖没有放弃，再次派遣赵秩出使，同时还送回明朝擒获的日本僧侣等15人，怀良亲王这次有了回应，第二年（洪武四年）派人贡献马匹与土产，同时送回被倭寇掠至日本的70多名中国人。《明太祖实录》说，日本"至是奉表笺称臣"。

此后，中日之间使者往来不断，但对于日本方面的使臣，朱元璋多以"无表""不诚"或"书辞又倨"等为由拒绝。日方确实有着"辞意倨慢"之处，但主要还是因为朱元璋的去文（国书之类）往往以一种上国姿态，严责倭寇之事，其威之以兵的专蛮口吻、几近宣战的傲慢之辞有以致之。如洪武十三年（1380）朱元璋命礼部移文苛责日本国王"不奉上帝之命，不守己分，但知环海为险，限山为固，妄自尊大，肆侮邻邦，纵民为盗"之类的指控；洪武十二年（1379）的"今乃以败元为长胜，以蕞尔之疆为大。以余观之，海中之洲，截长补短，周匝不过万里，以元之蹄轮长驱而较之，吾不知孰巨孰细者耶"之类的挑衅，甚至还有"征讨之师，控弦以待"之类的战争威胁……以如此睥睨万世的傲慢姿态对待他国，想要建立正常的外交关系，自然是难以奏效的。

日本方面为此也做出了激烈反应，留下的史料值得细味——尽管史学界一般认为国家主权观念是近代的产物，但这种说法需要限制在理论系统的建构层面，在国际政治的实践层面上，国家主权意识几乎是随着国家的产生而产生，即使是在所谓的朝贡体系中亦然。

怀良回书中有如此表达：

> 臣闻三皇立极，五帝禅宗，惟中华之有主，岂夷狄而无君。乾坤浩荡，非一主之独权；宇宙宽洪，作诸邦以分守。盖天下者，乃天下之天下，非一人之天下也。臣居远弱之倭，褊小之国，城池不满六十，封疆不足三千，尚存

知足之心。陛下作中华之主，为万乘之君，城池数千余，封疆百万里，犹有不足之心，常起灭绝之意。

尽管书后表示"自古讲和为上"，但并未忘记写上"臣闻天朝有兴战之策，小邦亦有御敌之图"，"相逢贺兰山前，聊以博戏"之类的应战之语——对于明朝的挑衅威胁，日本方面毫不让步！朱元璋得书之后"愠甚"——十分愤怒——但也无可奈何。

此后，只好借虚构的"胡惟庸通倭案"中断了与日本的往来，所谓"决意绝之，专以防海为务"。

明初与日本的绝交（1381年）是朱元璋外交失败的结果，在此后的"祖训"中，朱元璋且将日本列入15个"不征之国"之中——这种"不征"，表面看是对那些远离帝国的弱小之国采取的宽仁之策（它们根本无法威胁明朝安全），其实却是基于明初的国力与元朝的教训，所谓韬光养晦、巩固国本，而避免穷兵黩武，重蹈元朝覆辙。但在日本问题上，这种"不征"训诫的背后，一定程度上也有掩饰外交失败的意图在。

永乐即位，是明廷对日关系中采取怀柔政策的开始。

《明史》记载：

成祖即位，遣使以登极诏谕其国。永乐元年又遣左通政赵居任、行人张洪偕僧道成往。将行，而其贡使已达宁波。礼官李至刚奏："故事，番使入中国，不得私携兵器鬻民。宜敕所司核其舶，诸犯禁者悉籍送京师。"帝曰："外夷修贡，履险蹈危，来远，所费实多。有所赍以助资斧，亦人情，岂可概拘以禁令。至其兵器，亦准时直市之，毋阻向化。"

如果这一次仅仅是基于人情之常，永乐帝就应该在此先例之上加诸"不得援引"，然而，对永乐帝而言，人情或许还是借口，"向化"才是他首先关注的。也就是说，其对外政策中最为核心的还是获得外交承认这一目标。

一些研究者认为，明成祖对日本采取怀柔政策的战略初衷，也是希望通过发展与日本室町幕府的友好关系，以促其禁止倭寇。而倭寇对明朝沿海的骚扰，又强化了明朝对日本怀柔政策的推行。故在永乐年间，成祖多次派遣使节赠赐重礼，且在日本举行隆重的封山仪式，亲制碑文和碑铭，其规格远超与朝鲜、琉球的关系（参见陈尚胜:《"怀夷"与"抑商"：明代海洋力量兴衰研究》）。

不过这种破格的怀柔政策并没有带来持久影响，1408 年足利义满去世，其子足利义持继任幕府将军，即中断了与明朝的外交关系，倭乱亦随之剧烈。沿海将官捕获日本数十人，一些官员建议"诛之以正其罪"，但成祖仍旧抱持怀柔之心，令人将其遣返日本。

明成祖的对日外交确实有着制约倭寇猖獗的因素在，但一旦启动这种无原则的"怀柔"政策，其后续局势就不是自己可以掌控的了。

日本要价越来越高

日本学界有人将当时的中日关系用"永乐条约""宣德条约"概括，其实并不存在所谓的条约关系，有的只是大明帝国对日本朝贡的单方面限制：永乐期间规定的是十年一贡，人数 200，船舶 2 艘，且不得携带兵器，"违者以寇论"；宣德初年，限定人数不得过 300，船舶不能超 3 艘，不过允许在官方贡物外，使团个人可以私带货物进行贸易，明廷官方给价购买。不过，这种单方面规定并没有"法律效力"，日本朝贡贸易使团甚少认真遵守，他们不仅突破十年一贡的定期限制，且使团的规模也越来越大，所带货物更是越来越多，甚至有"增至十倍"的，以至于明廷有不堪重负之感。

这里选取景泰四年（1453）与成化四年（1468）展开探讨。

景泰四年的这次日本使团附带的货物是宣德八年（1433）的 10 倍之数，如硫黄为 38.44 万斤，苏木 10.6 万斤，生红铜 15.2 万斤，滚刀 417 把，腰刀 9483 把……如果按宣德年间的惯例给价，折合银元（当时铜银比价相当）就达 21.7732 万贯（两）。而按当时的市价，则只值银 3.479 万两。礼部上奏"宜大减其直，给银三万四千七百有奇"，也就是说要按市场价购买这批货物，日本使臣当然不愿，要求按宣德年间的旧例给赏。官司打到皇帝那里，也只能是"诏增钱万"，尽管这已经是额外开恩了，但毕竟离"宣德旧例"还差得远，日本使臣自然难以满足，再次"求增赐物"，礼部斥其无餍，但还是又加了绢 500 匹，布 1000 匹。就算如此，其结果与他们"宣德旧例"的预期还是相差巨大，不过他们也知道已经没有办法了，所以最后是"快快去"——明廷一再的恩赏优待，得到的却是不满甚至怨恨。

成化四年，日本贡使清启回国时，其第三号贡船据说海上遇风，损失了货物，要求明廷如数给价，好让他们回国，"庶王不见其罪"。礼部因为无此先例，拒绝了，但皇帝仍想"得远人之心"——"上曰，方物丧失，本难凭信，但国王效顺，可特赐王绢一百匹，彩缎十表里。"皇上笼络人心所得的，是日本使臣的进一步欲求，三号船又提出增加铜钱 5000 贯，礼部驳回，且欲治其通事闵宗达"教诱"之罪——闵宗达原为浙江奉化人，明廷礼部官员认为日本人如此贪得无厌，与这些"华人入外夷"之类的"汉奸"唆使有关，因此准备严厉惩罚，以傚效尤——但宪宗皇帝还是以得远人之心为重，"再与铜钱五百贯"，且免究闵宗达之罪。

这样一味迁就的怀柔政策当然会刺激日本的欲求。

日本方面正是看穿了这种"优待远夷"政策背后的用心，故争价时往往肆无忌惮。正德七年（1512）日本正使了庵桂悟在争价不如意时竟然威胁说，如不加价，"失我主之心"，"一旦小国弃积世禁贼之功"，则"他日海寇闻风复集，其罪谁当"？也就是说，如果失掉了国王向慕之心，他们不再禁止倭寇，若倭乱横行海上，日本方面不负责任。明廷竟然也只好依其所请，予以加价"赏赐"。不管日本政府在禁止倭寇方面如何作为，明廷已经被这样的空口许诺与强硬要挟绑架了，除了"给赏"，似乎没有别的办法满足日本方面的要求。于是，怀柔政策最初所悬设的"禁倭"目标完全落空，蜕变成了明廷单方面的赏赐外夷——大明皇朝被自己的道德高调捆绑，脱身不得，有苦难言（宣德以后明廷不再以旧例给价，不是因为认识到这种单方面赏赐的荒谬，而是因为力所不及，尤其是土木堡之变后，"北虏"的互市已经将明廷的财政逼入绝境），然而却已经是骑虎难下了。

问题且变得越来越复杂。

景泰四年，日使到临清，抢掠居民货物，明朝沿海卫所指挥官前往诘问，几乎被殴打致死。地方官员要求惩治，"帝恐失远人心，不许"。

《明史》所记的这件外交纠纷，本来是一件简单的治安案例，按大明律处置即可。但帝国为了显示自己的宽宏大量，放弃主权，结果纵容了这些朝贡使团。《明英宗实录》记载，当时各国使臣已经达千人，"所过，辄需酒食诸物。凭凌驿传，往往殴击人至死"。

成化四年，又发生日本使臣伤人致死事件，"有司请治其罪"，日本使臣清启却要求"用本国之刑"治罪，说是等到回国之后再论处，这已经——按此后的国际法来说——在索要"治外法权"了，不过清启还是自承"不能矜束之罪"，但"帝俱赦之"。

"自是，使者益无忌"，《明史》如是说。

"争贡之役"终于将中日关系逼入绝境

1523年在鄞县（今宁波）发生的"争贡之役"，可以说是这种"怀柔"政策姑息纵容所导致的结果。

1523年为嘉靖二年，当年，日本两个朝贡使团先后抵达宁波，一个是日本西部的大内氏派遣的宗设（谦道）使团，一个是控制幕府的细川氏派遣的鸾冈瑞佐使团，副使为宋素卿，原为浙江宁波人。前者使用的是正德年间颁发的勘合，后者使用的是过期的弘治年间的勘合。宁波市舶司官员在查对勘合时发现了真伪问题，日本两个使团之间为此大起争论。然而宋素卿深谙中国官场之道——他早已买通了市舶司太监赖恩，有此先手，万事好办——因此，虽然他的勘合已经失效，但却顺利通过，且获得验货的优先权，在此后的招待宴会上，细川氏方面又被安排在主席位置。大内氏使团被激怒，大闹宴席，此后则抢出由地方官员封存的使团武器，攻入细川氏使团驻地嘉宾馆，杀了正使鸾冈瑞佐，并烧毁嘉宾馆和细川氏使团的船舶。宋素卿在明廷官兵护持下逃走，但宗设谦道使团人员沿着余姚江一路追杀（"沿余姚江呐喊杀人"），几乎追至绍兴城。折回时又沿路劫掠，入宁波后更是大肆抢掠，夺船出海。明朝将官死难多人，指挥袁琎被掳往日本。

"宁波事件"发生后，浙江地方官员将责任全部推给日本使团，明世宗下令礼部彻查，而礼部的回复则是令宋素卿回国，移咨其王，令查明勘合真伪，让他们自行纠治。至于这次朝贡是否合法，"待当贡之年，奏请议处"。如此轻描淡写的"处置"方式，不仅完全免除了贡使犯下的罪责，且将外交主动权全部让给日本方面，不仅玷污大明国的尊严，且徒启日本轻视之心。故一些科道官员十分不满，兵科给事中夏言要求对"敢于中华肆行叛逆"的"倭寇"予以严厉处治，指出其"荼毒生灵，占据城池，劫掠库藏，燔烧官府，戕害将臣，辱国损威，莫此为大"，"致使蕞尔岛夷，蔑视华夏"；礼部给事中张翀则强烈要求绝贡，"绝约闭关，永断其朝贡之途"。世宗不得已派人再次勘查，经两年之久，宋素卿等人论死，而对于宗设及其他从犯，则仅仅通过琉球使臣转至日本，要求日本方面捕送中国听候处置，"否则，将闭关绝贡，徐议征讨"。日本方面细川氏与大内氏当然互相推诿，将责任推脱得干干净净。至 1540 年，大内氏再次派遣朝贡船队，不但要求明廷颁发新的勘合，还要求归还被明政府没收的宗设使团所附带的货物，明廷对此竟然无以对治，虽关闭了福建、浙江市舶司，仿佛真的动怒要"绝贡"了，而此后的情况却是：日本贡使照旧来，明廷官员也照旧接待，大明皇帝也"宴赏如例"——一切安好如旧——朝贡贸易体制其实已经就此崩溃了。

其实，至嘉靖二十八年（1549），宁波再也没有日本的朝贡船队到来了，这并非明廷关闭市舶司的结果，而是日本人已经不需要利用朝贡贸易体系。日本大名、中国海盗、番人佛郎机已经混合为"倭寇"这一巨大的海上武装群体，他们构成一个错综复杂的商业网络，其走私贸易将朝贡体制摧毁殆尽，而其武装力量又足以突破明廷的海防体系——至此，大明皇朝连绝贡的撒手锏也完全失去了功效，外交主动权也丧失殆尽。要维护帝国安全与天下秩序，除了禁海这最后的"绝招"外，似乎再也找不到什么"灵丹妙药"了。

从大明皇朝的战略意图看，"怀柔政策"的初衷是促使日本幕府禁止倭寇的泛滥，但其结果却适得其反，制人之策却反为人所制。天下主义的道德高调，最终将自己捆绑在道德的高台上，这也许就是儒家所谓的"求仁得仁"吧。

防内才是明朝禁海政策的真正意图

嘉靖二年（1523）的"宁波之役"（又称"争贡之役"），日本朝贡使团大掠宁波，致使"沿海震动"。嘉靖皇帝采纳内阁首辅夏言的建议，罢除闽、浙市舶司（广州市舶司虽仍保留，但停止朝贡贸易），实施全面禁海政策。

史学界一般将嘉靖禁海与防治倭寇对应起来，似乎禁海政策的目标关乎"帝国安全"，一些史家提出，明代禁海政策的目标还有打击西方殖民者入侵的意图，但这些说法多少放大了事实，缺乏更为严谨的学理依据。那么，禁海政策究竟是如何制定出来的？这一政策背后的战略意图又是什么？

海防·防海·禁海

"史无前例"的禁海政策是太祖朱元璋的发明，早在其掌权初期就已多次推行，洪武年间，几乎每隔二三年就要重申禁海之令。

洪武四年（1371）十二月，朱元璋颁布海禁诏令，"濒海民不得私自出海"；洪武十四年（1381）十月又颁诏令，"禁濒海民私通海外诸国"；洪武二十三年（1390）十月"禁通外番"；洪武三十年（1397）十月"申禁海外互市"……

为了将禁海政策坚决彻底地落实下去，朱元璋还颁布了一系列连带法令，如禁止国内使用番货，即所谓"禁民间用番货番香"。因为禁止使用"番香"，影响民间祭祀，所以又特别补充一条："民间祷祀，止用松柏枫桃诸香，违者罪之"——也就是说，对于祭祀中使用什么香木都加以严格限制。不仅如此，为控制番货流通，两广地区自产的土香，也不许越岭销售，不准进入内地，只准"土人自用"，以免番货冒称土货蒙混过关。香木之外，还有禁渔，洪武十七年（1384）下令禁止沿海渔民下海捕捞（"浙江、福建沿海城池，禁民人入海捕鱼"）——总之，不许民人与外洋有些许接触，否则处以重罪。

朱元璋设了一张巨大的"天罗地网"将大陆与沿海隔绝起来，其法令既严酷又严密，然而，在其继承人那里，这套制度似乎还不够完善，需要进一步改革推进。建文三年（1401）十一月又颁布新法令："不问官民之家"一概禁止使用、存留番货，现有者，限在三个月内销尽，否则处以重罪——建文帝或许发现他祖父的政策并没有得到严格执行，至少在官僚集团的生活中番货还是暗中流通，于是加大砝码，再行严禁。

为配合禁海政策的实施，又制定了严苛的法律条文，如《大明

律·兵律》"私出外境及违禁下海"条:

> 凡将马、牛、军需、铁货、铜钱、缎匹、细绢、丝绵,
> 私出外境货卖及下海者,杖一百。
>
> 若将人口、军器出境及下海者,绞。

海防军事体系的建构就更加严密了,汤和主政闽、浙时,曾在浙东实施"四抽一"的"按籍抽兵"政策,浙东一地"抽"壮丁为兵达5.8万余人,他组织这些壮丁建筑军营,沿着海岸线,每隔一段距离就修建一座军营,共建卫所59座,"陆聚步兵,水具战舰";在福建也是抽壮丁为军士,"民兵十余万","筑城一十六,巡司四十五"。

一个海陆联动、官民一体的海防机制,将帝国严严实实封锁起来。

"筹海之争"背后的海洋意识

尽管作为祖制的禁海政策一直贯穿帝国海洋政策始终,但并非没有反对者。嘉靖前后的官僚集团曾就禁海问题发生过激烈的争论,历史上称之为"筹海之争"。这也是帝国历史上第一次全面的海洋战略讨论,其影响之深远,波及清朝并辐射至近代中国。

如前文所述,倭寇其实是中国海商集团,只有极少的日本海盗夹杂其中,且是被中国海商集团所雇佣的,官僚集团对这一点十分清楚,因此,当时的"筹海之争"也必须放在这一背景下讨论。

事实上,有明一代,开海之声一直不绝,嘉靖倭乱前后,呼吁开

放海禁的声音更是强烈。成化年间（1465—1487），大学士邱浚（海南人）就对海禁表示过异议，其观点得到了孝宗皇帝的嘉勉，但影响不大。嘉靖倭乱之后，很多官员意识到倭乱与禁海之间的关系，要求开放海禁的呼声与建策也就越发激烈起来了（历史上一般称他们为"弛禁派"，以区别于"严禁派"）。

福建巡抚谭纶于嘉靖四十二年（1563）上奏：

> 海上之国，方千里者不知凡几也。无中国绫锦丝绵之物，则不可以为国。禁止欲严，则其价愈厚，而趋之者愈众。私通不得，则攘夺随之。
>
> 今岂惟外夷，即本处鱼虾之利，与广东贩米之商，漳州白糖诸货，皆一切禁罢，则有无何所于通，衣食何所从出？如之何不相率而勾引为盗也？

沿海官员出于个人经验主张弛禁，原因不仅在于禁海必然造成海盗倭寇的泛滥，而且也是基于利益民生的考量。嘉靖八年（1529）广东巡抚林富就突破儒家不谈利的禁忌而大谈开海之利，说开发海禁有四利：充实国库、解决军饷亏欠、补充两广财政，尤其是广西一省全凭海关收入接济；而沿海居民依海为生，开放海禁也能解决他们的生存困难等等。不过最后他还是加了一条"高大上"的总结："如此则不惟足兴一方之利，而王者无外之道亦在是矣。"

隆庆元年（1567），出任两广总督的张翰系统地提出了自己的海洋战略思想。他认为，海盗、倭寇的产生就是因为禁海（"严禁商道，不通商人，失其生理，于是转而为盗"），因此，要解决倭乱、海盗问题，只有通海。"寇与商同是人也，市通则寇转为商，市禁则商转为寇。"弛禁，开放海洋就成为必然之势："若夫东南诸夷，利我中国之货，犹中国利彼之货，以所有易所无，即中国交易之意也。且缘入贡为名，则中国之体愈尊，而四夷之情愈倾。"这就从"有无相通"的经济学原理与相互尊重的国际关系准则陈述了他开放海禁的理由。张翰且明确提出"夷人不可无中国之利，犹中国不可无夷人之利"这种整体性思路，与上文引述的唐枢"华夷同体，有无相通，实理势之所必然"等观点异曲同工，构成弛禁派的主要海洋战略思想。

这些声音在帝国并非主流，但至少在当时的沿海官僚中有着比较一致的认知：他们对于开放海洋之利的认知，无论是就帝国安全、帝国利益还是沿海民生和"王者无外"的大道，都有理由充分的论述，且这些言论也直达中央政府。鉴于他们的认知及其对政策的影响，隆庆以后确实也有过短暂的弛禁与开关——但帝国历史上的开海最终不过是昙花一现——他们的认知并没有成为帝国海洋战略的长期资源，禁海始终是主流。

为什么？

禁海派朱纨的自杀说明了什么？

要弄清楚为什么弛禁派无法主导帝国的海洋政策，还得从禁海派的视角看问题。

朱纨是力主海禁且不惜动用武力实施封海的明代官僚，从他的视角看明代海禁政策，或许能体悟这一政策背后的真实意图。

出任浙江巡抚并兼管福建沿海军务的朱纨走马上任之后，即强化海禁，撤销沿海的渡船，烧毁一切双桅海船，并在沿海地区推行严格的保甲制度。1548年，他亲自部署对走私基地双屿的军事打击，在占领双屿后又用木石填塞水道，控制船舶进入内港，试图永久封闭双屿。

在抓捕沿海走私过程中，他对被捕的走私商人采取就地处决的严酷手段，且将参与走私的权贵一一列入名单，上报皇帝，要求追究这些人的罪责。但这样的"酷政"无法持久，御史们纷纷弹劾他"结党擅杀"，结果被削职，送京审查。朱纨意识到自己的失败，留下"纵天子不欲我死，闽、浙人必杀我"的遗言，于嘉靖三十年（1550）服毒自杀——从嘉靖二十六年（1547）出任浙江巡抚到自杀身亡，执政仅三年。《明史》说朱纨为官清正、强力敢任，既然他得皇帝信任之专，能统一闽浙事权，为什么却无法继续，最终选择自杀？闽、浙势力果真如此之大么？这种足以令其自杀的势力又是什么？

朱纨出掌浙江巡抚的直接触机是嘉靖二十六年余姚世家大族谢氏宅邸遭倭乱焚毁。谢氏先辈谢迁（1450—1531）曾做过内阁大学士，地位显赫，其宅邸遭到倭寇袭击自然会引发朝廷的高度重视。

然而，当他深入了解实情，才明白，"倭寇之乱"绝非想象的那样简单。《明世宗实录》记载：

> 按海上之事，初起于内地奸商王直、徐海等常阑出中国财物与番客市易，皆主于余姚谢氏。久之，谢氏颇抑勒其值，诸奸索之急，谢氏度负多，不能偿，则以言恐之曰："吾将首汝于官"，诸奸既恨且惧，乃纠合徒党番客，夜劫谢氏，火其居，杀男女数人，大掠而去。县官仓皇申闻上司，云倭贼入寇。

依据这段资料，可以判断，由于明代的禁海政策，海上贸易成为非法，那些番商、海商只有找到像谢氏这样的世家贵人庇护，才能避开官府的监控，从事走私贸易。番商、海商、权贵三种力量扭结一体，海陆之间的走私才能明目张胆。但三者之间并非没有冲突，尤其是，那些出于风口浪尖的世家权贵，既要面临帝国政策变化无常、法律高压打击的风险，又得承担利润上下波动与供需市场变动的威胁，他们在帝国的打压与海商的利益之间玩着一种极度危险的平衡术，稍有不慎就将搅乱全局，甚至全盘皆输。嘉靖年间的倭乱，往往就是像余姚谢氏这样"玩火"引发的灾难。

《明史·朱纨传》说：海上走私，多得到"势家护持"，以福建漳州、泉州最多。这些世家大族，"或与通婚姻，假济渡为名，造双桅大船，运载违禁物，将吏不敢诘也"。

朱纨其实已经深深介入到一个已经根深蒂固的体制之中，但他并不准备接受这一体制，而是准备摧毁它。他的"认真"使他揭开了某些隐秘的真相，但也要了他的命。

其实，这个真相在当时的社会本是公开的秘密，因为它代表着某种社会合理性，而与帝国政策相悖。如果官僚集团能睁眼闭眼，放任自流（或许应称之为一种消极无为政策），则这一趋势尽管不能获得合法性，但至少可以"随风潜入夜"，慢慢改造帝国的社会生态，至少双方可以相安无事，从而得以大道并行。但官僚集团有时免不了认真，甚至于执拗起来，以其道德的优势，必禁止之，以其权力的强势，必打压之，其结果，就是倭乱海盗四起、帝国鱼烂崩溃——朱纨个人的悲剧只是帝国治理失败的症候而已。

从儒家官僚话语看禁海政策背后的意图

朱纨自杀前还留下一句经典的儒家官僚话语："去外国盗易，去中国盗难；去中国濒海之盗犹易，去中国衣冠之盗尤难。"

在这套儒家官僚话语中，中外海商等被称为"盗"，这不是朱纨个人的错，但这套话语却让他无法看到一个更大的趋势，一种新社会体制的形成，由此与之对抗，则其个人必然要承担这套话语的重荷，直至被压垮——越是那些认真的儒家官僚，其命运往往越加悲惨，这就不仅是个人性格使然，而是儒家文化"轻商"所造成的悲剧。

海盗或倭寇形成规模，主因在海禁政策，但从官僚的视野看来，却是因为陆上豪族与海上奸民的结合。御史白贲在嘉靖十五年（1536）的奏章中说：福建"龙溪嵩屿等处，地险民犷，素以航海通番为生，其间豪右之家，往往藏匿无赖，私造巨舟，接济器食，相依为利"。御史屠仲律也说："臣闻海上豪族，为贼腹心，标立旗帜，勾引深入，阴相窝藏，展转贸易，此所谓乱源也。"

豪贵家、势豪之家、势要之家等等，是当时官方报告中最引人注目的关键词，也是他们建立禁海政策的话语依据。但其实，在这一波海上走私大潮中，何止豪族身影出没？朱纨就发现，沿海各卫所的官军基本上都涉入了走私贸易（《明孝宗实录》弘治十八年记载，崇明岛附近卫所官子弟家人多贼党，"假名公差，阴实为盗"），更让他痛心疾首的是，连三尺童子、愚民百姓也出没于风波之中，与海盗往来不疲——"双桅三桅连樯往来，愚下之民，一叶之艇，送一瓜，运一罎，率得厚利，驯致三尺童子，亦知双屿之为衣食父母，远近同风"——朱纨说，这是"华风为夷狄所变"且蔚然成风了。

儒家话语中所谓的"风"即"风气"，换言之，则可以称之为潮流、时代风尚。当时的官僚们对此多有描述，尽管其价值判断往往是负面的。

万表《海寇议后》记载：

五峰以所部船多，乃令毛海峰、徐碧溪、徐元亮等分镇之，因而往来海上，四散劫掠。番舶出入无盘阻，而兴贩之徒纷错于苏、杭，公然无忌。近地人民或馈时鲜，或馈酒米，或献子女，络绎不绝；边卫之官，有献红被玉带者，如把总张四维，因与柴德美交厚而往来，五峰素熟，近则拜伏叩头，甘为臣仆，为其送货，一呼即往，自以为荣，矜上挟下，顺逆不分，良恶莫辨。

杭城歇客之家，明知海贼，贪其厚利，任其堆货，且为之打点，护送。如铜钱用以铸铳，铅以为弹，硝以为火药，铁以制刀枪，皮以制甲，及帛、丝绵、油麻等物，大船装送，关津略不讯盘，明送资贼，继以酒米。非所谓授刀于敌，资粮于盗乎？此自古未有也。

"向之互市，今则向导，向之交通，今则勾引，于是海滨人人皆贼，有诛之不可胜诛者，是则闽浙及广之所同也。"——这段话在20世纪50年代"资本主义萌芽"的史学话语中，就变成了一个新时代的见证、象征，是中国走向现代社会的巨大历史潮流。确实，它是一个"自古未有"的现象，也难怪儒家官僚们会惊慌失措，必禁之绝之以杜后患。

朱纨所深惧的不仅是这些豪族、愚民，更是"衣冠之盗"在其中出没。在嘉靖禁海之声中，"衣冠之盗"是一个更可怕的名词，当时文献中多有如"衣冠失职，书生不得志，群不逞者"，"有知识风水，因能而诱于寇者"，"有功名沦落，因傲而放于寇者"等等记载，儒家官僚对此高度警惕。

海宁的采九德曾见到"倭寇"的一首墙上题诗：

海雾晓开合，海风春复寒；

衰颜欢薄酒，老服傲惊湍。

丛市人家近，平沙客路宽；

明朝晴更好，飞翠泼征鞍。

那些"倭寇""海盗"之中不仅有能诗之人，且这个题壁的诗人还是一个乐此不疲的年老者，他以海上"掠夺"为征途，为人生之得意挥洒（民国史家李长傅在《中国殖民史》等著作中将这一现象归结为一种时代精神，认为在16—18世纪的大航海时代，无论中西，都有对这种海洋征服精神的崇尚、膜拜，只是这种时代精神被儒家官僚文化压制并被污名化，从而沦为边缘，无法引起注意）。可以想象，当这些儒家官僚见到这些"反诗"时的震惊有多么强烈！郑晓大发感叹："观此四十余贼，亦有能题咏者，则倡乱者岂真倭党哉？"他所忧惧的正是这些"衣冠之盗"的兴起："论倭奴之变，多由中国不逞之徒如衣冠失职，书生不得志者投其中，为之奸细，为之向导。"这些儒家官僚们最为明白，一旦"读书人"（衣冠之士）介入其中，则统治的合法性就将遇到严峻的挑战。相对于番商、倭寇、海盗的扰乱，相对于豪族、权贵的勾结，"衣冠之盗"的介入才是最为危险的，才是朱纨们无法面对的绝望之境。

绝望处境必然引发决绝政策，而决绝政策的后果往往又会产生这种绝望处境——一种帝国政治的恶性循环——帝国命运其实早在那时就已经端倪渐显了，但儒家官僚们是无法领悟这一历史命运的。

世界市场的兴起与儒家官僚的应对

青花瓷与波斯风

1997 年，在菲律宾东北部巴拉望的利纳浅滩发现了一艘弘治三年（1490）沉没的商船，史称"利纳沉船"（Lena Cargo）。船上载有大批景德镇民窑生产的青花瓷，不过这批青花瓷呈现的并非中国元素，而是伊斯兰风格、波斯风格。最有说服力的是在这批青花瓷器中，发现不少青花笔盒，笔盒与调色盘合二为一，采取多层式设计，其造型来自波斯细密风画家们使用的一种金属笔盒。

在奥斯曼帝国首都伊斯坦布尔的托普卡比宫中也收藏有 3 件弘治窑的青花大盘、4 件正德青花瓷器，其波斯风格也十分抢眼。其中，正德窑波斯纹青花碗 2 件，碗心和碗的外壁内壁都写有波斯文款，碗心文字汉译为"我在祈祷"，碗外壁波斯文读作"神祝福尊贵的穆罕默德，并祝福其家族"，碗内壁则是"安拉是唯一的真神，穆罕默德是安拉的使者"。

在葡萄牙首都里斯本的桑托斯宫金字塔式的天花板上，镶嵌有261件青花瓷，年代从弘治初期至明末（1498—17世纪），巴黎吉美亚洲艺术博物馆曾展出过来自桑托斯宫的瓷器，其中就有2件弘治民窑产品。欧洲文艺复兴时期的画家们似乎也喜欢以青花瓷入画，1514—1529年，威尼斯画家贝利尼和提香就在《诸神之宴》中绘入3件青花瓷，这幅名画现藏于华盛顿国家美术馆。

在美索不达米亚北部的叙利亚，芝加哥大学的卡斯威尔调查发现有约200件景德镇弘治年间的青花瓷。其中包括荷塘纹青花碗、孔雀纹青花盘缠枝纹青花碗、伊斯兰风格的青花执壶和波斯风格的青花笔盒，青花笔盒与利纳沉船上发现的风格一致（参见林梅村：《观沧海：大航海时代诸文明的冲突与交流》）。

从这些古瓷看，似乎，在大航海时期的明弘治年间，欧亚大陆曾兴起过一波青花瓷的消费热潮。但这波青花瓷热却别具特色，尽管其产品来自大明帝国的景德镇，其风格却是波斯的、阿拉伯世界的。更奇怪的是，由于实施禁海政策，这个时候的景德镇陶瓷生产正处在萧条时期（正统、景泰、天顺三朝为古瓷考古的"空白期"，此后的生产一直未能兴旺），《明史·食货志》说："自弘治以来，烧造未完者三十余万器。"问题于是就变成：在明帝国实施严厉海禁的情况下，欧洲市场为什么却偏偏兴起了景德镇陶瓷消费热？中国的瓷器生产中为什么会出现具有如此明显伊斯兰风格、波斯风格的青花瓷？这些青花瓷的设计者是些什么人？欧洲、美洲市场与景德镇的生产方是如何搭上关系的？市场的运销网络又是如何连贯交通的？

我们可以通过"青花"这个要素来解释这些疑问。

一般人会认为青花是典型的中国元素，其实不然。烧制"青花"所用颜料是钴蓝，钴蓝历史上被称为"回青"。《窥天外乘》记载："回青者，出外国。正德间，大珰（太监）镇云南，得之。以练师为伪宝，其价初倍黄金。"这段文字明确表示回青出自"外国"，且价格昂贵。由于中国本土不出产钴蓝，故极为珍稀。朝鲜李朝政府曾在中国烧制青花，求回青于中国，但是中国自己也缺乏，当时的明政府下令全国勘查，认为至少可以找到替代品，经过全国性勘探，确实找到过一种"土青"，但土青不仅同样稀缺，且色彩效果根本无法与回青相比。

　　"回青"显然来自伊斯兰世界，典籍中也有称之为"苏麻离青""苏渤泥青"的，考古学家林梅村认为两者其实是同一种钴蓝，只是译名有别。而从译名看，可以认为"回青"是从苏门答腊转运而来，当时的苏门答腊正好属于贸易中转中心——由此，我们得以建立了一条"回青—青花瓷"的贸易线路，在大明帝国实施严厉的海禁时期，也包括此后的葡萄牙人控制"南中国海—印度洋"贸易之后，这条大明帝国与伊斯兰世界的物流线并未中断，官方往来虽被严格控制在朝贡体制之内，但是民间贸易却始终繁盛着。

　　操控这一切的，是强大的穆斯林商人群体，中国海商与之联盟作业。穆斯林商人提供钴蓝原料，进行造型设计，下达采购订单，预付定金包揽生意；而景德镇民窑接单烧制，中国海商负责突破海禁、远途运输，完成货物接驳后，穆斯林商人再将这些青花瓷转运欧洲市场销售。

　　于是，就在大明帝国的禁海时期，一个覆盖欧亚大陆的全球市场已经悄然形成。

世界市场的兴起及其影响

明史专家卜正民在其所著《挣扎的帝国：元与明》中说："瓷器是中国人的发明，但是青花却不是。这种跨文化的审美趣味是由一个国际性的陶瓷市场催生出来的。对白底蓝纹的偏好最早起源于波斯。"

"青花瓷热"确实是当时世界市场催生出来的，是世界市场一体化的重要组成部分。在地理大发现前后，一个全球贸易网络已经形成，中华帝国在其覆盖之下，但并非被动卷入，而是主动参与并起到某种龙头作用。

当时的南洋国际贸易已经形成了一个由三级市场构成的贸易网：海岛与东南半岛、印度半岛之间的短途贸易；印度与中国、日本、琉球群岛之间的地区贸易；南洋区域与西亚、欧洲及美洲之间的世界贸易。输入这一区域的商品包括印度的布匹，美洲和日本的白银，中国的铜钱、丝绸、瓷器和其他工艺品，而输出的大宗商品则有胡椒、香料、香木、松香、漆、龟壳、珍珠、鹿皮、砂糖。商品在南洋集中后再分销至欧洲、美洲与亚洲各地。

以中国为轴心的全球贸易网络则更加庞大也更加复杂，主要由7条贸易线路组成：一些属于旁枝，如"印度—东南亚线路"和"东南亚—日本、琉球线路"，中国产品以中途搭车的方式进入这些贸易线，另外5条线路则直接以中华帝国为目标（贡德·弗兰克在其名著《白银资本》中有相应叙述），包括：

东南亚群岛—中国线路　向中国出口的主要商品为胡椒、香料、锡、大米、糖、鱼、盐、珍珠、玛瑙、琥珀、玉石、翡翠、燕窝、白银；中国向这一地区出口的商品主要有：瓷器、丝绸、棉织品、茶叶、纸张等。

东南亚大陆（北部）**—中国**（南部）**线路**　主要是走陆路或河运交通，东南亚半岛国家如缅甸、暹罗经过云南、西藏等与中国大陆的贸易；中国造船所用木材以及船只的贸易大都属于这一线路；劳动力与服务业也多走这一线路。

中国—马尼拉大帆船线路　中国进口商品的大宗为白银；出口则为丝绸、瓷器和水银（当时墨西哥、秘鲁等银矿采用水银法提炼白银，这一线路是连接旧大陆与新大陆主干线的一段）。

日本—中国线路　日本出口中国的商品主要有铜、白银、硫磺、樟脑、刀剑、钢；中国出口日本的则为丝绸、棉布、木材、茶叶、工业品等。

中亚—中国线路　中国从中亚进口骆驼、马匹、羊、玉石、药材和白银（转口贸易）；而中亚则从中国进口丝绸、瓷器、茶叶、布匹等。

明帝国国内的生产和发展刺激、促进了这种寰球贸易的产生，而世界市场的形成也对帝国内部的产业结构与类型、规模产生了巨大影响。仅就其中的传统农业而言，随着国际市场的形成，国内农业在地理分布、产品分工、耕作技术以及产品销售方面都与国际市场高度相关，那种自给自足的封闭型自然经济再也难以存身了。仅以广州附近为例：

> 这里的农民不种棉花而种植甘蔗，用加工制成的蔗糖换取华中和华北的棉花。大部分棉花经过纺织加工再出口到南洋。这样，由于对棉纺织品的需求不断增长，就推动了甘蔗逐渐取代水稻（占用原有的水田，而种植棉花则需要开垦其他类型的土地）……没有导致（也不需要）另外开垦土地来种植供市场销售的甘蔗，这样就缩减了珠江三

角洲及邻近地区的水稻产量，从而增加了市场对稻米的需求。对丝绸的需求增加时，也会出现类似的水稻田被非食品类经济作物挤占的情况。

上述引文出自贡德·弗兰克《白银资本》一书，尽管这本书的观点引起了巨大争议，但其事实描述基本上可信：15—18世纪的明清帝国已经深深卷入全球化的贸易网络之中，中华帝国与世界经济的关系越来越紧密。参与这波全球化浪潮中的民间社会，尤其是海商们，在国际市场的博弈中积累了巨额的财富与势力，为帝国此后的商品化及币制改革积累了基础，但也引发了巨大的震荡，不仅社会结构被整体改造，社会心理也发生了足以颠覆儒家信念的改变（晚明启蒙思潮是其中之一），帝国权威尤其面临着巨大的威胁。帝国此时面临着调整自己内外战略的抉择，而这种战略调整又在一定程度上决定了帝国此后的命运。

然而，帝国的官僚们是如何认知这一趋势的？其战略形成的资源又是什么？

儒家官僚们的时代感知

儒家官僚对于这种变化十分敏感，抗倭名将俞大猷在征剿福建诏安梅岭村时，留下一段话，至今读来仍令人直冒冷汗："此村有林、田、傅三大姓，共一千余家，男不耕作，而食必粱肉，女不蚕织，而衣皆锦绮。莫非自通番接济为盗，行劫中得来，莫之奈何。"（俞大猷：《正气堂集》卷二）这些儒家官僚最为关注的是平民百姓的日常生活是否遵守旧制，是否有越矩之处，他们手中的权力允许他们随时加诸百姓"通敌""盗窃"等等莫须有之罪，并以倭寇等名义剿灭之。这种妄加之罪几乎成为儒家官僚治理国家的法宝，一名御史因见不得那些富起来的平民鲜衣丽服，所用器皿时尚昂贵，竟敢"与缙绅列坐抗礼"，在奏章中弹劾"无识之妇、贱役之妻袍服适体，金银横腰"。确实，依据儒家礼仪，平民百姓只能黔首白衣，何敢与官家平列并坐？由此，那些像朱纨、戚继光、俞大猷等当国者，往往就以军事威压试图铲平这一时代趋势，而那些地位稍低的官员，则只好在文字中哀叹世道不古，今不如昔。如出身湖北贫瘠之地的低级官员张涛在其履任徽州时，留下的言论就充满着这种世纪末般的悲哀。

张涛在任上，给新编《徽州志》写序，其主旨就是批判徽州人心不古：

> 出贾既多，士田不重。操资交捷，起落不常……末富居多，本富尽少。富者愈富，贫者愈贫。起者独雄，落者辟易。资爱有属，产自无恒……富者百人而一，贫者十人而九。贫者既不能敌富，少者反可以制多。金令司天，钱神卓地。贪婪罔极，骨肉相残。受享于身，不堪暴殄。

张涛痛恨的是作为国家之根本的农业不再受到重视，大多数徽州人奔走于商贸之途（中国十大商帮之首的新安商帮那时已经崛起，且由国内盐业垄断走向海外贸易，前文提及的倭寇之首王直即属新安商帮），财富积聚变化无常，那些通过商业致富的人以其巨大的资本买通权贵，藐视官府，而不再以土地为保障。由此，官府权威流失、控制失效——他们恐惧的正是这种社会权势发生的根本性转移。

儒家官僚眼光确实犀利，不过这种犀利来自他们的出身与地位，他们对于权力有着极为敏感的神经，在明帝国当时发生的巨大社会变迁中，他们最敏感的是感受到了市场那只"看不见的手"—— 金钱（张涛用"金令司天，钱神卓地"表达对市场的忧惧与愤怒，而《春明梦余录》的作者则用"银产于地，人得而私之，钞者制于官，惟上得而增损之"主张摆脱帝国干预的思想，正是针锋相对）对于社会的巨大影响，其力量已经越出官府的控制范围——这对于寄食权力的儒家官僚们，是多么可怕、多么可悲的世道变迁啊！

儒家"制度创新"的路径

儒家官僚们感叹"近数十年来，士习民心渐失其初，虽家有诗书而户礼乐，然趋富贵而厌贫贱"。他们梦想建造的理想国是那种太祖朱元璋所希望的"小国寡民"式乌托邦：农民躬耕陇亩，外出不离二十里；以农为本，家给户足，一切井然有序，"民皆畏官府"，"长幼尊卑有序、亲疏贵贱有伦"的世界。在明太祖的想象中，理想的帝国应该是这样的："先王之世，野无不耕之农，室无不蚕之女，水旱无虞，饥寒不至。"为了在帝国内建立这种儒家的道德理想国，帝国官僚以秦制创始人商鞅的"重本抑末"政策为国策，朱元璋日夜所虑的也是："朕思足食在于禁末作，足衣在于禁华靡"，于是，这个"禁"字就成为帝国治理的最高圭臬。为了将人民控制在土地上，朱元璋还发明了"路引"这样的控制手段，凡出外经商，都要向当地官府交钱申请路引，路引上注明出行者的姓名、乡里、去向、外出原因、日期和外貌特征，以备沿路官府检查核实，凡无路引者，官府可以随时抓捕治罪。为了控制民众，一切"移动"都需官府证件，于是，像靠移

动为生的商人就被那个充满制度创新冲动的太祖皇帝朱元璋定性为
"游民",他在 1391 年颁布"游民法":"若有不务耕种,专事末作者,
是为游民,则逮捕之"——这个"发明"还真准确,不过若认真执行
起来,则天下从此就将陷入死路了。

以此思想为出发点,在对治外洋贸易时,儒家官僚们充分发挥了
他们那巨大的制度"创新精神"。如景泰年间监察御史谢骞在漳州月
港海沧等沿海地区实施八户联保的编(保)甲制度:将八户编制为一
甲,设置联总负责,规定每五天拿牌照到官府点卯,将大船全部烧毁,
留下的小船则烙上官印,允许朝出暮归,"不归者,甲总以告,不告
连坐之"。嘉靖年间,福建海道副使谭纶则将这一制度在全闽推广,
以十户为一牌,实行轮流当值,负责监视并告发其所负责的十户人家
的行动,有远出不归或私自收购丝绵等进行外贸者,允许当值户主抱
牌告发,官府究拿。如若隐瞒不举,则"一家有犯,十家连坐"。这
样的制度创设确实已经到了无出其右的登峰造极水平——谁说他们
是保守主义者?

孔飞力在《他者中的华人:中国近现代移民史》中指出:中华帝
国晚期历史的核心悖论——帝国政府越来越专制,社会却越来越复
杂、动荡。虽然统治贵族的独裁不断强化,但商贸势力以及与之并行
的人口在空间和社会上的流动,则使社会得以从国家的控制权之下解
脱出来。

孔飞力是从晚期帝国角度提出这一"核心悖论"的,不过这一"核
心悖论"却贯穿整个帝国历史,只是,我们可能至今还没有很好地发
现并理解这一"核心悖论"。究其原因,在于帝国控制与社会变迁的
矛盾,不仅是既存利益之间的冲突,更是一种严峻的价值选择:我们
究竟是想回到"先王之世",还是准备拥抱全球化的"现代生活"?

敌国的制造

"动以倭寇为名"

前文曾指出，有明一朝，困扰明帝国的"北虏南倭"中的倭寇，其主要成分其实是帝国臣民，是沿海百姓与海商，真倭寥寥。

正如历史学所一再强调的，事实如何也许重要，但更重要的是当时人们的认知，就算这认知在事后的历史学家看来是幻觉，基于完全错误的信息，但它却是主导战略制定的真实原因。

说到底，尽管存在着严重骚扰中国沿海安全的海盗"真倭"，但中日关系史上的"倭寇问题"却往往是帝国制造的"假想敌"。

首先，它是帝国官僚体制的必然产物。

尽管在抗倭前线官兵中，对于真假倭寇有着清晰的辨识，但将之混同起来，并有意夸大倭寇的危害，却是官僚政治的惯例。因为这种混同与夸大，能获得直接利益：一方面在作战失利时，可以报称倭寇入犯，以掩饰自己的失职；在作战顺利时，可以夸大战果，多得赏金。为此，官兵们往往把擒获的海商、海盗甚至普通老百姓一律以倭寇名义上报，甚至直接斩杀，以此邀功请赏，而不是按实呈报。按当时的明律规定，"擒斩有名真倭贼首一名、颗者，升三级，不愿升授者赏银一百五十两"，"获汉人胁从贼二名、颗者，升授署一级，不愿者赏金二十两"（此处"金"指白银，明廷悬赏捉拿"倭首"王直的赏金竟达万金，且予以"封伯"的爵位奖赏）。也就是说，抓获或斩杀一名真倭贼首，可以升三级，或赏银 150 两，而一个汉人贼徒只赏白银 20 两，或升一级。这条法律充分说明，明廷已经意识到战争中倭寇真假混淆、官兵冒功虚报的状况，所以才会有此条款的区分。但这样的法律也正好鼓励官兵虚构倭寇故事以冒功请赏，文献记载多有可以证实这一点的。如王文禄的《策枢》就明确指出："官兵利于斩倭首而得重赏，明知中国人而称倭夷，以讹传讹，皆曰倭夷。"（一些研究者统计，自嘉靖元年至四十五年，沿海著名的起义首领不下 130 人被称作"倭寇"首领。）

这种鼓励政策所导致的，其实不仅仅是冒功请赏这么简单的事，而有着更可怕的后果，这就连抗倭"前线总指挥"胡宗宪也意识到了：

> 我民之变为盗，叛而从贼者，日益众，此其何故也？推而求之，其说有二：一以被掳之民，其首既髡，官军但获此辈，不以为从贼，则以为奸细；而主将方且利之以为首功，而冀掩其失事之罪，又安望与之昭雪乎？是以此辈一被污染，皆绝归正之念，而坚从逆之心，宁九死而不悔也。

胡宗宪指出的是那条“为丛驱雀、为渊驱鱼”的古老规律，也是在倭寇问题上弄假成真、使之抱团成堆的事实，假倭而成真倭，“真倭”大规模集结，并最终对大明帝国构成严重威胁，与官僚政治这种“鼓励”政策有着直接关系。

嘉靖二十八年（1549）七月壬申“倭寇起源浙江”条中提及“县官仓皇申闻上司，云倭贼入寇，巡抚（朱）纨，下令捕盗甚急，又令并海居民有素与番人通者皆得自首，及相告言。于是人心汹汹，转相告引。或诬良善，而诸奸畏官兵搜捕，亦遽勾岛夷及海中巨贼，所在掠劫，乘汛登岸，动以倭寇为名，其实真倭无几”云云，就是最好的说明。

如此，军功报告处处夸大，也就见怪不怪了，如“倭寇过处，村落殆尽，生灵涂炭，玉石俱焚”“焚烧千有余家，杀掠千有余人”；“屠城则百里无烟，焚舍而穷年烽火”之类，也只好当作“等因奉此”的公文传递看待。

也难怪日本学者田中健夫会说，“因为中国官宪为了显示自己的功绩而夸大捏造倭寇的残忍性与侵略的猛烈程度”，在史料上还处处可见。

当然，为了吓唬官军，海商们也多冒称倭寇，王直的部下就如此，《明史·日本传》记载：“海中巨盗，遂袭倭服饰、旗号，并分艘掠内地，无不大利，故倭患日剧。”老百姓冒称倭寇，在当时几乎成为常态，《倭奴遗事》记载：“倭寇初犯漳、泉，仅二百人，其间真倭甚寡，皆闽、浙通番之徒，髡顽以从。”《倭变事略》记载：“沿海穷民，又夤夜冒倭状劫掠。”《潮州府志》记载：“倭寇非果尽属日本，大抵多漳泉流贼挟倭以为酋首，遂因其名号，以鼓舞徒众，所至破乡寨，尽收其少壮者而髡之，久之遂与倭无异。”

官府"动以倭寇为名",而海商也"因其名号,以鼓舞徒众",对阵的双方都乐于采用倭寇这样的名义,"倭寇"问题自然也就越闹越大、无法根治了。

敌国形象的制造

其实倭寇与日本政府并无太大关系,日本政府也不支持倭寇骚扰中国沿海。这些,无论是大明帝国最高统治者还是一般官僚其实都心知肚明,抗倭将领更是清楚实情。嘉靖三十五年(1556),受胡宗宪派遣宣谕日本的陈可愿回来说:"各夷口称,情愿将松江各处旧贼或擒或剿,或号召还岛,惟中国所命,但要进贡开市。"胡宗宪审问倭寇助四郎,得知的情报也是"国王不知"。

在试图招降王直时,胡宗宪还曾得到过更详细的日本情报:

> 日本虽统于一君,近来君弱臣强,不过徒存名号而已。其国尚有六十六国,互相雄长。往年山口主君强力,霸服诸夷,凡事犹得专主。旧年四月,内与邻国争夺境界,堕计自刎。……其马迹至山前港兵船,更番巡哨截来,今春不容省懈也。臣同正使蒋洲抚谕各国,事毕方回。我浙、直尚有余贼,臣抚谕归岛,必不敢仍前故犯。万一不从,即当征兵剿灭,以夷攻夷,此臣之素志,事犹反掌也。如皇上慈仁恩宥,赦臣之罪,得效犬马微劳驱驰。浙江定海外长涂等港,仍如广中事例,通关纳税,又使不失贡期。宣谕诸岛,其主各为禁制。倭奴不得复为跋扈,所谓不战

而屈人之兵者也。

王直曾陪同胡宗宪所派遣的使臣准备"遍历晓谕"日本沿海的九州十二岛，以杜绝倭寇骚扰沿海，在写这封上书时，使臣"已行五岛、松浦及马肥前岛，博多等十禁三、四"。可见，只要明政府主动与日本政府建立外交关系，日本方面对倭寇的控制是有效的。且王直久住日本，不仅熟悉日本诸岛情况，对日本诸大名还有着十分重要的影响力。在这封上书中，王直提出了具有战略意义的对日国策，其主旨当然是开关纳税、允许通商，以为这是解决倭寇问题的根本办法。在此之前则只要晓谕日本诸岛，与大小诸邦建立外交关系，以便相互约束。当然，也包括武力后备，但却并不需要明廷出兵，而可以利用日本诸岛的分裂状态，"以夷制夷"。

王直要求胡宗宪将这篇"战略规划"上奏朝廷，但他连自己的命运都无法保证，就遑论献策了。而且，就算这篇上书抵达天听，大明帝国的对日战略大概也不会发生什么实质性的改变。

毕竟，形势比人强，帝国尽管宣称王者无敌，不分内外，但维持统治却永远需要一个假想敌，尤其是，要实施严厉的海禁政策，总得给出一个说得过去的理由。

其实，朱元璋在大杀功臣之时，就已经在制造这个替罪羊了。胡惟庸案持续十四年，一时功臣宿将诛夷殆尽，前后达4万余人，《明史》记其罪名为："先是胡惟庸谋逆，欲借日本为助"，说他暗使同党宁波卫指挥使林贤蛰居日本，令其交通日本君臣，并密信其王，借兵助己。林贤回国后，日本国王派遣僧人如瑶以朝贡为名，率兵士400余人，"献巨烛，藏火药刀剑其中"，但使者还未到京，胡惟庸案告破，故放逐日本使臣，并与日本绝交。这样的说法在成祖时代还持续，流风所及，当时的历史学者们也信以为真。《名山藏》甚至将"倭"的命名追溯至此，说"于是名日本曰倭，下诏切责其君臣，暴其过恶天下，著《祖训》绝之"（其实最早使用"倭奴"是在《后汉书》中）；严谨如王世贞者也持此说："胡惟庸谋逆，阴约日本国贡使以精兵装巨舶，约是日行弑"，"上后却日本之贡以此"——尽管他的儿子颇为怀疑这种说法，说胡惟庸案与此后的严世蕃案一样（严世蕃也被加上通过王直勾结倭寇的罪名），也被加上"交通倭虏，潜谋叛逆"的罪名，可以说是"寻端杀之，非正法也"。

这样的屠戮确实是"非正法也"，海禁绝关同样也是"非正法也"，但明廷一意孤行，无视民生国运与天下主义的原则，以极端的暴力实施这种"非正法"。于是，为了给自己一个理由，即使是自我欺骗，帝国也迫切需要一个替罪羊，一个无法替自己辩护的敌人，往来隔绝的日本因此成为最好的对象。自朱元璋绝交日本，"倭虏"与日本之间再也无法脱离干系。而嘉靖禁海政策所导致的激烈反弹，海盗与倭寇泛滥，又正好符合这种罪加其上而无法自辩的对象定位。于是，将日本坐实为倭寇并进一步定位成帝国的险恶敌人，便成为大明帝国对外战略中顺理成章的一环了。

当时诸大臣几乎都在重复这样的调子：

都御史唐顺之提出，日人利我中国之货，如果断绝朝贡贸易，他们就没有希望，乃勾引海盗从事掠夺。因此，下令其国王禁止劫掠，许其通贡，则足以外制倭寇而内绝勾引之徒。兵部主事黄元恭则说："倭寇狡猾，素无慕义之诚"，前数十年尚能臣服，是基于朝贡体制所给予的利益暂时羁縻，现今"入寇之利百倍通贡"，"贪心大发，何所不为？"礼科给事中张翀甚至认为，日本是凶狡之性，时时窥视中国，只要有机会，就劫掠财物，没有下手处，则伪称朝贡，"劫杀则利民财，朝贡则利国赐"，无论如何，利无不在。因此要求皇上"绝约闭关，永断朝贡之途"。

尚书杨守陈直接将日本定位为"敌国"（"倭奴乃我仇敌"），并将这种敌对关系追溯至唐代，说"倭奴僻在海岛，其俗狙诈而狼贪，自唐以至近代已常为中国之疥癣矣"。《杨文懿公文集·卷二》说他们：

> 知我国中之虚实，山川之险易，因肆奸谲。时孥舟载其方物戎器，出没海道，而窥伺我。得间，则张其戎器，而肆侵；夷不得间，则陈其方物，而称朝贡；侵，夷则卷民财；朝贡，则沾国赐。间有得不得，而利无不得，其计之狡如是。

在这些官僚们的话语中，日本被塑造成"素性贪诈""俗狙诈而狼贪""凶狡之性"等野蛮形象。这些形象当然与当时的日本国无关，但至今我们的一些日本研究者却仍然认为这只是认知的"片面"性，而且还有种种合理的解释，说这种"片面"认识是基于抗倭前线的将领们大都只关注倭寇问题，因此对日本人的整体认识还停留在"雾里看花"阶段——他们本该具有的理性认识，却往往被其充满情感色彩而又有失公允的评断所掩盖。这种将帝国战略当作某种建立在"认知失误"基础上的说法其实是不得要领的，倒是撰写《倭寇：海上历史》的日本学者田中健夫的说法更有说服力（有关明帝国的倭寇形象系统分析可参见此书）：

> 中国的倭寇形象，实体极为暧昧，很难抓住，而这种

情况又进一步被中国官宪随意而巧妙地加以利用，有时用来向中国民众灌输对日本人的害怕与憎恶感，有时又利用来把中国民众自己的叛乱谎称为倭寇……

田中健夫认为，倭寇乃某种被帝国官宪利用的符号，这种见解颇见功力，但事情可能更为复杂，也可能更为有趣。事实是，海商、海盗们以"倭寇"威胁或恐吓官僚，官僚也需要借助倭寇以推脱责任；帝国又正需要一个符号实施禁海、控制沿海民众，尤其是对那些"世家大族""豪门巨族"并非一纸禁令就能有效控制的，更需要给出一个说得过去的绝对理由。于是，"倭寇"问题出现了——真实的"倭寇"是什么已经不再重要，重要的是，在帝国层面，需要将倭寇塑造、宣传成一帮穷凶极恶、残暴狡猾而又威力无比的"魔鬼"，造成极度的"恐倭"心理，而这种恐慌正是帝国实施严厉禁海政策的依据。

因此，"倭寇"成为地方官员与帝国统治者共同制造的一个符号——其功能就是为禁海战略背书——而海商竟然也从其"背面"参与了这个符号的制造，大明帝国于是有了一个真正的"敌国"，这似乎是帝国维持其"非正法"之治的巧妙法门。

纳粹首席法学家施密特将政治定义为制造敌人的艺术，精神分析学大师荣格从憎恶的角度也说过这样的话：政治团伙的本质就是在对方身上看到罪恶，"无敌国外患者恒亡"的中国古谚说的其实也是这个道理。至于这种制造敌国的实际效果究竟如何，大约是属于此后历史学家们的事情，与现实政治家们是无关的。

丰臣秀吉的挑战

"我来了"，"倭来了"

《倭奴遗事》有一则故事：嘉靖三十年（1551）二月，一县城报事人飞奔入城，说"我来了"，守城人误听成"倭来了"，于是，民众顿时惊慌失措。记载说，"举城鼎沸，守城兵皆弃戈而走"。

将"我来了"听成"倭来了"，导致全城惊惶，连守军都不战而走，可见嘉靖期间国人对于倭寇的恐惧心理已经到了怎样的地步。如果这就是大明帝国塑造假想敌之目的，这一目的倒是确实达到了。这种恐倭心理，一直延续至明朝末年，《明史·日本传》说，"终明之世，通倭之禁甚严，闾巷小民，至指倭相詈骂，甚以嚇其小儿女云"。

不过，这种手法所造成的后果并非制造拳击"沙袋"那么简单，它倒有些像"狼来了"那则儿童故事，假话说多了，一时真假难辨，或者弄假成真。倭寇在国人心中引发的那种恐慌，最终会像预言或者谶语，不仅会自动实现，还会将真倭"召唤"过来——这就是万历年间的"真倭"——丰臣秀吉——的入侵。这回不再是那些冒称的小股海盗，而是被大明王朝当作真正敌人的日本国家发动的战争，一场前近代东亚史上最重大的国际战争，历史上称这次战争为"壬辰之战"。

丰臣秀吉对大明帝国的挑战，正是利用了大明帝国制造的这个"倭寇"符号。

《明史·日本传》记载：

> （丰臣秀吉）欲侵中国，灭朝鲜而有之。召问故时汪直遗党，知唐人畏倭如虎，气益骄。益大治兵甲，缮舟舰，与其下谋，入中国北京者用朝鲜人为导，入浙闽沿海郡县者用唐人为导。虑琉球泄其情，使毋入贡。

这就是说，在战争发动前，丰臣秀吉对于大明帝国的对日态度有过预估，他找到"倭寇之首"、新安商人王直的部下询问，发现大明帝国对日本十分恐惧（朝鲜史籍《李朝宣祖实录》也有同类记载，说王直部下回答丰臣秀吉时说："吾等曾以三百余人，自南京地劫掠横行，下福建迤一年，全甲而还。唐畏日本如虎，灭大唐如反掌也"）。于是，其侵略之志益发坚决，气焰更为嚣张，且根据这些情报，分头安排向导，北方一路采用朝鲜人，东南一路使用江浙等沿海民众，同时控制琉球与明帝国的交通，避免情报泄露。

明廷参战的决策

史学界对这次战争过程做了大量研究，不必赘述。这里要补充的是，其一，战前，当时驻琉球的中国商人曾将丰臣秀吉的意图报告明廷。明廷兵部曾"移咨朝鲜王"，但朝鲜国王并不知情，只是替自己开脱，史籍载其"但深辩向导之污，亦不知其谋己也"。所以，尽管最初琉球一再报警，甚至正式行诸公文，但明廷仍旧将信将疑，且担心这是日本与朝鲜联合起来对付中国的阴谋。即使在丰臣秀吉侵入朝鲜、战争已经爆发、朝鲜政府请求支援时，明廷还是担心被骗。朝鲜《李朝宣祖实录》记载，明朝曾追问朝鲜求援使者：贵国为东国之强者，为什么突然失陷？贵国既然求援，为什么不曾提及几月几日哪里沦陷？发生了什么战役？损失多少兵马？将领有谁战死，臣子有谁死节？朝鲜使臣经过三个月的密集外交努力，并把日本威胁朝鲜的信转呈明廷，表示没有二心，才得到明廷的认可——可见在这个所谓的天下体系中，即使是对"最亲密"的藩属国，天朝上国也是难以信任的——表面上看，天下体系为亚洲区域提供了整体秩序与集体安全，但事实上，连这个体系的领导者自己也没有多少安全感，遑论其余。

如果仅从单方立场看，战争似乎纯粹由日本发动，是日本帝国赤裸裸的侵略行径。但如果仔细考量双方的决策过程，则可以看出，在战前，明廷曾经有过详细的战略规划，这场战争绝非日本的单方面挑战，它与大明帝国以日本为假想敌有着直接关系。新生代研究者郑洁西在其《跨境人员、情报网络、封贡危机：万历朝鲜战争与16世纪末的东亚》中指出，战前明廷已经有了充分的备战举措。万历十九年（1591）七月时，内阁辅臣许国就综合沿海情报奏报中枢，神宗皇帝下诏沿海督抚"预讲调度兵食之计，申严备御海汛之方"，明廷并开始募集和训练精兵，打造战舰，筹措军粮军费，并向战略要地调配兵力，加强军事设施等。同年，各种征讨日本的战略建议纷纷上奏朝廷，当时 91 岁高龄的仇俊卿甚至提出先发制人，仿汉武帝剿灭西南夷的"横海楼船故事"直捣黄龙，以"张中国威"。神宗皇帝且下令朝鲜联合暹罗、琉球等国"合兵征剿""合兵抄击"日本本土，不过，无论是朝鲜还是暹罗对此都无响应。待到战争爆发，朝野上下对于"征倭捣穴"的献策雪片般送至朝廷，至战争胶着期间（万历二十五、二十六年间），神宗皇帝再次临朝决断，敲定征讨日本本土的动议，且正式启动实施程序。

不过战争的发展过快，先是日本出乎明廷预料之外，不是从江浙沿海登陆而是首攻朝鲜，导致明廷的战略预备全然失效。随着 1593 年中国参战，日本军队被迅速击败，其军队又大量倒戈，丰臣秀吉转而采取谈判姿态，要求朝鲜割让四道给日本，明朝公主前往日本为人质（迎娶公主为皇后）。谈判拖了数年，毫无成果，丰臣秀吉的要求遭到拒绝，于 1597 年再次发动战争，而明朝军队以绝对优势予其以毁灭性打击，丰臣秀吉又恰于 1598 年死亡，日本残余部队无心恋战，撤回日本。结果，登陆日本本土的作战计划也就搁置起来。

"牛耳之盟"，等级秩序中的生存游戏

丰臣秀吉发动这场壬辰之战，前后动员军队达 50 万人，战舰超过 700 艘，放在当时的背景看，其规模是相当惊人的——1588 年的西班牙无敌舰队相比这场战争就只能算是一场海上操练。

只是，丰臣秀吉何以会倾全国之力，以几乎孤注一掷的决绝态度发动这场完全无胜算把握的战争？史学界至今还是聚讼不已，原因不仅在于历史本身的复杂性，也因为历史研究者自身的局限，一般学者总是囿于民族主义立场，从单方视角考察国际关系，忽视了国际关系乃是双边甚至多边互动的结果。

　　要理解丰臣秀吉的挑战，首先必须从由中华帝国建构的华夷秩序之下的那种等级关系中寻找答案。

　　诸葛元声的《两朝平壤录》留下了明廷大臣石星与日本谈判使者小西飞（内藤如安，小西行长的内臣）的对谈史料，在近乎审讯的对谈中，小西飞一一回答了明廷的质询，解释自己的战争行为，主要内容是：日本侵略朝鲜，根源在朝鲜曾阻止日本向明廷请封事，日本曾请朝鲜代请，但他们隐瞒达三年之久，且诛杀日人。

　　朝日关系确实一直以来影响着中日关系的发展，前辈外交家袁南生大使曾指出，中国三次抗日援朝战争多少都与朝鲜的谋略有关。由于华夷秩序是一种等级有差的国际体系，在中华帝国看来，朝鲜、日本虽均属藩国，却随着关系远近而有轻重之别。在朝鲜看来，远离帝国中心的日本，其国际地位要低自己一等，但从日本角度看，这种等差而降的地位不平等是对自己国格的侮辱，尤其是受制于朝鲜这样的小国，更是无法忍受的耻辱。

　　即使是在战争期间，大明帝国也绝不给日本以平等待遇，只考虑给它某种与蒙古统治者相似的地位，位居朝鲜和越南之下。议和期间，朝鲜和中国派遣的议和官员级别也很低。朝鲜尤其重视自己在各藩属国中排名第一的位置，甚至连派遣王室成员为特使都认为有损朝鲜颜面。

　　丰臣秀吉对于朝日关系的不平等有着切肤之痛，认为传统的朝日关系是"牛耳之盟"。在朝贡体系内部，存在的这种不平等，对于日本来说，是双重压迫与屈辱，它不仅要承认上国大明的盟主地位，同时还得承认同为属国的朝鲜之优等地位，这就埋下了挑战的根源。日本幕府认为自己比朝鲜优越，而朝鲜却认为日本应该低人一等，体系之内、属国之间的这种相互鄙视链条正是华夷秩序有意留下的政治遗产。而处在这一秩序之下的诸属国为此不得不以屈辱的方式争取帝国的好感，尽管面对上国时他们会刻意隐藏这种屈辱，但属国之间相处的那种不适却深深刺痛着他们敏感的神经，由此也可以看出，在表面雍雍穆穆的天下秩序中，早已埋下了分歧与冲突的种子。康灿雄在《西方之前的东亚：朝贡贸易五百年》中指出，"朝鲜和日本两国的主要分歧，是各自在等级制度中的确切地位"，可谓确见。这种分歧直至战后仍旧无法处理，1607 年 7 月 4 日德川家康发给朝鲜的信就被朝鲜认为是极大的侮辱，要求日方予以修改。德川家康信中有"贵国吁请复交，我国奚能拒绝？"这样的词句，而且信中使用的年号既非朝鲜国王的，也非中国万历的，而是日本的年号庆长，称号也使用了平等格式，这就更糟糕了。

由此，丰臣秀吉 1590 年致朝鲜国王宣祖的信所引发的冲突，就可以想见。信中丰臣秀吉说："吾欲假道贵国，超越山海，直入于明，使其四百州尽化我俗，以施王政于亿万斯年，是秀吉宿志也。凡海外诸藩，役至者皆在所不释。"朝鲜国王宣祖的回信则直接对丰臣秀吉的平民出身、缺乏教养而大加指责，称其"辞旨张皇，欲超入上国，而望吾国为之党，不知此言悉为而至哉？"国交关系于是变成了人身攻击，这大约是天下主义者所无法想象的吧。

丰臣秀吉的"华夷秩序"

战争史实尽管基本上弄清楚了，但关于战争何以发生的争论却始终众说纷纭。一些研究者关注贸易这一核心问题，也有人强调日本国内政治整合因素的影响，还有人从丰臣秀吉个人的野心出发，认为他"对海外军事占领的兴趣明显不如对名望的热衷"，这些都可成一家之言，不论。

但一般的史家都忽视了丰臣秀吉对日本在东亚国际秩序中地位的诉求，尤其是忽视了这种诉求乃中国文化塑造的结果，其理论来源于中国文化。

古濑奈津子在《遣唐使眼里的中国》中提出日本也存在着一个小型的朝贡体系，这是模仿中国的等级秩序。一方面日本始终在努力争取获得与中国平等的国际地位，但同时，它又试图建立一个属于日本领导的华夷秩序，一个小型的"天下"，这个秩序以日本为中心，将新罗、渤海等视为附属国，同时还按照中国的华夷秩序观，将世界分为"化内""化外"，化外又分为三等——邻国、番国和夷狄，日本华夷秩序中的"夷狄"主要指虾夷、舍卫等未受天皇"感化"的"野蛮人"。

任何采纳这种华夷秩序的国家，都免不了认为自己就是文明的代表，是天下的中心，有责任教化蛮夷，对周边国家实施统治。

这可从丰臣秀吉写给"列国"国王的信中见出。

万历十六年（1588），九州南部岛领主津义久向琉球施加压力，令其朝贡：

> 方今天下一统，海内向风，而独琉球不供职。关白方

命水军，将屠汝国。及今之时，宜其遣使谢罪，输贡修职，
则国永宁矣。

三年后，丰臣秀吉亲自修书琉球国王，表明次年将要出兵朝鲜，
令琉球派兵加入。战前的万历十九年，丰臣秀吉委托商人原田孙七郎
送信给西班牙驻菲律宾总督，敦促其进贡，丰臣秀吉在这封用汉字写
的信函中写道：

予也诞生之时，以有可治天下之奇瑞，自壮岁领国家，
不历三十年，而不遗难丸黑总（痣）之地，域中悉一统也。
遥之三韩、琉球、远邦异域，款塞来享。今也欲征大明国，
盖非吾所为，天所授也。

这封汉文书，即是用汉文化的天下观对日本人眼中的四夷发出的
朝贡命令，因此，在信中，丰臣秀吉还威胁说，如果不听令，则将大
军讨伐，"若徐行而来，愆期而至，必立伐尔国"。

对朝鲜，自 1587 年开始，丰臣秀吉先后三次发出命令，要求其
向日本进贡，参加对明战争，并充当先锋，朝鲜自然一一拒绝。因此，
1592 年，丰臣秀吉在北九州的名古屋设立司令部，同年 4 月，率 15
万大军登陆朝鲜釜山，并于 5 月占领朝鲜首都汉城，发动侵朝战争。

华夷秩序的危机

明廷参加抗日援朝战争，代价不菲，《明神宗实录》记载："前此

东征，虽有两战之捷，而兵马损失甚多，所用钱粮，几至二百万，辽东疲极难支……辽左益危，而畿辅重地，或生他变。"《开明中国历史讲义》概括说，朝鲜战争"损失兵力数十万，靡费饷项数百万，结果还是不了了之，从此，中国的实力已经暴露于天下，遂起满洲民族的觊觎，所以朝鲜战争与明朝的灭亡实在大有关系"。

但这种结果性评判并没有切入战争根源，《剑桥中国明代史》的作者提出，日本已经发展到不适合于中国的世界秩序观念了，日本学者上田信在其所著《海与帝国：明清时代》也提出这个问题，他说："东欧亚的稳定关系到以何种形式将日本拉入体系中，这也可以说是战争造成的巨大牺牲所引出的一个结论。"

也就是说，自明以来，以中华帝国为中心的华夷秩序已经无法涵盖日本在内的东亚各国。这种华夷秩序，不仅没有得到东亚之外诸力量的认可，在华夷秩序的体系内部，尽管天下主义作为某种理论传播周边，但体系内部的诸国并没有得到有效而稳定的安置。在这个秩序中，他们感到的是不适，而非亲和，秩序本身也面临着内部的挑战，究竟谁有资格成为天下中心，或者说，华夷秩序中的霸主究竟应由谁来担当，并不是当然，丰臣秀吉的挑战本身即证明这一秩序面临的危机。

这次战争尽管最终以日本失败而结束，日本也由此转向闭关自守，从而为东亚的和平留下近三百年的时光，但这种和平并非儒家式的等级秩序创造的。日本著名的经济史家滨下武志观察到，战后日本对中国商品的强劲需求所带来的经济繁荣、走私和商业化并非朝贡贸易体系的产物，而是某种以商业交易为基础的平等体系的自然结果。在东亚社会中，存在着某种与朝贡体系平行的贸易机制，这个机制被儒家文化与朝贡体系所遮蔽，正是战争打破了这种遮蔽，从而使得自由贸易获得了解放。

不过，由于日本的战败，华夷秩序的制度基础并未破坏，它随着中央帝国力量的恢复而再次制约东亚社会，处在等级秩序边缘的日本也不会因为一次失败而放弃挑战，其对平等的追求总会因其国力的强大而逐渐激活；同时，在由中华帝国所主导的东亚社会中，替代华夷秩序中那种等级结构的方案至少在前近代并没有机会发明，也难以从其自身资源中找到，而这却是化解战争危机的唯一希望。因此，战争的根源依旧存在。

亚历克斯·罗兰德说："德川幕府闭关自守，放弃了战争，但没有放下武器。"确实如此，此后的甲午战争、抗日战争，多少与华夷秩序的不平等所造成的危机及其替代方案的缺失有着直接关系。

差序格局与华夷秩序

为什么万历援朝决策会引发政争？

作为万历"三大征"之首的壬辰朝鲜战争，曾经引发明帝国高层政争风潮，为此后的党争之滥觞。历史学界一般认为这与主战主和的分歧有关，其实这种近乎道德化的认知可谓讨巧，它忽视了当时明帝国的国际环境，至少忽视了中日朝三国在关系认知上的理论困境，以及由此造成的问题。

我们可以先按学界中以主战主和两派划分阵营的思路，看看在帝国对外战略的决策中，他们各自究竟说了些什么。

主战派 要求出兵抗日援朝最力的是吕坤，他认为，如果倭取朝鲜，则是两倭，我取朝鲜，则是两我，日我双方的力量对比会发生根本性变化。因此，出兵援朝与朝鲜是否为我属国之类无关，朝鲜只能作为一种变量对待，谁先控制就归附谁。当然，这种主张基于对日本战略目标的预判，即日本的目标并非朝鲜，而是中国。因此，出兵朝鲜并非救朝鲜，而是自救。

依据这种理由，山西道御史彭好古提出，日本"度其意料必置朝鲜于度外，而实欲坐收中国以自封也，然不遽寇中国而先寇朝鲜者，惧蹑其后也"。

主和派　兵科给事中许弘纲是主张不加干预的，他说："夫边鄙，中国门庭也，四夷则篱辅也。闻守在四夷，不闻为四夷守，朝鲜虽忠顺，然被兵则慰谕，请兵则赴援，献俘则颁赏，尽所以待属国矣。望风逃窜，弃国授人，渠自土崩，我欲一苇障之乎？"（《明神宗实录》万历二十年七月庚申）

说白了，就是日本与朝鲜的战争是夷狄之间的冲突，与我中朝无关。在中朝看来，朝鲜不过是篱藩，是夷，而日本同样是夷，其争斗何关中华？从礼上说，上国待属国已经仁至义尽，并没有为它们御敌之义务，反倒它们应为上国安边靖边，现在竟然土崩瓦解，我朝自然没有责任救援。

在双方都看似有理、互不多让的情况下，当然最终要由最高统治者裁断，我们已经知道神宗皇帝决定出兵，但其立场并非为了朝鲜，终究还是自救。正如王锡爵所说："可见倭奴本情实欲占朝鲜以窥中国，中国兵之救朝鲜，实所以自救，非得已也。"

战和争论，核心并不在出兵与否，而是涉及两点：首先，日本的战略意图究竟何在？其次，朝鲜究竟与中华是什么关系？就后者言，至少在当时的论争中，呈现出多种认知：其一，处在中日之间的朝鲜，其态度并不清楚，只能作为一个未知数对待；其二，朝鲜为我属国，"廷议以朝鲜属国，为我藩篱，必争之地"（茅瑞征：《万历三大征考·倭上》）；其三，朝鲜与日本同为外夷，不必加以区别，中华自然也就不必为此承担战争的责任。

由于存在上述多种认知，且各有理由、各不相让，故朝鲜求援使臣向国内报告时说："臣行到帝京，则朝廷议论尚不定，或以为当御敌于境上，或以为两夷相斗，不必救。"

表面上看似存在完全对立的两派，其实背后却有着十分一致的立场，即无论救还是不救都基于朝鲜与中华关系的考量，即其作为中华藩篱、作为天子屏障所具有的"边守"职能是否有效。这种认知背景的一致性源自中华中心观或者说天下主义的国际秩序（这种天下主义秩序的认知延续至晚清，比如19世纪80年代，当西方列强入侵东亚之时，王之春就说过这样的话："固边者不可不恤藩，以藩服即边疆之屏障也。"也就是说，在这种认知中，不仅仅有利玛窦所观察到的"炫耀他们君主的伟大"这些虚名，更有对藩属国的直接控制，其控制的目的十分明确，就是以藩属为中华之屏障，以四夷守边疆，即所谓"天子守在四夷"）。

一些论者认为，这种援救具有国际道义与自身安全的双重性质，所谓"在自身安全之外，还有一个维护体制的问题"。这种说法多少有点牵强，因为任何对体制的挑战均涉及原则的维护，何来商量争议。

当然，难以抉择的另一根源，是日本战略意图的模糊性，或者说，是明廷无法正确解读日本的战略意图，双重因素同时存在，而以后者更为根本。因为，在某种程度上，日本的意图一直以来就有过明确的表达，朝鲜在传达丰臣秀吉发动战争的信息时，就表示过："中朝久绝日本，不通朝贡，平秀吉以此心怀愤耻，欲起兵端。"事实上，至少有一部分人是认识到症结所在的，如张洪阳在《论东倭事揭帖》中就说："倭之求封者因何，岂图空名哉？终而为求贡也。其求贡者因何，岂真犯中国哉？不过利中国之货物而有无相易也，此其情也。"所以有人直接提出通过恢复贡市解决日本问题，"直请委官至对马岛受查贡物，许闽、浙、辽东大贾通市舶"。

然而，嘉靖时期倭乱所产生的自惊自恐，以及这种情绪所引发的"敌国"构造与想象，基本上决定了明廷高层无法理性认知日本的战略意图。再加上这种恐怖所造成的绝贡政策与制度，很难在战争紧要关头逆转（如反对开市最力的人物乃来自宁波的大学士沈一贯，其理由是：臣乡老幼闻此，如兵在颈，失色相吊，"贡市一成，臣恐数十年后无宁波矣"），决策层更不可能在此氛围中认真研讨日本发动战争的真正理由。日本似乎从一开始就以征服明帝国为目标的担忧就成为某种不须证明的主导认知，甚至这种认知还延续至当前的历史研究——明廷的战略从其塑造"敌国倭寇"的那一刻起就走入了一条死路，由此陷入韦伯所说的"青蛙之变"，所谓一错再错，一错成千古，从而注定其无法扭转的连锁错误。

历史上一些初始条件的创设往往具有致命力量，此后的历史进程很难扭转由这种初始条件所形成的一整套制度、认知，与情绪化判断产生的前知觉。"倭寇"问题的处置，算是大明帝国的致命伤之一，而其最后的败亡多少与此初始之错有关。

没有条约的体制与不被承认的权力

政策争议中，于慎行曾评论道：

关白封贡之议，一时台谏部司上疏力谏，日无虚牍。争之诚是也，然皆揣摩情形，汎论事理，至于日本沿革，绝不考究。有谓祖宗绝其封贡，二百年来不与相通者，览之为之失笑。

……

四夷封略在礼部客司，大司马石公徒欲取效目前，不暇深考，竟不知日本为何国，关白为何人，盈庭之言，皆如弁髦。

——《觳山笔麈》卷十一

这个说法真是骇人听闻，然而事实确凿。确实，在战争降临时，大明帝国对日本为何国、丰臣秀吉（关白）是何人真的有如盲人，所以战也好，和也好，封也好，贡也好，满廷高论，无非梦髦——这一切的根源所在，即是"二百年来不与相通"。

这其实不能仅仅当作廷臣们的笑话看，明代以来的中日关系，即便在历史学界也存在这样的问题，比如日本史家就认为中日之间存在一个"永乐条约"与"宣德条约"，而中国方面绝不承认，认为封贡体系根本无条约可言。虽然日本史家的这种认知或许是以现代条约体系概念"逆推"，但这绝非仅仅是一个历史理解困惑，关键还是当时中日两国之间（也可以说整个东亚国家间）对于双边关系性质的确认问题。

在明帝国看来，日本虽然不是属国，但因许其朝贡，就意味着事实上也是帝国的藩属，而藩属是没有资格与帝国讲地位的——天下体系本身就拒绝承认任何其他实体的平等地位。但日本无论是在当时还是在此后，并不承认这种藩属事实，其"日出之国致日落之国"的国书往来，强调的就是这种平等地位及其双边的法律认定。也就是说，它认为中日之间有着对等的权力，也有着相应的条约或法律上的相互承认。

这点从日本与中华帝国之间处理贸易纠纷时所涉及的法律问题可以看出。

我们熟知明政府曾对日本朝贡贸易实施勘合制度，也留意过日本曾实施"朱印船"这样的对等制度，却很少关注在大清时期日本还曾对中华帝国实施过与勘合贸易相似的信牌制度。明廷的勘合贸易是明廷对日本朝贡贸易团体法律身份的认定，或者可以称之为某种特许权，当然在华夷秩序看来，这种特许只可能是上国对属国及蛮夷的恩赐。清代日本也仿照这种勘合贸易对华商实施法律身份认定，历史上称作"信牌贸易"，大约起始于新井白石（1657—1725）的新政。在新井白石的"信牌令"中，有这样的规定："而今以后海舶诸贾，欲从我法者我亦来之，其不欲之自当谢绝。"这就规定了华商必须遵守日本的法律，承认日本的秩序，其坚持双边对等法律关系的意图昭然若揭。这样的意图甚至连华商也能明白，一些没有得到信牌的华商因此向宁波知府告状，指责那些领取日本信牌的华商是"背叛朝廷，顺服日本"，"使用日本年号"之类。清政府自然认为这是非法之举，因此命令收回信牌，禁止使用。不过，越来越繁荣的海上贸易与发达的世界市场其实是不可能禁止的，在这种尴尬之中，清廷采取的处置方式耐人寻味：一方面官方言论中公开否认信牌的法律地位，另一方面却将其"降格"为商人之间的合约，康熙就是这样指示其臣下的，他说："朕曾遣织造人渡海观其贸易，前其贸易银甚多，后渐少。倭子之票子乃其所用之记号而已，与缎布商人的票子同。商人票子乃为清查之便，无需认为那是特别含义的印文。"（参见邢永凤：《华夷秩序在近世日本：以新井白石的"日本型华夷秩序"为中心》）也就是说，对于日本政府发行的信牌，清政府拒绝其公法效力，而默认其私法地位，这是一种掩耳盗铃式的处置方式。

这种处置方式只能加大矛盾，而无补于事情的解决，在这种单方面的各说各话的国际行为中，每一方都可以将自己的理解强加给对方，由此引发误解与冲突也就在所难免。更何况双方之间不存在现代意义上的外交关系，也没有所谓的权力承认。因此，其误解也就无法通过外交途径面对，冲突自然就更不可能以外交的方式化解。

这种状况主要得由华夷秩序的创设者中华帝国负责，因为在四夷之间，并非没有正式的外交关系。日本与朝鲜不仅建立有正式的外交关系，而且双方之间还曾签订过一系列条约，如 1443 年朝鲜在两次侵袭对马岛之后就与其签订了《癸亥约定》，1512 年双方再次签订了《丁巳约定》等等。

误解与冲突的实质，从根本上说是国际关系中对等权力的认可或拒绝问题。天下秩序之下，只有服从者的低贱身份与征服者的高贵姿态，而商业贸易却是基于平等人格与权利基础之上的互补、合作与交换，这种具有天生平等内涵关系的结构建立在对各自位格的认可上，建立在法律所规定的权利上，所以当商业帝国遇到征服帝国时，其冲突也就无可避免了。

其实，并不需要等到鸦片战争、等到中西冲突以战争的方式到来，两种系统之间的接触与冲突早在此前就已产生。在明清帝国与日本的邦交关系中，这种基于贸易而来的不同法律体系及其认知就已经导致了冲突，丰臣秀吉发动朝鲜战争，可以理解为对这种不平等关系的挑战与另一种国际关系的主张。

但这种挑战的历史意义，却被华夷秩序的话语与想象遮蔽了。

差序格局与华夷秩序

在是否援助朝鲜的问题上引发的大规模、长时段的政策争议与犹豫不决，说明了一个基本事实：在所谓的华夷秩序或天下秩序下，周边各国与中华帝国之间、周边国家之间的关系是无法清晰界定的。对于日本、朝鲜究竟处在什么地位，它们之间以及它们与中央帝国之间究竟是什么关系，天下主义并不能提供一个切实而明确的辨识框架——这正是华夷秩序的模糊性所引发的困境。

究竟如何理解这种华夷秩序？我以为，费孝通先生在 20 世纪 40 年代提出的"差序格局"颇有解释力。尽管这一概念是用来分析乡土中国之社会结构的，但华夷秩序的建构本身就是乡土中国结构的扩大，所谓"合内外之道"，它们之间具有同构关系（这种制度的"内外"同构正是帝国的基本特征，如针对海外的勘合贸易制度其实也来自明廷的内部户籍管控制度）。

在费孝通先生的表述中，差序格局是与西方世界的团体格局相对应的本土化范畴，团体格局如一捆柴，其特征是：首先，团体的内外界限十分清楚；其次，个人在团体中的地位十分明确；再次，团体中个人之间的地位是平等的；最后，整套体系具有确定而清晰的界定，调整团体内部个人关系以及调整团体之间关系的规范具有普遍性，也即具有形式法的色彩。与之相对的中国式（东方式）差序格局，是以个人为中心而逐渐向外扩张的秩序，有如一颗石子投入水中荡起的涟漪，一轮一轮地向外扩散并逐渐消失（五伦之伦的最初意义即此）。因此，在这一格局之中，中心是个人（但不是个人主义，而是自我中心主义），一切以自我为中心，处此格局之中的人，其地位绝不平等，而是依据其与中心的远近亲疏占据着不同的地位和权力。因此，调整这一秩序中各类关系的规范并非普遍抽象的法理，而是具体情景中的具体事实，不仅公私关系无法明确界定，一切关系都需要根据具体情景界定，权力的等级性与边界的模糊性由此成为这一体系的基本特征。

依据主张以天下主义替代现代国际体系的台湾"中研院"研究员张启雄的分析，在这种中华帝国世界秩序中，中心或皇帝具有至高无上的权威，他不仅拥有册封权，自然也拥有撤封权，当然也拥有惩罚权及废立权，甚至对违犯职贡的藩属国也有废藩置县的权力。这一切并不需要依据法律，不需要成文法，而是纯粹依据皇帝个人的判断，凭借其自由心量。如果有所谓的法律，这种法律的实施也可因时空环境、儒家伦理规范、历史经验以及国力强弱的不同，而有轻重缓急之别。总而言之，天下主义秩序中的权力出自天子，天子或皇帝是这个体系的绝对中心与绝对权威（参见氏著：《超越——熔合与扩大下的"中华世界秩序原理"》，收入王元周主编：《中华秩序的理想、事实与想象》一书，江苏人民出版社 2017 年版）。

依据这种解释，作为国际秩序的天下体系于是就成了中华帝国国内秩序的翻版、东亚专制主义的翻版。这种描述至少揭示了这一体系内部法权特征的产生根源，也就是说，没有条约关系、没有成文法的传统天下秩序并非某种"失误"，而是有意为之的制度设置。

华夷秩序或差序格局因此可被认作是一种典型的自我中心主义秩序，在这一秩序中并不存在所谓的神圣道义、普遍正义，只存在以自我为中心的意志与利益。由此可见，那些对天下主义的普世化理解，只是一种历史神话，它既没有规范意义上的依据，也没有经验事实的支持，只是自我中心主义的表达而已。

未来世界如果真的落入这样的世界体系之中，则历史就真的需要重写了。

附录一：

近邻、敌国与镜像关系

万历二十年（1592）四月，丰臣秀吉率领大军登陆朝鲜，发动了震惊当时整个东亚的国际战争——壬辰之战。战争历时七年之久，至万历二十六年（1598）丰臣秀吉逝世才结束。这次战争日本动员军队达50万人，战舰超过700艘，其规模甚至接近1588年西班牙无敌舰队的10倍，大明帝国也以全力介入战争，以至于动摇国本，在此后的满族挑战中落下败绩，最终明社为屋，天地易色。

丰臣秀吉为什么要发动这场战争？中日之间究竟出了什么问题？这些问题尽管早成尘迹，但我们似乎总也绕不过这道坎，尤其是，当现实中的中日关系趋于紧张之时，历史的陈迹往往会成为引发我们思想与话语的燃点。

郭沫若曾用"二千年玉帛，一百载干戈"概括中日关系，认为，在漫长的历史时期中日关系以睦邻友好为主，战争只是近代的偶发现象，在充满冲突的国际关系中，中日关系相对而言已是难能可贵。但一些学者总是基于历史决定论立场，或文化基因主义立场，将本来各不相关的单独历史事件编织成一个连续而一致的行动谱系，认为自大唐白龙江之战，到万历壬辰之战，再到抗日战争，日本从骨子里就是一个野心勃勃、侵略成性的民族，并吞朝鲜并霸占中国乃日本民族性所决定。这种历史认知颇能补偿国人的某种民族主义悲情，但其历史编纂与历史认知的逻辑却错误百出、遗祸无穷。

这些误解甚至歪曲的历史认知是如何产生的？我们究竟该如何认知日本，中日关系究竟该放在什么框架中理解？个人以为，要理性地认知日本，需要把握三个关键词：近邻、敌国与华夷秩序。

近　邻

戊戌变法之前，张之洞曾在湖北官场、士林散发过一份《联文私议》的文章，这篇文章是日本人西村天囚的作品，其中提出日本与中国"同洲同种同文同教而同仇同舟"的"同心一体"的说法。这些说法，近代史专业的人士想来应该是熟悉的，尽管多少会有些反感，以为其不过是一套"亚洲主义"式的虚词伪饰，而不予理会。然而，日本人究竟在何种程度上信奉这套亚洲一体说，这涉及主观意图问题，或许是一个永远无法澄清的史实，尤其是此后中日之间以战争相见，这套说辞就更容易被理解为欺骗，但至少当时的国人，上至张之洞这样的重镇大臣，下至康有为这样的因改革失败而避难日本的思想家，多少都接纳了这样的说法——主观意图其实一样无法确定——康有为甚至还进一步提出"中日合邦"的设想，其代言人在上光绪皇帝的奏章中有"论地形则同洲者先通先合，论种族则同种则宜通宜合，论文教则同文者可通可合"，中日关系在地理、种族和文教三方面都具备合邦的可能性，故变法失败后，康有为曾致信近卫公爵，请求日本出兵救助光绪，其理由是"急辅车之难，拯东方之局"。在给犬养毅的信中也提出"我两国同教同文，较东西各国，其情最亲"，"惟我两邦兄弟唇齿，其情亲而势通，乃有不能以西人公法论者"的说法，后面这句话是说，假如日本出兵中国，国际法并不适应，因为中日之间不仅有别国所无的亲情在，且"自有经义可引"，而"经义"就是中日之间的国际法。

唇齿相依、一衣带水、同文同种等等语汇，多来自汉语世界，无论这些政治性说辞背后的真义何在，中日之间紧密相邻的事实总是无法抹杀的。承认这一事实，不仅是对中日双方共有历史遗产的必要态度，也是一个无法回避的坚硬事实——近邻关系不会因为主观认知与情感纠结而消失。

然而，面对这种坚硬事实时，我们的历史认知其实是不太情愿的。

比如近邻间物产交流。

在国人的诸多历史叙事中，日本对于中国物产的"渴求"几乎到了强索强要的无礼状态，似乎只有中华帝国对日的输出，而邻国日本几乎是依靠大陆的供给才能维持生存。不过事情没这么简单，试看大陆帝国从日本输入的"战略物资"：

景泰二年（1451）：从日本输入硫黄2.2万斤，苏木1万斤，生红铜4300斤，倭刀3500把。

景泰五年（1454）：硫黄3.64万斤，苏木10.6万斤，生红铜15.2万斤，腰刀9483把，滚刀417把。

中国人对于倭刀的喜爱，到了供不应求的状态，以至于日本人不得不大量生产劣质低价的倭刀专供中国市场，仅就明中期中日间11次贸易统计，从日本运往中国的倭刀就达20万把以上。

明清帝国对日本的白银依赖更甚：自从明初纸币贬值，铜钱通货膨胀，白银开始成为民间社会的通货，随后朝廷在税制改革中也采纳了白银本位，但帝国自产白银远远无法满足市场需求，以此，中国的银价几乎高于世界上任何地方。于是，大量白银流入中国，造成一股白银暴利——所有的易货贸易都比不过直接以白银购买中国产品。

永乐朝廷开采白银，官方统计最高年产量为10吨，在1440年左右下滑至3吨左右，到1500年则只有1.5吨了——这个数字已经意味着帝国的财政恐慌。于是，商人冒着危险，突破海外贸易的禁令，开始走私白银，从日本输入，因为在墨西哥银矿未发现之前，日本是最大的白银产地。不过走私数额很难精确统计，仅就海关缉捕情况看，1542年，抓获3艘日本船，每艘运载了1吨白银，而这一数据就已经比景泰元年（1450）以后中国国内所产白银总量还多。即使只按20艘算，每年从日本进口的白银也达20吨，但事实上走私数量要远远超出这个数。

此后明廷在其"一条鞭法"的财政改革中正式采纳白银为货币，按一些史家的说法，中国自明以来的第二次商业革命（第一次是宋代）离开日本白银的巨大贡献是无法想象的。

当然，补充这些史实并没有否认日本对中国的物质文化需求，按照徐光启的说法，中日之间的关系，本来就该是一种"有无相易"的近邻关系，此乃"邦国之常"。日本正是从这个角度认识中日关系的，所以他们认为存在着"永乐条约"和"景泰条约"之类的双边贸易协定，但是在那些"我中华万物皆备"者看来，这种关系是不存在的，帝国从来不与任何国家进行贸易，也不依赖任何外部资源，存在的只有帝国的恩赐与属国的朝贡——帝国尽管承认日本近邻这种事实，但其无视任何邻邦的傲慢姿态，使得中日关系难以平等对称，中日纠结由此发生。

敌 国

尽管中日纠结可以往远古追溯，但在中日关系中留下深刻印记并最终定型我们心目中日本人形象的，是明代以来严重骚扰中国沿海安全的海盗——"倭寇"。不过，正如中日双方的历史研究早已澄清的，所谓倭寇，绝大部分由中国海商组成，他们因为明廷实施严厉的海禁政策而被迫走私，被明廷打击而沦为海盗，因此借日本人名义、假扮日本海盗并招募日本武士，"倭寇"由此而起。对这些"倭寇"，明廷的官方记载是"真倭十之二三"，但私人记载则多强调"真倭十之一"，其余都是福建、江浙海商与沿海居民，日本政府与倭寇间并无多少直接关系。

不过真假倭寇是一回事，影响中日关系至深的"倭寇问题"却是另一回事，前文已述，"倭寇问题"乃大明帝国制造的"假想敌"，这里复述其概要，不再重新展开。

首先，"倭寇问题"是帝国官僚体制的必然产物。抗倭前线的官兵，为了邀功请赏，往往将所擒获者皆以"倭寇"名义上报，以此谋得多少不一的赏金。其次，海商往往冒称自己是倭寇，这是为了威慑并蒙骗官军。再次，因海禁政策是国策，所以经常有官员为迎合政策、顺从上意向刻意地极力塑造倭寇的凶残形象。结果，有明一代，中日之间本来已经因朝贡贸易问题而弄得外交中断（争贡之役后，明廷就中断了与日本的往来），这下又因倭寇问题而结怨尤深，明帝国固然已经在筹备根治日本问题的一揽子战略计划，日本因久受歧视，也在谋划"掠朝鲜而制中国"的战略构想，这就是万历年间丰臣秀吉侵略朝鲜并意图控制大明帝国的历史背景。战争的发动表面看起来是单方面的，但战争之动因却在于中日间这一系列无法以外交方式加以化解的死结。

国际关系从来就是互动的结果，绝非单方面原因可以说明。

华夷秩序

古濑奈津子在《遣唐使眼里的中国》中说，日本自唐时就形成了一个以自己为中心的小型朝贡体系，这一体系显然是从中华文化中借用过来的，是华夷秩序的翻版，而丰臣秀吉发动战争的理论基础，也就是这种华夷秩序，不同的仅仅在于，这个秩序的中心不是中华，而是日本。

中国式解释当然不用辞费，日本人在借用华夷秩序时，涉及两处要害史实的认知：其一是"崖山之后无中华"，也就是说，宋亡之后的元代中国，已经属于夷狄；其二，当朱明王朝最后灭亡，大清正式入主中原后，地处海外的扶桑之国，那些曾被明王朝称为"倭寇"的日本人却表现出神州沉沦、江山易色的悲痛。他们再次认为华夏已经彻底沦陷于夷狄，此时能保存中华正统的只有日本，日本乃是中华精神的守护者，日本才是"中国"——依据华夷秩序，"中国"乃是一个文化概念,而非政治概念。所谓"中国"非地域之"中",亦非汉族国家之专有名字,乃指中华文化的正统所在、正溯所在、衣冠所在、灵魂所在。于是,在1674年,日本人林春胜、林信笃在其《华夷变态》序言中留下如此文字:"崇祯殁天,弘光陷虏,唐鲁仅保南隅,而鞑虏横行中原,促灭朱明,盗窃神器,是君天下者夷也,非华也;变也,非常也。"

这即日本思想界最早提出的"华夷变态"口号。

当"中国"沦陷于"鞑虏"之手时,日本人认为这正是争取成为"中华"的最好契机,因此,他们开始以汉唐正统自居,开始认为日本是亚洲的中心并进而构想新的东亚秩序——新的华夷秩序。其实,据一些历史学家的研究,这种以东亚新中心自居的思想早在明朝就已经萌芽,德川家族在致明朝的国书中,便俨然以与中华帝国分庭抗礼的口吻写道:日本"教化所及之处,朝鲜入贡,琉球称臣,安南、交趾、占城、吕宋、西洋、柬埔寨等蛮夷之君长酋师,无不分别上书输贡"。

朱子学家山崎暗斋(1618—1682)也提出,"中国"经过"华夷变态",已经沦为夷狄,丧失了圣学正统,唯日本才能称之为"中国","且中国之名,各国自言,则我是中而四外夷也"。

建构以日本为中心的"新华夷秩序",于是成为当时日本知识界的首要任务。但这种以日本为中心的"新华夷秩序",虽强调"朱子圣学"的绝对地位,但却有着全新的日本元素之掺入与新的历史依据之夯筑——"日本为神国"构架的创设。

"神国日本"之历史叙事起源可以追溯至公元712年的《古事记》,但在"华夷变态"话语中,却成为日本保存了"中华"国粹、保存了"纯洁"而"唯一"的圣学。元朝两次征日战争的失败,不仅证明神佑日本，确保其未受夷狄之污染；明清更替之时日本能得以保全，更证明神佑的长存与文化的纯洁；近代以来的中西冲突，中华帝国不仅无法承担天下共主的领导之责，甚至几乎无以自存，为此，日本须尽保全之责，这不仅是为了日本自己不遭"唇亡齿寒"的覆灭命运，也是"领导者"日本的责任——不仅有责任扶助中国对抗西方侵略者，而且有权力"强迫"中国人抵抗西方的入侵，如果中国无能，则他们只有"进入"中国以抗击白种人的入侵，因为"城门失火殃及池鱼"，亚洲是一体的。

这也是近代以来日本侵略中国的理论依据，尽管我们可以认为这些完全是一套侵略者的说辞。

地缘格局中的镜像关系

一般史家以"中心与边缘"这一概念理解中日关系，我自己也曾经采用过这种分析框架，某种程度上，这一概念具有一定的分析能力，毕竟中日之间的地缘格局是无法回避的现实，历史上的中日关系确实也有着"中心—边缘"的体认。但这一形态却需要放在一个更大的认知框架中，尤其是欧风美雨东来之后，中心与边缘都面临着解体危机，而其应对危机的不同心态与路径又决定了这种双边关系的变形。

事实上，中华帝国作为理所当然的"中心"，自然也心安理得地享受着"中心"的声威。但它似乎并不准备承担"中心"的责任，它除了有某种"天子守在四夷"的模糊战略设想外，"四夷"的感受于中华是无所谓的。反倒是地处边缘的日本无法放下整体意识，日本文化界在幕末明初即有了亚洲一体的普遍思想，朱子学传入，天下主义的大同思想更是一时主流。

与中心的冷漠与傲慢相比，边缘总是多些浪漫与激烈，也因此，中心的腐化与衰败，乃是必然，而希望所寄，自然是在边缘。中心与边缘的这种双向互补与地位更替，无论是在中华帝国内部还是华夷秩序内部，其实一直就是"真理"，但当中华之知识体系被西化、现代化之后，我们自己却丧失了聆听自己语言的能力了。

不过"中心—边缘"这对概念尽管可以部分理解历史，却无法适应中日间的现实，因为地缘格局已经发生变化。所以我以为不如使用镜像——不对称镜像——来解释中日关系更为恰当。近邻、敌国与华夷秩序3个关键词所内含的镜像关系，应是理解中日关系的较好工具。

所谓镜像，就是双方都将自己的认知投射至对方身上，并在对手身上看到自己的影子，尽管这个影子是反的。镜像关系也是一对正反命题，在这种关系中，行动者都以对敌手的预估为行动准则，以关系体内部的标准评判自己的行为。

这种正反命题一样是不对等的，其中制约性的力量，是正命题，而反命题则会以更加夸张的方式召唤、完成正命题所未完成的使命。但无论如何，正反命题间相互定义、相互依存、互为主体、相互塑造的性质是无法改变的，这算是人类的命运，无论是个人还是国家。

"物不独，必两立"，前贤魏源提出的这个命题，强调的是物无自性，这或许可以给那些本质主义者、那些文化基因主义者一个提醒，尽管像"国民性"这样的说法已经被历史学界认作伪命题，但这种伪理论却仍旧颇有市场，尤其在污名化他者之时。魏源提出的这个命题，既是一个哲学命题，更是一个国际关系命题，需要了解自性才能了解他性，也需要从他性中反观自性，所谓"反闻闻自性"。国家尽管在法权上具有主体资格，但这个"主体"毕竟是一种比喻，多少是这种镜像关系构建的产物，是相互承认、相互形塑的结果。历史上的国际关系，如德国与法国、俄罗斯与欧洲，现实中的美国与中国、中国与日本均具有这种非对称镜像关系特征。

中日关系何以会一再进入战争的死结？而无法以外交谈判的方式化解？原因之一就在于这种镜像关系的结构性张力，这是一对死结，如果无法突破这种"不对称"结构的话。

我们为什么要关注日本问题？我们究竟又在何种意义上才能清醒地认知日本？这其实不仅是一个历史问题，也是一个现实问题，是我们自己的"自我认知"与"自我定位"问题。尤其是，随着中国的再次崛起，其对亚洲以至世界的影响日益深远，在此背景下，清醒的自我认知就不仅是对自己负责，也是对世界的责任。而所谓清醒的自我认知，往往就是从其对手身上获得反观，这大约是理性思考的可行方式。

附录二：

"中国的冲击"与日本的认知

1944 年底，橘朴在徐州病倒，一时陷入病危状态。稍微恢复一点后，他并非开玩笑地说："我死后怎么办呢？""如果我死了，尸骸可不是回日本，而是想顺路去一下延安。"

1945 年 8 月，日本宣布投降，当时橘朴在奉天（沈阳），面对聚集在他身边的那些无所适从的人们，橘朴预测说：

> 中共军队必定会从热河、辽西、山东方面进入满洲。
> 然后以满洲为基础，计谋充实军事力量，最终南下，向关
> 内出击，制压中国全土。

同年 10 月 25 日，橘朴客死奉天。此后，中国的政局，按照他预测的方向迅速发展。

尽管对于近代日本的中国认知之复杂性有着充分的思想准备，但当看到这一段时，还是深感震惊，尤其是得知橘朴并非日本共产党或社会主义者，而是满铁调查科的顾问和"伪满洲国"建国理念的提出者时。

前页引文出自野村浩一的《近代日本的中国认识》。这本书分为两部，介绍了大隈重信、内村鉴三、北一辉、内田良平、内藤湖南、吉野作造、宫崎滔天、尾崎秀实、橘朴共9人。其中有政府重臣、参与决策的高层谋士，也有黑龙会成员、大陆浪人、军国主义者、社会主义者与革命党，亦有一般意义上的知识人。如宫崎滔天为典型的革命党，孙中山的重要支持者；而尾崎秀实尽管身处中枢，参与日本最高层的决策，却曾介入轰动世界的共产国际间谍左格尔案；内藤湖南则既是新闻记者，又是历史学家，京都学派的领袖。他们所处时段在大正至昭和间、中国的辛亥革命至抗日战争时期。其共同之处，就是无论就其政治行动还是思想言说，都曾深深介入近代中国的历史进程，而这种介入又反噬他们自身，深度影响他们的思想与行动方式，并因此多少影响着日本近代史的进程。

民众世界的发现

在中国读者不太熟悉的人物中，橘朴是值得关注的一个。他是新闻记者，从《辽东新报》《日华公论》到《津京日日新闻》，足迹遍及华北城乡，曾长期驻于辽宁、北京、济南等地，其对中国之熟知与其独创性的学术成果，受到鲁迅的高度赞扬，与之有过一面之交的鲁迅曾说"他比中国人更了解中国"。橘朴除了出版过《中国研究资料》《中国研究月刊》等系列刊物外，还写过《道教与神话传说——中国的民间信仰》《中国社会研究》《中国思想研究》。他对日本一般所谓的中国通持严厉批评态度，认为他们的调查是片段的、琐碎的，仅仅限于情报性的收集，提出要以科学的方法，以人种学、心理学、社会科学的方法来研究中国社会。他对当时日本知识界的中国认知也持严厉批评态度，认为日本对中国的知识相当贫乏，且将之归结为3种错误：其一，日本人自认为是先进者，却毫无反省；其二，日本人认为中国是儒教国家，不仅是缺乏常识，"如此愚蠢的见识，真是天下无双"；其三，日本人认为中华民族是一个几乎没有道德的民族。

在有关儒教认知上，橘朴的观察可谓石破天惊，他认为中国绝非儒教国家，而是道教国家，"一言以蔽之，儒教是立足于统治者的利益之上组成的教义，而道教则与之相反，代表了被统治者的思想与感情"。儒家是拥护绝对专制主义的道具，民众在无意识诅咒政治时，选择了道教这一资源。因为老子的思想不仅反对神的垄断，而且充满对独一神的强烈恐惧。老子所宣扬的分散的生活与信仰，虽无法真正建立小国寡民的社会，但至少在精神上解放了民众，以逃避绝对主义的高压统治。统治阶级与被统治阶级之间的这条巨大鸿沟，决定着中国社会的基本结构，他认为，只要统治阶级未被击破，国家与民众之间的裂隙就不会消失。只要这条鸿沟继续存在，非政治的道教思想就绝不会在民间衰退。

橘朴的中国认知突破了单纯的政治视角，他从民众生活切入，并由此建构了关于中国社会结构特征的系统理论。他在中国社会混杂的结构中区分了以官僚为主体的乡绅阶级与被统治的中产阶级与无产阶级，他的中产阶级概念相当于内藤湖南所提出的村落共同体，公所、会馆、商会、宗族、乡团、帮会等等，与内藤湖南一样，他也认为这些才是中国社会的基础，是中国不管处在何种外来势力统治下却能保持稳固与持续的力量源泉，也是此后中国政治变革的希望所在，因为中国社会的自治能力建立在这个阶级之上。中国历史的进程，取决于这两种组织之间的权力争夺，而中国政治改造的根本任务就在于打破这种隔阂，重建国家与社会的统一。

基于这种社会学认知，橘朴的思想演进几乎与中国近代社会变革同步，从新文化运动到国民革命、从民族主义运动到无产阶级革命，他亦步亦趋追随着，并准确预言国民革命与此后共产革命的最后胜利。

他的视角是底层的，是对民众世界的发现，尤其是对于北方红枪会等武装力量与秘密社会的关注（他与会党也有着密切关系）。这一视角几乎为日本知识界与大陆浪人、青年军人所共享。从平山周、北一辉、内田良平到内藤湖南、橘朴，日本知识界高度关注底层中国的生活状况及其结构性力量，并试图建立一种独特的认知方法与社会理论。平山周的《中国秘密社会史》具有开创之功，黑龙会的内田良平曾提出中国社会的上中下三层结构（上层是读书社会，即政治社会；中层是农工商社会，即普通社会；下层是游民社会，即底层社会），尤其关注底层游民社会；北一辉等人对东北马贼、胡匪的观察与渗透、利用，不仅是日本在日俄战争中胜出的重要一环，也直接影响中国革命的道路选择，反清革命中的宋教仁、国民革命中的张西曼、抗日战争中的青年党党魁左舜生等，都曾沿着这一思路构想中国革命的道路。尽管从日本人的角度，这种关注有着直接的操纵动机，但其对中国历史及社会结构的学理观察与分析，其广度、深度与创造性，却令我辈学人汗颜至今，内藤湖南的"唐宋变革说"

多少出自这种对民众世界的关注，而其中国史范式的影响力正如日中天（内藤湖南的中国研究在国内知识界已经受到高度关注，其对中外历史学界的影响，可参看张广达先生《内藤湖南的唐宋变革说及其影响》一文）。

进化史观的制约

前述野村浩一这本书的好处，不仅在于史料挖掘所展现的诸多复杂面相，更在于，他在这些截然不同的思想个体中发现了某种共同的底色，发现了这些知识人明显的却无法化解的思想矛盾与深刻而无法排解的精神痛苦。尽管他们个人的经历各不相同，但却都夹在中国与日本、东方与西方、历史与未来、战争与和解、绝望与希冀之间的峡谷中。他们苦苦探索，深陷其中而找不到出路，其思想的矛盾与精神的痛苦，是他们共同的底色（译者张学峰用"撕裂般的痛苦"表达其感受）——如大隈重信的"为了世界和平以保全中国"却最终将"二十一条"强加中国；基督徒的内村鉴三尽管信仰绝对的非战主义，却认为日本发动的甲午战争是"义战"，是"代表新文明之小国"与"代表旧文明之大国"之间的必然冲突（指导日本战时外交的陆奥宗光也将这场战争解释为"西欧之新文明与东亚之旧文明间之冲突"，而国内舆论如梁启超等其实也持这种观点）；主张中日携手革命、无产阶级联合起来的北一辉却义正词严地提出为革命实施侵略主义，甚至"应有夺取全地球之远大抱负"；要求日本完全放弃对华特权却始终为关东军出谋划策的橘朴；认为中国文明有着强大的生命力却提出中国应该完全放弃武力、靠国际均势维持国家安全的内藤湖南等等。

这样的矛盾绝非仅仅这9人的困境，而是一个群体与时代的共同处境。野村浩一说："凡是面对近代欧洲的侵略，对共有的近代亚洲历史的日中两国的生存方式展开深思的人们，广义上说，其实都包含在其中。"他以福泽谕吉为第一人，而以橘朴殿后，两人观点看起来针锋相对，但其实是同一处境中的对立，是当时主导整个中西思想界的"文明史论"所造成的思想困境。

作为日本现代启蒙思想的第一人，福泽谕吉提出的"脱亚入欧"论，因此具有"文明史式的预言"的意义。这种外来的文明进化史观，与本土的以中国为中心的华夷史观有着同一结构，思维结构维持不变，只需要将主体置换：原来的文明中心、进步力量的代表由中国转移至西方，以中国为中心的东方世界处在文野两分中的鄙野地位。"西方是文明的，东方是野蛮的""东方代表着过去，西方代表着未来"，这些观点，从18世纪起就主导着整个西方世界的认知，也迅速影响了开关以后日本的历史认知（中国知识界大约是在甲午战败之后才慢慢接受了这种认知范式，而以"优胜劣败、适者生存"的社会进化论为我们所熟悉）。

不过，对于敏感而自傲的日本知识界来说，这种屈辱的历史逻辑是不可能完全接受的，由此引出某种强烈的文化自觉与身份焦虑：日本究竟处在文明进化序列的何种位置？它与中国、与整个东方世界是什么关系？包括日本在内的东亚文明是否真的属于野蛮文明？在黄白人种的较量中，黄种人如何才能维持自己的种族生存？如果中国必然沉沦，日本是被卷入这个老大帝国陆沉的旋涡，还是脱身而出？或者，干脆就追随西方帝国主义，不仅参与分润，且借机取代中国？

"脱亚入欧"的声音从来不仅是日本人对自己道路的宣言，而是关涉东方与世界。内村鉴三用"日本的世界化"修正福泽谕吉，其意图，显然与此有关："若将日本世界化，则日本终将为世界之强国。"基于甲午战争中日本的胜利并迅速崛起，内村表示："由日本之奋起，历史将转向新方向，劣者不因优者而灭亡，败者将依胜者而更起。""脱亚入欧"口号虽然决绝，但事实从来不能如概念转换一般明快，越是决绝的口号越会引发更强烈的焦虑，保持东方文明的自觉意识与确立自身身份的主张，于是就借国粹主义、民族主义、军国主义、早期的社会主义、亚细亚主义等等，以日本为土壤，雨后春笋般生长出来，它也迅速传播至中国，繁荣壮大、激流汹涌。

日本对华认知的混乱，与其对自身认知的混乱一起，最终是由这种文明进化史观造成的。

国际政治格局的迅猛变化，又将这种混乱进一步推向极致。野村浩一举例说，如第一次世界大战的发生，给日本的对外战略产生了决定性的影响，由于俄罗斯帝国的崩溃，日本对外路线的支柱"日俄协商"构想彻底崩溃，美国的崛起，又使得其对华政策不得不面临着毫无选择余地的强力逼迫，即在武力推进的"田中外交"与妥协主义的"币原外交"之间，此时的日本已经没有回旋余地。日本是否应该屈服在欧美列强主导的国际秩序之下，而这种国际秩序与其所宣扬的文明进化理想明显背道而驰，日本难道就不能有所作为？

认可也罢，拒绝也罢，国际政治框架已经形成，是不得不面对的事实。野村浩一将这种事实比喻为"磁场作用"，日本知识界与政治人物，被这个巨大的磁场笼罩，其思想与行动的前提已经设定，这种前设结构具有现实与心理的双重制约性，个体的认识，很难超出这种制约一个时代的政治格局与思想范式。

"中国的冲击"的力量

国内学界很容易抓住日本舆论界的"中国灭亡论"（"瓜分论"更确切）说事，以为是其侵略中国的思想源头。这样的"倒溯因果"很容易，但也容易犯下"时空错置"之错，历史研究说到底是在理解某种思想的背景，而非追究罪责。

无可否认，"瓜分论"是无可回避的话题，但与"瓜分论"相对抗的"保全论"同样存在，正如"脱亚论"与"兴亚论"共存一样。这些话题的提出，多少基于对在西方侵略情势下清政府能否生存、中国是否会被列强瓜分、日本是否将遭受池鱼之祸等后果的严重关注与担忧。在这一背景下的中国观察，同样有着十分复杂的学术形态。持"瓜分论"者的主要依据是中国政治与社会的分离，即统治者与民众的分离，国民与国家无法合为一体，从而无法抵抗西方势力的蚕食瓜分。内田良平的占领满蒙以抵抗瓜分的"阴谋"有此影子在，北一辉等的发动中国革命以唤醒民众也有此影子在，而内藤湖南建议以商业投资取代军事侵略，帮助中国发展同时谋求日本的特殊利益，也与这种认知有关，其认知都是建立在对"瓜分论"的批判上。"东洋连横论""亚洲一体论""同文同种"与"亚细亚主义"也都与此有关。其中内藤的认知具有深厚的学理依据，他认为，中国经过唐宋变革后，君主独裁至清代已经达至顶峰，而一切权力应归人民的趋势也在慢慢形成。在这种趋势中，中国社会的力量在地方的自治团体——公所、商会、乡党与宗族，只要中国社会没有解体，则中国必不会灭亡；同时，他的历史观一反当时流行的以军事、政治等为主体的文明史观，认为，不能仅仅从这些"人类最低级的事业"中看问题，文化才是根本。从文化角度看，中国民族之名誉，定与天地共存，传之无穷——总之一句话，中国不会灭亡！沿着民众世界这一视角，这些知识人发现了中国民族主义运动所蕴含的能量与方向，以及它对未来世界的影响，尤其是在对抗西方帝国主义的作用上。大正时期，一批左翼知识人站在中国民族主义运动一方，反对日本的对华政策，当北伐时期的"南京事件"发生时，劳农、日劳、社民三党在日本发动了强大的"对中国非干涉运动"，其理由，也是建立在中国不会亡的预判上。

若存若亡，其实都是预言，显示出日本知识界的重大焦虑，所谓关心则乱。而如果我们跳出这种存亡之争看问题，则能看到这种预言及争论背后无法掩饰的情绪——中国的命运，对于日本知识界以及日本国运的重要性。

这也是野村一再强调的，"中国问题是日本人的命运"，"日本的思想笼罩在中国冲击这种磁场中，笼罩在其头顶"，日本"无法逃脱中国的冲击"。

这种冲击，包括近代中国所遭遇的一系列困境，以及由这一困境引发的政治动荡、变革及其前路不明的探索对日本政界、思想界及普通民众的影响。站在我们的角度，往往只能看到日本对近代中国的深刻影响，很难体会这种影响的交互关系，尤其是无法理解中国政局及思想何以会如此致命地影响着日本知识界的思考。其实，稍微转换一下角度，就能摆脱这种自我中心主义盲区。如辛亥革命时的共和体制变革，就几乎引发了日本的武力干预，日本政府曾经多次向英国与袁世凯表示，中国实施共和政体，将会危及天皇地位及日本政体君主制的合法性，日本不仅将蒙受实质性的损害，思想界也将遭受重大影响（《日本外交文书选译——关于辛亥革命》中有一系列日本公使致外务大臣电）。武力干预因受当时主导列强对华政策的英国警告而终止，但辛亥革命确实引发了日本朝野的巨大震动，日本朝野产生分化，形成以山县有朋为首的政府派和以犬养毅、头山满等为首的浪人群体两个对抗集团，后者深深介入中国革命，并在此后转向日本国内革命；而日本政府此时的对华政策则陷入混乱之中，变成所谓"形势追随主义者"，在英美之后亦步亦趋，为此遭到国内政敌的严厉批判。野村强调，中国政权变更，"给我国的外交、内政以至于社会、思想的深层，都带来了猛烈的冲击"。"大陆问题"对近代日本的命运产生了越来越大的影响，中国的政治形势频频波及日本的内政外交，在其制定日后的前进道路时，产生了决定性的影响。

对于日本知识界而言，认识中国其实也是在认识自己，确定中国在现代世界中的位置也是日本知识界对于自身位置的确认。这一点，从其由中国认知或中国改造进入日本认知与国内革命这一普遍性的思想与人生进路可以看出其间的关联。野村浩一在分析尾崎秀实接近并进入日本政治中心这一象征性路径时指出，"他们"的活动领域不断地由知识向权力的高处靠近，最终目标是通过撼动权力中枢这棵大树以改造国家，建设东亚新秩序，以实施世界革命。尾崎秀实与共产国际左格尔的关系，吉野作造、宫崎滔天、北一辉等与中国革命者的关系，均与此相关。

当今知识界强调"作为方法的中国"，橘朴以其独创性的中国方法提出自己的中国认知与中国道路，也以如尾崎秀实一样的进路接近权力中心，其最得意的弟子佐藤大四郎在绥化的社会改造实验依据的正是他的民众史观——唤醒民族自觉与解决民生困难——一种橘朴式的"中国道路"，但这一实验最终以"合作社事件"的罪名被迫中止，佐藤大四郎也因此毙命狱中。"历史的必然"与"中国道路"

的失败将橘朴逼入死地。野村浩一说橘朴遭受着双重的冲击，从而造成理论与感情的分裂，而这也是"明治以来真挚地与中国问题打交道的几乎所有人的残酷的命运"。

为此，野村浩一提出如下结语。我想，如果不能理解中日关系的这种相互纠缠的错综情势的话，绝大部分中国人或许是难以接受的：

> 在近代日本，大凡对体制持有批判态度，并且在相对开放的意识中思考的人，几乎都在中国寻求自己发展的舞台，想通过中国的革命，来展现日本的变革，展望世界革命。对于这些人来说，只有中国革命才是通向世界革命的道路。可以说，这才是良性的亚细亚主义的基础，才是近代日中关系应有的构造。在近代史上，中国对我国所具有的重大意义，难道不应该从这儿来寻求吗？

想象异域的方式

——以《三宝太监下西洋记》为中心

关于中日壬辰之战，历史学界以"事后"眼光，提出所谓这一战为此后三百多年东亚的和平奠定了基础，似乎算是一场巨大的胜利，但历史上的认知或许有些不同。尽管战后三国之间获得了某种暂时性平衡，"失败"的日本国内却酝酿着更强烈的战意，而"胜利"的大明帝国却沉浸在喜庆之中，除了留下一些文献性记载，如宋应昌的《经略复国要编》、诸葛元声的《两朝平壤录》等，关于这场战争，少有反思，倒是产生了一些"意外成果"，以这场战争为题材的虚构作品颇有流传，如《斩蛟记》《莲囊记》《水浒后传》《野叟曝言》等。不过，就算将此后清朝的这类文字纳入考察，相较于日本、朝鲜，其"产出"还是很少的。韩国学者崔官在其《壬辰倭乱：四百年前的朝鲜战争》中，曾遍举所见日韩文献，可以见出这种差距。不过，关于中国，他遗漏了一部著作，一部与这场战争相关的神魔小说——《三宝太监西洋记通俗演义》（以下简称《西洋记》）。

一

崔官遗漏了这本书，大约因为这本书叙述的是郑和故事，就故事本身而言，自然与壬辰战争无关。但这仅是表面，如果细心究解，则这本书正应该纳入壬辰之战的反思之列。

《西洋记》自序写于万历二十五年（1597），距丰臣秀吉发动朝鲜战争相差五年。作者罗懋登自序其写作意图，说："今日东事倥偬，何如西戎即序，不得比西戎即序，何可令王、郑二公，见当事者尚兴抚髀之思乎！"明确指出这部书的写作与壬辰战争（东事）有关，且在其中还发了一通宏大议论："恭惟我皇明，重新宇宙，海外诸番，获睹天日，莫不梯山航海而重译来朝"，"矧举海外大小三十余国，尽匍匐罗拜之罔敢后，自非圣德际天蟠地，昭揭日月，而胡极天所覆，极地所载，极日月所入，文命诞敷，帖尔效顺，致令二百年余……"云云。

其实，此后的文人们也多是从这个角度解读的。俞樾较早留意这部小说，在《春在堂随笔》中，他说："此书之作，盖以嘉靖以后，倭患方殷，故作此书，寓思古伤今之意，抒忧时感事之忧。三复其文，可为长太息矣。"俞樾对这本书所内含的"深意"深有同情，以为至少可以当作一部"准历史"性著作来读，虽然对其文字水平颇多不满。鲁迅先生在其《中国小说史略》中延续着这一思路，也说："盖郑和之在明代，名声赫然，为世人所乐道，而嘉靖以后，倭寇甚殷，民间伤今之弱，又为故事所圊，遂不思将帅而思黄门。集俚俗传闻以

109

成此作。"

以研究中外关系史著称的历史学家向达，也是将这部小说当作历史读物来对待的。他最早指出，《西洋记》一书，大半根据随行郑和的马欢所著《瀛涯胜览》演绎而成。小说史家赵景深则进一步指出其所引用的史料还包括费信的《星槎胜览》，并一一比勘书中讲到的四十几个"西洋"国家和地方，如灵山、昆仑山、重迦罗、吉里地闷、麻逸冻、彭坑等，且为这些地名找到相对应的英文，如金莲宝象国为Champa Cannauh Nuitracan，灵山为Pulocondore，爪哇为Jawa等，以证实确有其地，确有其事。他还对小说所描写的故事、场景与史料所载进行比较，指出尽管小说多涉虚幻荒诞，但主要事实却都有据可考，有线可循，只是一些文字上的改造，因此，小说虽然是神魔题材，但作者在里面穿插着当时人所了解的西洋知识，代表着明代国人对外部世界的认知。

郑和研究专家郑一钧先生也强调这部小说的历史内涵，他对这部书中故事的来源进行严格的史料检查，认为其所引用的材料，比后世所见的航海材料远多，不仅采择了马欢的《瀛涯胜览》、费信的《星槎胜览》，还有巩珍的《西洋番国志》、陆采的《冶城客论》等等。小说还广泛采纳了明以前的有关著述，如周去非的《岭外代答》、汪大渊的《岛夷志略》、赵汝适的《诸蕃志》等书。因此，郑一钧先生认为，这部书"集中反映了明代以前中国人民对海外广阔天地的知识水平和认知程度"。

这种解读思路延伸至当代。1985年，上海古籍出版社重新推出这本小说，陆树芺、竺少华在前言就如是说：作者对于严重的倭患表示极大的关注和不安，对执政当局在外患面前显得软弱无能深感不满，"他演义郑和下西洋这件盛事，在于希望执政者能以历史上英雄的业迹自励，重振国威，希望能有像郑、王这样的将帅，威震海表，消除倭患。这种忧虑、愤懑和希望，在一定程度上反映了当时人民的思想情绪和愿望，具有积极意义"。

上海古籍出版社且请季羡林老先生写序，季羡林先生尽管对其艺术水平评价很低，但也是将其纳入这一思路。序言说：我们中华民族自古以来就有一种对异域和异物渴望探求的习惯，这部书就是这种传统中的一部分，是《山海经》《穆天子传》《神异记》《十洲记》《酉阳杂俎》《太平广记》等以及张骞、甘英等探求外部世界的大传统之一环。尽管它并非严肃的历史记叙，但"还能够从里面了解到，到了对外国已经有了比较精确的知识的明朝，一个作者怎样把现实成分与幻想成分结合起来创作长篇小说的情况，这也是不无裨益的"。

季先生所说的"对外国已经有了比较精确的知识的明朝"，这一说法并不确切，勿论。不过，这部书可以作为明代对于外部世界的认知材料来解读，几乎是学界人士公认的。

二

这部书所描写的西洋，不是地理大发现之后的世界，而是《西游记》中所描写的"四大部洲"——东胜神洲、西牛贺洲、南赡部洲、北俱芦洲——组成的世界。尽管此前郑和下西洋前后留下的"航海针经""船脚水程"等工具性文本不少，坊间也颇为流行，小说中也借由燃灯佛祖转世的金碧峰长老之口，向大明天子出示过这种册页之类的印刷品，但这些"技术性"描述，似乎很难满足小说家的胃口，大约更难迎合市民们的趣味。小说描写"下西洋"的航程，基本上遵循郑和路线：由扬子江出口，一路往东，过日本扶桑、琉球、交趾等地，但也有不少虚构的成分，比如过了广东海域之后，就是八百里软水洋，然后是五百里吸铁岭，再过去是一千里红江口，三百里白龙江之类。小说描写的西洋，其实指的是一般所说的南洋，他把这些地方列在西牛贺洲的范围，称其中有金莲宝象国、宾童龙国、罗斛国、爪哇国、西洋女儿国、苏门答腊国、撒发国、忽鲁谟斯国、古俚国、阿丹国、金眼国、丰都鬼国等等"十八国"，大大小小的番国蛮夷。这些"西洋外国"，各有奇风异俗、珍稀土产（对这些朝贡方物的描写确实都有文献依据，为我们留下了不少民俗学、人类学资料），这些海外国家中，神妖混杂，其中有"一等草仙、鬼仙、人仙、神仙、地仙、祖师、真君、中品、天尊，一个个都会呼雷吸电"，还有各种僧人，"一个个都解役鬼驱神"等等——当时人们想象自己身处的世界，都是神魔混杂的，其对外部世界的想象，自然也就多是如此。

《西洋记》中充满了各种"难行"的描画，极力渲染"下海"的危险艰难。一方面算是写实，另一方面也是替这次海上远征的英雄壮举做必要的铺垫，为此，对于那些虚构的险途，就不免要发挥其生花妙笔与大胆想象了。如描述软洋滩，说是："九江八河，五湖四海，那水都是硬的，舟船稳载，顺风扬帆。惟有这八百里的水，是软弱的，鹅毛儿也直沉到底，浮萍儿也自载不起一根，却怎么会过去得？"

尽管传统中国并没有圆形地球学说，但任何玄学系统对世界的想象，都需要一个完整的轮廓，所谓天覆地载，有始有终。为了说明郑和远航已经穷尽世界，《西洋记》又把"天方国"纳入西洋诸国之中，算是将西方极乐世界——天国——也包囊进来了，同时还"创造"了一个世界边缘，以表示世界的终结。小说写道，到了天方国，已是"西天尽头路上，小臣们心不肯服，勉强往前再进，不觉得撞进丰都鬼国，拜见阎罗天子"。接着就是长篇的地狱景观描写，还加上一个"尾闾"，所谓海洋的泄水口，是海水最后的归宿之处，也是人类世界的尽头，小说言之凿凿，引经据典，声明这是"据书上记载"的。这样，天堂、地狱、人间一一铺展开了——外部世界的探险于是穷尽，一个传统中国文化中的古典世界模式，也在这样的叙述中得到完美的展示。

这部小说写作期间，西方地理著作虽已传播中国，但作者并未接触或接受，在他的描述中，传统中国"海客谈瀛洲"式的世界模式具备逻辑上的周延，不仅涵括了中外一体的空间秩序，也囊括了过去、现在与未来的时间序列。这样的宇宙是完美无缺的，而这也是国人引以为豪的世界模型，在这样的完美图式中，西洋航海探索发现的点滴知识算得了什么！

三

历史学家很容易以自己时代的知识解说历史，郑和故事因此被描述为一次海上探险与远洋商贸行动，但如果将其放入万历年间的传统世界图式中解读，郑和故事就不仅仅是一场海上探险壮举，更是一场文明对野蛮的伟大远征。

郑和船队越过八百里软水洋、五百里吸铁岭，来到此行第一站，只见"口上有许多的民船，岸上有一座石塔，塔下有许多的茅檐草舍"，侦探报告说这是金莲宝象国的哈密西关海口。郑和于是下令"先取金莲宝象国，建立这一阵头功"。尽管对方守将以"地分夷夏，天各一方，两不相干，焉得领兵犯我境界"相抗议，但天国大军并不理会，要人家"奉上通关牒文，献上玉玺"，否则武力剿灭。几场"恶战"下来，金莲宝象国当然只有败北，也只能奉上土仪，写下降表，臣服纳贡。降书文字写道："窃闻天子者受天之命，为天之子，内主中国，外抚四夷。天之所覆，地之所载，日月所照，霜露所坠，莫不尊亲"，先是将华夷秩序宪章条文恭抄一篇，惟恭惟敬一番，再表示"永作外藩，时输内贡，矢心惟一，誓无二三"，老老实实做了中华的附庸。降表之外，当然还得开具纳贡清单："黄金一千两，白金一万两，活猪三百口，活羊五百牵……"

郑和远征第一站算是锅满瓢满，头功告成。

作者以巨幅篇章描写了郑和船队对爪哇国的征服，其中神妖斗法，韬略谋划，琳琅满目，颇费了一番心血，不论。

擒获爪哇军众之后，作者写道：王爷（副元帅兵部王尚书）要惩治爪哇国王目无中国，对元帅郑和说："我和你今日若不重示之以威，则衰天朝之闻望，动远人之觊觎。"于是，将三千名番兵"尽行砍头，尽行剥皮，尽行剐肉，多支锅灶，尽行煮来。即时报完，即时报熟"，"三宝老爷吃了一双眼珠儿起，依次分食其肉"，三宝元帅带头起吃，天国将领瞬间就将爪哇国三千番兵尽行"烹而食之"！作者行文至此，似乎少有的得意欢快，止笔不住，笔下一滑，接着又美滋滋地加了一句："至今爪哇国传说南朝会吃人，就是这个缘故。"

这段恐怖的血腥描写并非虚构，一样有所依据，《星槎胜览》就明确记载："生擒番人，烹而食之，至今称中国能食人也。"

"中国能食人"在这本书中以一种得意扬扬的轻俏笔法写来，在现在的读者看来，简直是野蛮之极，污我中华！然在当时的读书人与听书人看来，不如此则不足以显我大明威风，扬我华夏战力；不如此则不足以慑服夷狄，威震海外！某种程度上，这样的描写，不仅是写实，也是在抒情，想必作者写来也是满腔豪迈，读者听来也必然是大呼解气！

作者津津乐道于"食人"故事，并非意气，而是有所辩护。小说正文当然不便直接表达，但在序言中，作者借他人发难而多有争说："说者又谓：王者不治荒夷，九重一怒，势必沟血枕尸，皆旅燊明教，不几污杀青。余曰：是不然。开辟之主，贵在宣威，守成之君，戒于好大。"显然，小说以远征蛮夷的战争为主线编织故事，与作者这种不顾血流漂杵也要维护开辟之主的业绩武略有直接关系。

这样一路征讨，一路将西洋诸国招降慑获，顺便收取贡物，征服叛乱。一路也借这些蛮夷之口宣扬"天无二日、民无二主"的天下主义，宣扬"有中国才有夷狄，中国为君为父，夷狄为臣为子"的华夏正统观念，郑和故事乐为当时国人所道，大约与此有关吧。

四

"自从盘古开天地，三皇五帝到如今"，神话传说借助通俗读物积淀在历史记忆中。"中国居内以制外，夷狄居外以事内""明王大一统，率土无二臣"之类，也借助《西洋记》这类评话而成为大明帝国臣民的思维定式，所谓"自古到今，都是如此"——小说深度塑造着他们的意识形态，塑造着他们对于外部世界的认知。

像三宝太监下西洋这样的故事，不仅老百姓喜欢看，皇帝们也津津乐道。明朝太监刘若愚《酌中志余》记载："上（明熹宗朱由校）创演水傀儡，所演有方朔偷桃、三保太监下西洋诸事。"钱曾《读书敏求记·史地舆图》写道："三宝下西洋，委巷流传甚广，内府之剧戏，看场之平话，子虚亡是，皆俗语流为丹青耳。"所谓"俗语流为丹青"，就是指这些荒诞不经的演义最终会进入官方的主流思想，变成国民的普遍认知，汉语俗语中留下的"爪哇国"一词就是最好说明。《词源》"爪哇国"一条的解释是："远在海外，古代交通不便，视为渺茫遥远的地方。因以喻虚无之境或极远之处。"并举《水浒传》例："那怒气直钻过爪哇国去了，变作笑吟吟的脸儿。"

尽管传统文人鄙夷小说评话之类，但就其影响看，它未必因遭受贱视就了无影响。作为市井消遣，这些通俗文学的流通，往往比典雅华章的经史子集要广泛得多、普及得多。演义评话等文本借助民众对故事的兴趣，激发其对于外部世界的关注，其思想趣味也随着小说的流播深入意识深处，成为其认知外部世界的思想底色，并深刻影响其行动。

梁启超很早就关注小说的这种社会功能，鲁迅更是敏锐地意识到这个问题的重要性，在《中国的小说的历史变迁》中，鲁迅说："在这书中，虽然所说的是国与国之战，都是中国近于神，而外夷却居于魔的地位，……不过此书之作，则也与当时的环境有关系，因为郑和之在明代，名声赫然，为世人所乐道；而嘉靖以后，东南方面，倭寇猖獗，民间伤今之弱，于是便感昔之盛，做了这一部书。但不思将帅，而思太监，不恃兵力，而恃法术者，乃是一则为传统思想所囿；一则明朝的太监的确常做监军，权力非常之大。这种用法术打外国的思想，流传下来一直到清朝，信以为真，就有义和团实验了一次。"

三宝太监的英雄史诗过去了，但通过这些演义故事、通俗读物等，他们的某种"神魔"形态会沉淀下来，渗透到人们的日常语言，成为人们思考与言说的基本概念，有时免不了会沉渣泛起，化为行动。

近代中国的对外战略，又有多少是拜这种影响所赐呢？

明朝对佛郎机的认知与想象

初识"佛郎机"

明朝国人对西洋的认知，应从佛郎机算起。关于佛郎机最初进入中国洋面的记载，《明武宗实录》收录了御史何鳌的奏折，说："佛郎机最号凶诈，兵器比诸夷独精，前年驾大舶突进广东省下，炮铳之声，震动城廓。"奏折中说的"前年"，是正德十二年，公元 1517 年。关于这件事，亲历其事、时任广东按察使金事的顾应祥回顾说："予代管海道，蓦有番船三只至省下，放铳三个，城中尽惊。"何鳌奏折中说的"炮铳之声，震动城廓"以及顾应祥说的"放铳三个，城中尽惊"，在此后张燮的《东西洋考》中有转述，说佛郎机从来不通中国，正德十二年，"驾大舶，突至广州澳口，铳声如雷"。《明史·佛郎机传》根据这些记载综述说：佛郎机"前岁驾大舶，突入广东会城，炮声殷地"。

史籍中这些弄得满城惊慌的"炮声""铳声",是佛郎机最初进入广东洋面时的礼节性表示,礼炮致敬。但大明帝国的臣民们似乎并不接受这样"先声夺人"的礼节,多少被其巨大的威力吓坏了,以致引发惊慌。故,当佛郎机人随后获准进入广州城时,代管海道的顾应祥责备他们忽视中国礼节,鸣炮惊人。佛郎机人一再解释,鸣炮纯粹是礼节性的敬意,一番狐疑才算冰释。

西洋人最初进入中华帝国的大门,虽然引发了一番小小的误会,但并没有发生所谓的"文明冲突"之类,似乎双方之间还是可以沟通的。如果将这些作为一个象征性事件理解,这个中西接触的开端其实还算是差强人意。

中国人大约就因为这炮声记住了"佛郎机"。但这个"佛郎机"是火铳,一种明代中国人眼中威力巨大的新式火器,故当时的官方史乘、野史笔记之类,关于佛郎机的记载大多都与这种火器有关。

《月山丛谈》记"佛郎机"事条为:

> 佛郎机与爪哇国用铳,形制俱同,但佛郎机铳大,爪哇铳小耳。彼国人用之甚精,小可击雀,中国人用之,稍不戒则击去数指,或断一掌一臂。铳制须长,若短则去不远,孔须圆滑,若有歪斜涩碍,则弹发不正。惟东莞人造之,与番制同。余造者往往短而无用。

《殊域周咨录》则详细描述其战斗力,说他们在海上用快船,长10丈,宽3尺,两旁架40余支橹,周围配备三四十支铳,每船有200余人划桨驾驶,橹多人众,即使无风也能疾走如飞。临战时,"各铳齐发，弹落如雨，所向无敌，号蜈蚣船"。《殊域周咨录》还对佛郎机的制作技术有所交代，说铳管是用铜铸造的，大的有 1000 多斤，中型的 500 斤，小的 150 斤。铳弹内用铁，外用铅，大的有 8 斤重；火药制造法也与中国有别，子弹可以远射百余丈，"木石犯之皆碎"。

在海权争夺胜负几乎取决于武力的时代，拥有如此威力的佛郎机自然令人眼馋。海道副使汪鋐因在冲突中屡屡败于佛郎机，故委托东莞县白沙巡检何儒想法弄到。何儒与佛郎机人有交往，他秘密找到在番船上做事的中国人杨三、戴明等，趁夜色驾小船将他们接出。他们熟知火铳与火药制造法，于是"如法炮制"了一批山寨版的。汪鋐以这批佛郎机火铳一举击败葡萄牙人，并缴获大小佛郎机 20 余支，敲锣打鼓献给朝廷，称名佛郎机铳，佛郎机一名就此传播开来。

或许因这场战功，汪鋐获得提升。嘉靖二年（1523），他迁升吏部，任都御史，依据自己的战场经验，奏称"佛郎机凶狠无状，惟恃此铳与此船耳。铳之猛烈，自古兵器未有出其右者，用之御虏守城，最为便利，请颁其式于各边，制造御虏"。

与之相应，嘉靖三年（1524），南京内外守备魏国公徐鹏举也上疏朝廷，请求调"广东所得佛郎机法及匠作"到南京，得到嘉靖皇帝批复。广东当局将何儒等人送至南京开厂从事佛郎机制作（也包括仿制佛郎机人的蜈蚣船，但失败了），后又转道北京，从事大规模生产，汪鋐提出的用之"御虏"的建议得到实施。这些在当时应是公开的，因为何儒进京，甚至连被囚禁在广州的佛郎机人也得到了确切消息，《广州葡囚书简》中收录的一封信就写了这些细节。

至嘉靖八年（1529），明廷军事系统已经全面采用佛郎机，且技术上有所改良。北边各关隘采用佛郎机火铳，在实战中发挥巨大威力，《殊域周咨录》说："至今边上颇赖其用。"（汪鋐大约用事心切，对推广佛郎机铳不遗余力，虽佛郎机最后成功普及，但自己也颇受打击，并由此留下一个笑话。史载：铱奏语颇繁，兵部郎中吴缙见而笑之。铱怒，黜知铜仁府，或戏缙曰："君被一佛郎机，打到铜仁府。"）

当然，佛郎机的传入要远较这个时间早。陈寿祺《福建通志》记载，正德五年（1510），仙游县知县使用佛郎机铳抵御汀漳流寇的进犯；王阳明在正德十四年（1519）镇压朱宸濠叛乱时，退休官员、福建人林俊就派人奔袭三千里，送去自制的佛郎机。王阳明还为此撰写《书佛郎机遗事》并赋诗纪念；《筹海图编》记载，远在佛郎机人到广州之前（具体时间不明），就有在番船上做事的通事（翻译）"献铳一个并火药方"——西人在技术方面并没有保守秘密，毕竟他们主要目的是贸易。这些记载至少说明在佛郎机人正式进入广东洋面以前，福建、广东民间就已经能自制佛郎机并在实战中使用了。明史专家张维华在《明清之际中西关系简史》中以及庞乃明在《明代中国人的欧洲观》中提出，佛郎机铳进入中国有4条路径，其中以闽广商人的输入为主要路径，这说明民间社会对佛郎机技术的掌握要远早于官方。

如果将佛郎机技术的传播时间做一个简单分析，则能看出，从正德十二年（1517）明朝海军初次接触佛郎机，到嘉靖元年（1522）明海军在实战中使用佛郎机取胜，其间只有五年；从嘉靖元年的初次使用到嘉靖八年明朝北方边防系统全部使用佛郎机，时间只有七年。也就是说，从佛郎机最初传入并迅速在明朝军事体系中推广，其间只经过短短十二年。这个时间，足以说明中华帝国对于技术革新，尤其是军事技术方面的革新，其接纳与创造的能力，绝不后人。

"佛郎机国名也，非铳名也"

作为武器的佛郎机，其进入中国并迅速被接受，令人惊讶。但要认知作为国家的佛郎机，则需要远为漫长的时间。尽管，我们现在已经熟知佛郎机指的是葡萄牙。

显然，这样的畸轻畸重在当时就曾令敏感的官员们震惊。顾应祥（此后升任刑部尚书）为此就一再强调："佛郎机国名也，非铳名也。"然而，接受其作为一个国家的名称或许容易，但要了解这个国家，有明一代直至清朝的官员、读书人却似乎永远处在"海客谈瀛洲"阶段。

别的不说，仅以明末清初"名满天下"的顾炎武为例。顾炎武以其通儒地位及历史地理学的专长，在当时就有"博极群书，最明于地理之学"的嘉许，他的见解，多少可以当作一个时代知识人的普遍认知来解读。

顾炎武《天下郡国利病书》中记载：佛郎机国在爪哇南，古无可考，从来不通中国，"其地正相对古之狼徐鬼国，分东西二洲，皆能食人。爪哇之先鬼啖人肉，即此国也。佛郎机亦与相对云。永乐十年九月，喃勃利国王马哈麻沙遣使贡物，或亦婆利之更名。但皆疑似，无他证据，姑附于此"。

顾炎武著述此书时代，在崇祯之后至康熙间。就以康熙初年计算，其离佛郎机人进入中国海域也已超过一个半世纪，然而这位以历史地理考证著称的大学者，竟仍然无法确认佛郎机国名究竟是什么，其国家究竟在何处，而在这部著名的历史地理著作中只能"姑妄言之"。

顾炎武还引用明朝官员奏章等，说佛郎机"先年潜遣火者亚三假充满剌加国遣礼使臣，风飘到澳，往来窥伺，熟我道途，略买小儿，烹而食之"。他并补充《月山丛谈》中的记载，以强化这种说辞：

其人好食小儿，云在其国惟国王得食之，臣僚以下不能得也。至是潜市十余岁小儿食之。每一儿市金钱百文，广之恶少掠小儿竞趋之，所食无算。其法以巨镬煎滚沸汤，以铁笼盛小儿，置之镬上，蒸之，出汗尽，乃取出，用铁刷刷去苦皮，其儿犹活，乃杀而剖其腹，去肠胃，蒸食之。居二三年，儿被掠益众，远近患之。

对于这段绘声绘色的烹食小儿野史，顾炎武并没有加以辨别，而是一再强调佛郎机人喜食小儿，以至于广东人"多掠小口往卖之，三山、罍滘、背底水等乡村，以至诸澳，拐诱恶少日繁有徒，甚至官军商纪亦与之交通"，仿佛广东已经形成一个替佛郎机人贩卖小儿为美食的巨大市场，官军商民都牵涉其中，一个拥有强大火力却野蛮无比的食人族佛郎机国家形象，跃然纸上！

然而，这种认知绝非因为顾炎武的学识不够或个人偏见，而是由于这是当时国人的共同认知。明代文献中关于佛郎机吃人的记载比比皆是，黄衷《海语》满剌加条就说其人窃据东莞屯门后，设栅自固，"掳婴儿烹食之"；蔡汝贤《东夷图说·佛郎机》记载基本相同；熊明遇的《绿雪楼集·素草下》记佛郎机条，也有"又闻爪哇、佛郎机俱嗜食人"；万历《广东通志》番夷条也记载，正德中佛郎机人来广东，"数掠十岁以下小儿烹食之，率一口金钱百文，恶少缘以为市"等等。当然，明人对这种无稽之言的驳斥也不少，林次崖在其《与翁见愚别驾书》中就说，佛郎机人不是海盗，五年以来没有劫掠行径，虽然，"其收买子女，不为无罪，然其罪未至于强盗。边民略诱卖与，尤为可恶，其罪不专在彼"；冯璋在《通番舶议》中对此也有辨别，说"漳泉恶俗，童男幼女，抵当番货，或受其直而径与其人，而赚得其货"。

122

究竟是否掠食小孩，传闻各异，自然引起官府的高度重视，竟为此立案调查，兵科给事中杜汝祯及御史陈宗夔在给朝廷的报告中写道："前贼乃满剌加国番人，每岁私招沿海无赖之徒，往来海中，贩鬻番货，未尝有僭号流劫之事。(嘉靖)二十七年，复至漳州月港、浯屿等处，各地方官当其入港，既不能羁留人货，疏闻庙堂，反受其私赂，纵容停泊，使内地奸徒，交通无忌。"(《明世宗实录》嘉靖二十九年七月壬子条)，作者认为至嘉靖二十六年(1547)之前的二十多年时间，葡萄牙人在福建一带也没有海盗活动，浙江亦然。

官方的调查本应该作为取信标准，但事实上，民间的想象至近代以来也没有多少改变，甚至，也有研究明清中西关系史的专家，在其所译史料中，明明接触到葡萄牙人对"喜食小儿"一事的解释(葡萄牙人说，他们确实从广东人手中买过小孩，但那是作为人力资源，而非食物；当时广东人中间也普遍贩卖小孩，葡萄牙人的过错在于违背了当地的风俗，由此引发谣言)，却在某条注释中特意表示："葡人很野蛮"，他们在来中国之前已经知道非洲、印度与亚洲某些蛮族部落的食人癖好，所以，"在屯门等地或因缺乏肉食，购买中国儿童为食，并非不可能"！

"文明图式"的内与外，异域想象的模式

为什么对于异域文明会有这种野蛮时代的野蛮想象？尤其是，像顾炎武这样被认为具有某种科学精神的学者，都无法逃脱这种认知困境。

顾炎武编写这部书的时间，起自崇祯十二年(1639)，结束于康

熙初年。其自序云："崇祯己卯，秋闱被摈，退而读书。感四国之多虞，耻经生之寡术，于是历览二十一史以及天下郡县志书、一代名公文集，间及章奏、文册之类，有得即录，共成四十余帙。"他隐居山中八九年，读了史志之类的书千余部，一万二千余卷。顺治十四年（1657），他将家产变卖，决计北行，"游览天下山川风土，以质诸当世之大人先生"。北游中，他以骡马载着书籍，到一地则取书籍所载与实地所见对证，以实地考察来证实文献所载，但也随时修改典籍中的错误。全祖望在《亭林先生神道表》中表彰道："其后周流西北且二十年，遍行边塞亭障，无不了了而始成。"其实证精神在当时的读书经生中可谓异数，似乎与西方近代以来强调实证的科学精神异曲同工。

当然，他的行旅所至重在西北，东南一带尤其是南洋一带并未涉足，佛郎机就更不用说在何方了。因此《天下郡国利病书》写到佛郎机时，他从小所受庭训"著书不如抄书"的传统就起作用了，我们现在知道，这一部分基本上是照抄《殊域周咨录》的文字。也因此，这一篇就保留了传统文人对于外部世界，尤其是西方世界的认知与想象。

限于客观条件，他无法亲自考证，但何以一个具有严格实证精神的学者，会把这些现在看来不可思议甚至完全子虚乌有的传闻，编入一部严肃的史地著作？这究竟说明了什么？

要理解这个问题，我们得首先突破对实证精神的误解，以为顾炎武这种漫游考察就是科学的实证精神，这种认识是错误的。顾炎武的载书漫游，乃是对文献的证实，是经学时代的"我注六经"思维的延续，其对事实的检验与考察，仅仅是表面的、技术性的，其思维的深层，还是受制于经学思想。这从顾炎武在抄录《殊域周咨录》的同时也将其编排体系一并继承下来可以看出。《殊域周咨录》将当时所知的外部世界，按照东夷、南蛮、西戎、北狄的体系编排，佛郎机被列入西戎之中，与苏门答腊、锡兰、苏禄、忽鲁谟斯、云南百夷、天方国、哈密、吐鲁藩、赤斤蒙古、火州、曲先等放在一起。在《天下郡国利病书》中，顾炎武也把佛郎机纳入上述的南蛮序列，附在他单列的《交趾西南夷备录》中。

《天下郡国利病书》中有较为详细的对于东西洋的划界，但他的重点，是在重述儒家经典中的世界秩序与文明图式。他的整个"实证"，是在证明这种经典的合理与伟大，希图以"禹贡"的世界图式理解世界的构造，并津津乐道于回到那时候的"四夷宾服"状态。《天下郡国利病书》中整段抄录《禹贡》——"甸服"之外"侯服"，"侯服"之外五百里"绥服"，"绥服"之外五百里"要服"，"要服"之外五百里"荒服"——出于想象的远古"五服图"，再次得到顾炎武的完整描述。

根据"五服图"的逻辑，距离天子或华夏中心的远近，决定着周边民族的文明程度，也同时决定了王者的治理模式。比如在"绥服"的五百里幅员内，又划分为内三百里与外二百里两个等级，"四面皆二等"，不同等级的文明程度不同，其治理模式也不同。对于靠近"侯服"的内三百里，以文教治理，外二百里则以武力为主（顾炎武注释说，三百里揆文教：接于侯服则使诸侯揆文教以治之，非全无武备也，以文为教）；"绥服"之外是五百里幅员的"要服"，也划分为内外二等，内三百里称"夷"，"北则冀州，东则青州，南则扬州，西则梁州"，外二百里则称"蔡"，所谓"蔡"，顾炎武解释说，是一种比流放稍轻的惩罚，"如后世置及安插之类"（顾炎武加注释：二百里奋武卫，接于要服则使诸侯奋武卫以治之，非全无文教也，以武为主）；再外五百里就是"荒服"，也分内外二等，"荒服"内三百里称"蛮"，环中国共八蛮，外二百里称"流"，就是流放之地，其惩罚要比"蔡"

重。在这种由五服构成的世界图式中，外圈的三个五百里共一千五百里幅员（绥服、要服、荒服），不仅是化外之地、野蛮之处，也是中央政府流放罪犯的刑狱之所、惩罚之地。

在这样的构想中，外部世界不仅在文化上处于野蛮状态，且在道德上也是低下的，是所谓的天生罪民，天之弃民。对他们，是所谓"无罪也该杀"的，对其征伐驱逐诛锄之类，只看"王者"愿意与否。在这个模式中，文教所被与武力所及的范围是明确加以区分并早已规定好了的，并不因为这些外夷自身的改变而改变。事实上，当这些蛮夷之外的西洋人进入华夏文明的外缘时，加在他们身上的野蛮特征就已经准备好了。"吃人"之类的标签，早在传说中的夏朝，就已经随着封贡而"封印"在他们身上了。当然，对待他们的手段，其实也就早有规划，那就是"武卫"——战争——中西之间屡屡爆发的冲突与战争，在这种文明图式中或许可以找到某种早已拟定好了的"战略方针"。

对外部世界的想象与认知总是反映着自身世界的构成，是自身文明与知识的外部投射。因此，在本文所揭示的这种技术性认知与文明认知的时间差背后，在顾炎武的事实"实证"与结构性"想象"背后，可以看出，传统中国文化，其形而下与形而上、器物与制度、道体与器用不仅是打成了两截的，而且有着决然不同的价值附加。因此，其对待他们的态度也就有着天壤之别。器物的、技术的改进，因其形而下的卑微地位，总是可以与时俱进，日新月异；而建立在经典之上的核心价值，那些天道王道、文明图式，却受到祖制、礼法、典章的严格保护，从而拒绝任何实证性事实的触动与检验，这正是圣教地位得以稳固的基础，所谓"天不变，道亦不变"的依据所在。

或许，这就是中华帝国的"本土精神"？

早期葡萄牙人是如何认知与想象中国的

"我族中心主义"似乎是历史相对主义的最好辩护，大明帝国对待周边国家的轻视与鄙夷、对待遥远而陌生之西人的妖魔化与恐惧，在这种"我族中心主义"话语里总能得到合理的解释。然而，如果我们换个角度看，从当时的佛郎机人（葡萄牙人）看中国，这种"我族中心主义"或许会呈现不同的意味。

东西接触之初的 16 世纪，中文文献中很少有关于葡萄牙人的观察与叙述，但葡萄牙人却留下了十分丰富的关于中国历史与文明的记载，不仅有个人的游历、见闻，也有各种商业档案、书信以及外交情报与报告，更有为数不少的学术性专著。其中完稿于 1580 年代的费尔南·门德斯·平托的《中国游记》刚出版即被译成西班牙语、法语、荷兰语等多种文字，其影响甚至与塞万提斯的《堂·吉诃德》相当；出版于 16 世纪中期的巴洛斯巨著《亚洲十卷书》，其对于中国的叙述至今被学界奉为经典，在西方世界产生过重大影响。中文世界对这些文献的介绍与翻译近年来渐渐增多，我辈后学得以略窥门径。手边正好有澳门文化司署、东方葡萄牙学会等编辑出版的《葡萄牙人在华见闻录：十六世纪手稿》，何高济先生翻译的《十六世纪葡萄牙文学中的中国》《东方志：从红海到中国》等书，收录译介的都是 16 世纪葡萄牙人对中国的观察与叙述。通过这些文字，我们或许可以领略那时的葡萄牙人是如何观察、认知与想象他们眼中的"异域"——大明帝国——以及由此开创的历史新篇章。

"想象"中华帝国的方式

多默·皮列士是葡萄牙国王派遣出使中国的第一个使臣，最后客死中国（一说死在广州监狱内，一说死在流放地）。他在赴东方的航程中，通过采访马六甲等地与中国有过接触的商人与殖民地官员，在记载自己从红海到中国旅程的《东方志》（1512—1515 年在马六甲撰写）一书中，对中国有较详细的记述。在第四部中，他说，这些东方人将中国的土地和人民描述得伟大、富庶、美丽和壮观，但他多少有些怀疑，在叙述中甚至不忘加上一句近乎挖苦的话："但若这些话是用来谈我们的葡萄牙，那比谈中国更容易令人信以为真。"显然，这是一种典型的"我族中心主义"口吻，这种口吻，在《东方志》这本书中毫无遮掩。比如，他竟然以十分肯定的语气说中国人害怕马来人和爪哇人，因此禁止他们进入中国，"可以肯定的是，这些民族的一艘船能打败二十艘中国船"；还有，他发现中国百姓是软弱的，这种软弱可能给他留下十分深刻的印象，所以他敢说，马六甲政府不用多大的兵力就能把中国置于"我们"的统治之下,"常在那里的重要人物声称,印度政府用十艘攻占马六甲的船,能够沿海岸攻占全中国",那就完全可以肯定,"我们"一艘400吨的船,"就能够消灭广州,而这种消灭会给中国带来巨大的损失"。这样的"自大"如果让大明帝国的官员们听到,真不知会引发怎样的国际冲突。不过,就算是这种近乎盲目的自大,他也没忘记加上一句:"不要抹杀任何国家的光荣,看来中国肯定是一个重要、良好并且十分富有的国家。"

作为葡萄牙国王的正式使节,当然少不了宣扬母国的伟光以壮自己的声威,但他并没有因此就妖魔化中国,在此后对中国的叙述中,虽然还是通过间接途径获取的情报,但无论是就中国的饮食、女人、国王以及觐见国王的方式、国王的产生等的叙述,都显得客观而翔实。其对中国防止西人进入国境之事予以特别关注,当然与其使臣身份有关,但也并没有因为这种文化不同而有任何"污名化"或"妖魔化"的地方。他说,任何中国人,如无广州官员的许可,不能去暹罗、爪哇、马六甲、巴昔等地及更远的地方,为获得出境和返回的签证,他得花费很大的气力,以至于不堪忍受,最后甚至无法成行。若有外国人到中国的土地上,除非有国王的许可,否则不得离开,为获得这份许可签证,富人会变得一无所有;任何船舰如越过大明官员划定的停泊区域,其财货就会被国王没收,人员则会因此丧命等等。这些记载即使是现在读来,也经得起严格的史料检验,虽然,皮列士在写下这些文字时内心或许深怀偏见。

在信奉基督的西方人看来,非基督信仰都是"异教",宗教领域显然是这些西人最为敏感的地方,几乎每一部涉及东方世界的著作都会重点关注这个方面,然而其字里行间却很少流露出我族中心主义(正统)之类的偏见。他们有时也会问中国是否有魔鬼这样的问题,但这本是天主教世界自我认知的基本内容，并不涉及歧视轻蔑之类。曾到过东方的杜阿特·巴波萨在其《中国简述（1512—1515）》中，转述了从摩尔人和异教徒口中得知的中国消息，说中国是一个异教国家，其国王崇拜偶像，经常住在内地，有许多大而好的城市，外国人不能从陆上进入，只能在海上做生意。《葡萄牙人发现和征服印度史》刊刻于1551年，作者卡斯特涅达于1528年到达印度，在印度生活多年，但没有到过中国，其对中国的描述也是以传闻为主，所以，他用"据说是一个很大的国家"这样的文字开头描述中国。他首先罗列了中国的各种物产，然后叙述中国人的宗教信仰，说异教与基督教相似，人们礼拜一个神，把它看成世界的创造者。在这些早期抵达东方世界的葡萄牙人看来，尽管中国人信奉异教，但异教却被认为与他们自己的信仰一样，并无所谓的文化隔阂。他们甚至认为中国人是与他们一样的白人。[1] 还说中国妇女体态十分漂亮，男女都是小眼睛。也

1　当时的中国人在马来人看来是与洋人一样的白人，亲自接触过中国人的西人也将中国人认作白人，黄种的概念是很晚才出现的。例如，意大利耶稣会士范礼安（Alessandro Valignano）就认为中国人与日本人都是白种人。孟德卫在其《1500—1800：中西方的伟大相遇》中专辟一节，梳理了"中国人是如何由白变黄"这一问题。他说欧洲人将中国人当作黄种是在18世纪的事，在此之前一般都将中国人认作是与他们一样的白人。此后随着人种学的兴起，这一状况发生变化，德国历史学家瓦尔特·戴默尔（Walter Demel）发现，对中国人不同的态度反映在肤色的认识上，那些亲中国的欧洲人往往倾向认为中国人是白种人，相反，那些不怎么尊重中国文化的人则认为中国人非白人。在16—17世纪欧洲人作品中，中国人是白人的说法占支配地位。18世纪开始发生变化，黄种人的认知成为主流。他认为这不仅是随着欧洲人的地理探险而出现对人种依据肤色进行的五种分类开始成型，也因为欧洲人在18世纪发现自己日益凌驾于别的民族之上而形成的某种偏见。1740年林奈依肤色划分人种为四类，欧洲是白种，美洲为红种，亚洲是黄种，非洲是黑种，1749年法国人乔治·布封将肤色与文明联系起来，1777年，苏格兰哲学家大卫·休谟宣称，各种族中只有白种人是文明开化

谈到他们关注的瓷器，说这里生产大量的瓷器，对各个地区而言都是好商品，瓷器是用海螺、蛋清和蛋壳及其他物质制作，把它们揉成团，在地下埋藏一个时期，然后做成多种形状的器皿，有粗有细，上釉并绘上图画，这样加工时就会更值钱等等。

对瓷器工艺流程的描写显然融合了现实与想象——想象的成分或许来自瓷器中的赝品制作工艺，不过这种想象并没有因此连带地将他们眼中的异教国家描述成吃人的魔鬼与烈焰地狱，而仍旧是一个人性化的充满惊异的"异域"。

当然，中国人的傲慢与自大总是引起他们的特别兴趣，但他们却是从中国人自己的角度来表述的。显然，这是一种试图理解中国人的"我族中心主义"的解读方式，而并非"西方优越感"之类的评价。卡斯特涅达书中写道，中国人认为，凡是中国所没有的，别处也不可能有，中国文明之外没有文明人类，世界文明集中在中国——这种对大明帝国"我族中心主义"的认知与理解，甚至成了他解读中国法律的方法——他说中国有大贵族和官员，百姓很服从他们的长辈，严格遵守王法，"再没有比中国国君更强大的帝王了"，他是世上既拥有财富又拥有百姓的大帝王，自称是神的儿子，国王颁布的法律，判处企图出国而不归的人死刑，因为"他们认为世上再没有比中国更能供给充足物资的国家，要到外国去就意味着叛国"。

这种认知方式，乃是现代人类学一再提倡的"他者视角"，一种理解他者并平等对待他者的文化尊重。

的，其他人种都比白种人低劣，此后的康德、孟德斯鸠等都采取这种肤色种族偏见论述中国。

广州葡囚的情报

葡萄牙使臣皮列士于 1517 年抵达广州，滞留广州近两年后获准进京，但此行并不顺利，历史因为某些偶然事件而改观，不仅使团被遣回广州，且被全部囚禁，最后或被处死或死在流放之地。

1522 年，葡萄牙另一支舰队抵达广州海岸，与大明海军发生冲突，又一批葡萄牙人被捕，皇帝下令处决大部分人，少数人遭到流放，这些人在流放中又死去一部分——这就是最早进入大明境内的葡萄牙人的命运。

这些葡萄牙人被囚禁广州期间，其中两人克利斯多弗·维埃拉和瓦斯科·卡尔渥成功地将两封写在中国纸上的信函送出。历史学家们在里斯本的国家档案馆发现了这些信函的残卷（两封信共 500 页），是用毛笔写的葡萄牙文，信函一开始谈到 1520 年 5 月使团大使与国王一起在南京，表明使团曾经见到了大明帝国正德皇帝。

这批信函是葡萄牙人进入大明帝国后发回的情报，比起那些通过中间途径了解到事实或事隔几十年之后撰写的回忆来说，要真实得多也重要得多。

信中说，第二批抵达广州海岸的葡萄牙舰队遭到中国海军的攻击，所有船队成员或在战斗中被杀或被俘后遭到屠杀，使臣们因声明自己的身份而逃过一劫，但还是被关在监狱内，在监狱中一些人饿死，一些人最后被绞杀，或被打死。

官员们宣判他们为强盗，是"大海盗派遣的小海盗，伪装前来侦探我们的国家"，宣布将他们作为海盗斩首，一共有 23 人：

> 每人都被砍成碎片，即头、脚、臂及其私部放在嘴里，
> 躯干被齐腰斩成两半。在广东的街道、城墙外、居民处、

大道上，都有牲口拉来的死者尸体，让所有人，广东的以及境内的人都看到，让他们知道不要怕葡萄牙人，以便百姓不谈及葡萄牙人。

囚牢中的维埃拉在信中以大段文字论述征服中国的可能性，并鼓动葡萄牙国王派遣舰队进攻大明帝国，不仅详细做出进攻的具体指导，敌人的位置、薄弱的地点，以及登陆处、战术的运用等，还对群众归附葡萄牙人的可能性做了说明。显然，在这种情景之下的报道很难冷静，但信中仍旧提供了大明帝国方方面面的详尽信息，如政区地理、地方行政、生产结构、贸易能力、人员和物质的军事准备、中国人的日常生活、监狱和司法系统等等：比如在谈到帝国的控制时，信中说，百姓如果没有官方颁发的许可证（证件上要注明姓名、年龄及详细个人情况），任何人都不能离开他们居住地 20 里格（航海计程中，葡制 1 里格大约为 5550 米）以外，违反者可以直接当作强盗逮捕，"因为各大路和地方都布满了密探" —— 这大约是对大明帝国路条制度的最早境外报道了。再如，信中谈及大明帝国的海军，说他们并非正规士兵，而是由乡民组成的临时部队，驾驶抢来的船只，使用抢来的武器，他们都是些软弱的小伙子，当尝到葡萄牙人火器的滋味后，他们很快就成为葡人一伙了。广东官方只好从广西调遣一种叫作"狼人"（狼家）的士兵进驻，但这些人并不能打仗，与造反者打仗时，他们抓捕不到强盗，就进攻强盗的家园，杀了无数的人，取走他们的财物，砍下他们的头，并声称他们就是强盗。"为不留下证据，将众人杀戮殆尽"，"百姓屈从、懦弱，不敢启口。全中国无不如此，比我所说的还要坏，所以人人思反，希望这些在广东的葡萄牙人到来"。

如果将这段"信息"放在我们所熟知的近代史视野中，与1840年前后英国人来到大清帝国门口的那一段历史时期相衔接，或许我们能听到几乎相同的声音，某种处在帝国高压之下而无法发声的沿海民众的声音。这些声音被此后的官方史学所遮蔽，无法进入我们的视野，但是，却在这些远道而来的西人的记载中保留着。当然，这些记载究竟有多少真实的成分，又掺杂了多少个人的想象，是一个见仁见智的事，不过西方历史学家在评价这批书信价值时，却认为其意义不能忽视，说它"使当时的葡人对他们面临的大帝国有一个具体确切的概念"。

其实，这些情报的留存，也使我们自己获得了对中华帝国的重新认知。

为什么全球史不是由我们开创的

《东方志》序言开篇，皮列士写下了如下语句："人类渴求知识，这是自然的，如圣哲所证实；又因在每个人的心里，以他自己的方式，这种追求显得更加积极热诚，所以理所当然……"这段话可以解读为16世纪葡萄牙人以及当时西方人对异域、对外部世界的基本态度，一种充满纯粹知识兴趣的追求。作为葡萄牙国王药剂师的皮列士之所以被派遣为第一任赴中国的使臣，与他这种知识性的追求有着直接关系。他在《东方志》中也对自己观察、调查与采集信息的方式做了说明，说自己不是以大胆的想象力来撰写这部书的，"因为那会有失真实"，他强调自己的写作是诚实的，甚至不得不冒犯某些从事写作的人，因为他们的作品需要改正。比如他特意说明，如果自己的著述与写作《圣地概述》的修士安塞姆以及伟大的科学家托勒密等的地理著述不同，请一定不要把他的著作当作捏造的，因为"他们的知识基于第二手材料而非经验"，而"我在这里则了解一切，体验过并且眼见到他们"。显然，努力去发掘事物真相的精神贯彻着这部《东方志》，他说："我尽自己所能对它了解和调查，与许多人核对我的事实，每当他们的和我的完全一致时，我就把它们写下来，这些肯定不失真情。"对于无法亲自去调查的，皮列士就根据那些有着可靠来源的情报进行判断；对于那些无稽之谈，尽管当地人信誓旦旦，如传闻当地有过一种"呼吸蛇"，他则严谨地表示"我没有遇到一个曾见过它的人"，而对于尼亚斯岛有"因风而孕"的女人，他评论道"人们相信这个，如其他人相信亚马逊和罗马的西比尔"等等。正是基于这种来自实证精神的真实，学者认为，"贯穿整个《东方志》的主调是真实，这肯定大大增加了它的价值"，认为皮列士对苏门答腊等地的记载，就其详尽和准确性来说，两个世纪以来都未被超越；而其对爪哇的报道，不仅是已知最早的，而且还包括别处所没有的资料。

正是由于葡萄牙人的这种探险与实证精神，以及基于这种实证精神之上的地理大发现，奠定了西方世界文艺复兴的基础，它构成了世界性启蒙运动的两个主要因素之一（另一个是印刷术）。因此，在全球史视野看来，尽管中华帝国参与了全球化过程，但全球化的历史却是由西方世界开创并撰写，是由葡萄牙等西人领导的。毕竟，全球化并非纯粹经济领域的变化，更是思想与知识的变化，是对狭隘的我族中心主义的超越和以全球为视域的现代文明的创生。

我族中心主义并非人类无法摆脱的命运，而是特定文化模式与社会结构的塑造。人类之所以能由中古时代进入近代，进入全球化时代，就是克服了这种我族中心主义的结果。

推动历史进步的并非仅是黑格尔所说的"恶"，文明的历史最终得由文明人开创。

驶向东方的航程

1512 年 4、5 月间，由于葡萄牙人在马六甲的战利品看守人发动骚乱，葡萄牙王子的药剂师、药物经纪人多默·皮列士被派往马六甲进行调查。抵达后，皮列士担任经纪行的书记和药物监督人及会计师，每月拿着 3 万来依（当时葡萄牙货币单位）的低工资，为此，他没少抱怨。不过，抱怨归抱怨，他还是待到 1515 年 2 月才离开马六甲，在此期间，皮列士曾赴爪哇等地购买丁香、茵陈等药物，并"尽自己所能对它了解和调查，与许多人核对我的事实"。他打算写一部有关东方"各个不同地方称量和度量"的书，比如爪哇的钱币和度量衡之类，以及关于药物及其生长地情况的著作。

绝没想到的是，令他青史留名的竟然是《东方志》，一部集商业报告、地理观察与航程记录为一体的混合物，而不是他拟议中的专业性著作。他本来没有多高的文化，出身也并非文学之士阶层，作为药剂师以及药材商人的职业，与当时流行的地理考察、航海探险，似乎也关系不大——事实上，至少在当时人看来，他是没有资格写作这样一部关于东方世界的著作的。

在《东方志》前言中，皮列士说，他将不仅仅谈地域、省份、王国和地区划分及其疆界，还将谈到彼此间的贸易。他强调，在这世上，商品通常是纯洁的——教皇保禄二世原来是一名商人，他从来没有以自己的生意人出身为耻；雅典的学者们也常常称赞贸易是一件美妙的事，今天它在全世界进行，特别是在印度洋及东南亚一带，贸易受到高度的重视，甚至，"这里的大君主除贸易外不干别的事"，贸易"是可爱的、必需的和方便的，尽管它带来了各种挫折，这却使它更受重视"。"这种商品交易是如此必要，以至于没有它，这个世界就不能前进。正是它，使王国高尚，百姓强大，城市繁华，产生战争与和平。"

皮列士几乎将贸易提高到历史动力的高度，不仅说它是"可爱的"和"必需的"，是世界前进的力量，同时，还指出它"产生战争与和平"。

为什么贸易会产生"战争与和平"？在向东航行的葡萄牙帆船中，皮列士究竟看到了什么？他试图通过这部书来表达什么？

从红海到印度洋

这部《东方志》有一个副标题，叫"从红海到中国"。显然，他是以当时惯见的海上航行记的方式来编写这部著作的，毕竟，在16世纪初期的西方世界，由欧洲大陆进入东方世界、进入中国陆地的完整记录还很稀少。

当然，皮列士并不是第一个来到东方世界的葡萄牙人，在他之前的 1493 年，他的国人就已经穿越了好望角与红海，完成了环游地球的伟大地理探险。在西方人梦幻的香料群岛海域，也处处可见葡萄牙人舰队的船帆飘扬。尽管，那时的葡萄牙人还未站稳脚跟，远东世界仍是一片未知领域，他只是随着那些探险英雄们的尾浪、向东航行的欧洲人中的一员。

当时，所有进入印度洋的葡萄牙人都会发现，他们进入的是一个非常古老而复杂的亚洲贸易体系，这是一个充满活力的、涉及广阔地域的多边贸易网络。不过这个网络尽管广阔，但要被它接纳，却并非一件容易的事，其阻力，似乎在这些西方人进入红海的那一刻起就能感受到：守着红海大门的是阿拉伯世界的两大力量——自 1453 年奥斯曼帝国征服君士坦丁堡、东罗马帝国覆亡后，阿拉伯世界就成了基督教的死敌——东边的奥斯曼土耳其帝国和西边埃及的马穆鲁克王朝，尽管在 16 世纪初两者还未正式结成盟友，但奥斯曼帝国苏丹于 1507 年就给马穆鲁克王朝送去了技工和炮兵，以加强红海海口的防御工事，1508 年，奥斯曼帝国新组建的舰队且在孟买附近打败了葡萄牙舰队。

果阿之战

为了进入东方世界，掌握被奥斯曼帝国控制的香料市场，葡萄牙舰队"英雄"阿布奎克（Alfonso d'Albuquerque，又译奥布魁克）决定占领印度西岸的果阿（Goa），突破奥斯曼帝国的同盟封锁，在此后写给葡王唐·曼努埃尔一世的信中，他说：

我占领了果阿，这是陛下的要求，也是舰队司令的命令。我之所以这样做，是因为已经成立的同盟要把我们赶出印度。如果奥斯曼土耳其人在果阿河集结的人员和武器装备完善的舰队已经起航，如果马穆鲁克王朝的舰队按照预期到达的话，那么所有的人肯定都将丧命。

这是事后的说法，但仍显示了阿布奎克的战略眼光——只有控制果阿，葡萄牙人才能在西印度洋站稳脚跟。在果阿建立堡垒后，葡萄牙舰艇一方面可以巡航印度和阿拉伯半岛之间的广大海域，同时，也可以控制德干高原和印度的陆上贸易。更关键的是，在葡萄牙舰队强大火力的威慑下，那些原来屈处奥斯曼帝国控制之下（如古吉拉特）的君主们，也就不会再摇摆，他们会允许葡萄牙人在自己的领土上建立要塞，以保护他们的主权。所以，果阿的占领，在阿布奎克看来，并不是针对当地任何一个君王，而是对奥斯曼土耳其的战争。为此，他甚至违背葡萄牙国内大部分人的反对意见，劝说葡王占领果阿（葡萄牙人对果阿的占领直至 1961 年）。这是个战略性的胜利，一定程度上是基于阿布奎克个人的判断和他强大的军事指挥能力——他曾先后两次从奥斯曼土耳其人手中夺回果阿，将其守住，并且使国内的反对者缄口。

马六甲之战

1509 年 9 月 11 日，葡萄牙人罗伯斯·塞魁拉（Sequeira，又译塞寇拉）率领一支舰队抵达马六甲，他是第一个抵达马六甲的欧洲人。

但马来人似乎并不欢迎他的到来，他们准备趁他在船上下棋时杀死他，并占有船只。不过阴谋被发现，塞魁拉当即率船离开，一些滞留岸上的葡萄牙人，有的被杀，19人被抓。

据说，这场冲突是由操控该地贸易的阿拉伯商人引起的，他们怂恿当地土著焚烧葡萄牙人的货仓，并逮捕葡萄牙人——皮列士《东方志》对此有详细的记载，说在马六甲的大商人拥有巨额财产，古吉拉特商人、波斯人、孟加拉人和阿拉伯人的总数，超过4000人，他们携带厚礼去见国王马哈木（苏丹），说葡萄牙人已经抵达港口，他们除了在海上和陆上抢劫外，是为了占领马六甲而进行侦探的，印度已经受到葡萄牙人统治了，马六甲的命运也会与印度一样，因此必须把他们杀死，因为葡萄牙离得很远，消息不会传出去，这样，马六甲就不会沦陷，商人们也不会遭受损失。这些巨商们还买通苏丹的大臣劝说苏丹，结果，苏丹接受了开战的想法。在会议上虽然有人反对开战，但苏丹坚持："你们不知道这些人的情况。他们来侦察土地，好再率一支舰队回来，如我和你们所知的，他们要征服世界，摧毁和抹杀我们圣先知之名。让他们都去死吧，如果再有人到这儿来，我们将在海上和陆上消灭他们。"

阿布奎克为此受命率领19艘舰艇和800名葡兵、600名印度兵（皮列士《东方志》记载为15艘船只1600名战士，且说当时马来人有10万名战士），于1511年亲征马六甲。他先是要求释放葡萄牙人，被苏丹拒绝，于是放火烧毁海岸民居及停泊海口的船只示威，苏丹放人后，阿布奎克又要求赔偿被烧毁的货仓与货物，遭到拒绝，葡萄牙人就登陆占领马六甲，国王逃亡彭亨。

葡萄牙人看重的是贸易，其战略目标指向香料群岛，最初抵达时，与马六甲人关系融洽，他们在当地的商人社团中获得了支持力量——当时的马六甲商人社团分为两大派，泰米尔人或吉宁人与葡萄牙人结好，而对立的是古吉拉特人，在葡萄牙人攻占马六甲时他们逃走了。从葡萄牙人观点看，战争并非出自他们的意愿，事实上，即使他们占领了马六甲，起初也还是试图劝说流亡的国王返回来做他们的封臣，但国王拒绝返回，葡萄牙人又派遣使臣到爪哇（马六甲原来是爪哇的附属国），试图通过上国的影响使国王返回，并归还其统治权，但也没有成功。为解决马六甲权力真空问题，他们只得强化当地大臣或财政大臣的权威，并让塞图家族世袭此职——马六甲的占领，至少从事实看来，其目的是商业的。

美国历史学家桑贾伊·苏拉马尼亚姆在《葡萄牙帝国在亚洲：1500—1700》中说，葡萄牙人的战略目标是贸易，而非土地，因此，他们并没有征服的意图。

但战争还是发生了，随着贸易而来的战争，究竟意味着什么？

"谁控制了马六甲，谁就扼住了威尼斯的咽喉"

对果阿与马六甲的占领，将葡萄牙人置于东西方冲突的风口浪尖。

但这里所说的东方世界，并非指东亚大陆、大明帝国。我们现在所熟悉的东方概念，是指历史上的近东，即现在政治地图中的中东、阿拉伯地区。我们所处的东亚，在当时的西方人的意识里，还是一片神秘而陌生的未知领域，欧洲人称之为远东。

继 1453 年征服君士坦丁堡后，奥斯曼帝国又接连占领了黑海港口阿玛斯拉和锡诺普，1484 年，又控制了通往摩尔达维亚、匈牙利、多瑙河流域、波兰、俄罗斯、鞑靼和整个黑海海岸大门的钥匙，到 16 世纪初，黑海实际上已经成了奥斯曼土耳其的内湖，并与外界隔绝达两个半世纪之久。

葡萄牙人开辟的好望角航线，显然对奥斯曼霸权构成直接挑战。在奥斯曼霸权的旧有秩序中，15 世纪初期，其欧洲代理商主要是威尼斯人，他们主导着地中海的胡椒和香料贸易（大约占 60%），威尼斯代理商的胡椒和香料，主要来自埃及和叙利亚，以及晚些时候的亚历山大港，这些基本上都是由葡萄牙人的"死敌"摩尔人控制的（葡萄牙人一般将回教信仰者、阿拉伯人等称为摩尔人）。葡萄牙人进入红海地区，通过占领海岸据点，建立沿海堡垒链，以封锁摩尔人由北非进出地中海的通道，在奥斯曼霸权的势力版图上，直接撕开了几道口子，这不仅触动了奥斯曼霸权的绝对权威，也导致了某种反葡萄牙联合阵线的形成。埃及马穆鲁克苏丹曾利用他与威尼斯人的关系，敦促教皇限制葡萄牙人在红海与印度洋使用武力，但此举失败，于是这位苏丹就在苏伊士集结一支舰队并派往印度洋，寻找进攻葡萄牙人的战机。1507 年，苏丹舰队与葡萄牙交战并胜出，但在此后的第乌（Diu）海战中，却被葡萄牙舰队摧毁——马穆鲁克王朝也因这场海战而衰败，并于 1516—1517 年被奥斯曼土耳其兼并，伊斯兰势力由此迅速向埃及扩张。

阿布奎克率领的舰队于 1515 年占领霍尔木兹海峡，也就在同一年，奥斯曼土耳其帝国的第二支红海舰队下水。这样，原来相互分离的势力碰到一起，土耳其人与葡萄牙人终于正面相遇，"历史性地撞在一起"。

16 世纪早期，即阿尔梅达（D.Franciscode Almeida）出任"印度副王"（任期为 1505—1509 年，此后接任者的职位降为"印度总督"）期间，以奥斯曼土耳其帝国为中心的反葡联盟已经形成。这一点，接任"印度总督"的阿布奎克有着十分清醒的认知，他认为，葡萄牙要摆脱阿拉伯商人与威尼斯商人之间的联手威胁，就必须先下手为强，只有先控制印度洋和东南沿海的果阿、马六甲等战略要点，才能在地中海的竞争中胜过威尼斯商人，从而摆脱奥斯曼帝国的控制。在写给葡萄牙国王唐·曼努埃尔一世的信中，他说："可以确定，如果马六甲的贸易已经脱离了他们的控制，罗马和麦加将一败涂地。除了威尼斯人去葡萄牙买的香料，再也没有其他香料会出现在威尼斯。"

当皮列士抵达马六甲时，葡萄牙人已经控制住了这个"比印度世界更富庶、更有价值"的东西交通枢纽。但皮列士却发现，马六甲仍旧处在阿拉伯商人的包围中。皮列士认为，"除了用武力外，摩尔人将不会成为我们的友人"。为此，他发出一种战略性的预言，写下"任何主宰马六甲的人就能控制威尼斯的咽喉，而从马六甲到中国，从中国到摩鹿加，从摩鹿加到爪哇，从爪哇到马六甲〔和〕苏门答腊，〔都〕在我们的努力范围内"（这句话此后被简化为"谁控制了马六甲，谁就扼住了威尼斯的咽喉"）。

欧洲内部的竞争和冲突，早已与东方世界政治力量的组合联系在一起了，在贸易带来的全球一体化过程中，几乎没有什么力量能够独善其身，能够逃离贸易带来的接触与交流。和平还是战争？主导历史走向的不是任何单一的国家意志，而是当时的地缘政治格局，是不同势力与趋势之间的较量。

关键在于，谁能准确把握这一格局及其动向。

近东，在西方与东方之间

安东尼·瑞德在其《东南亚的贸易时代：1450—1680 年》（第二卷）中，对印度洋周边的政治地图有着详细描述。他认为，葡萄牙人的东进，刺激了伊斯兰世界对于自身利益的意识，强化了其对印度洋地区的渗透，也促使伊斯兰国家之间的政治联盟。尤其是，两种强势力量的争斗，也迫使这一地区那些分散的、弱小的然而独立的王国、部落，不得不做出选择，加入其中一个国际阵营，一些君主们改信伊斯兰教或基督教，而原来局限于港口城市的伊斯兰教，也开始向乡村扩散，原来四分五裂的政治版图，也因此出现整合趋势，那些被赶出马六甲的穆斯林，在柔佛、彭亨、北大年，尤其是在亚齐站稳脚跟，这些城市于是成了反葡萄牙人的阵地。这样，至 16 世纪 60 年代，一个由奥斯曼土耳其帝国领导的反葡萄牙同盟在印度洋—东南亚海域成型了。

奥斯曼帝国霸权的扩张，是全球史中最关键的因素，也是最被忽视的因素。在此后的历史叙事中，我们只有"欧洲—亚洲"这一简单的轴线（辅助以"欧洲—美洲"附线），却忘记了在西方人驶向东方的航程中，他们首先要穿越的，是近东—阿拉伯的势力范围。在东方和西方之间，存在着一个巨大的力量，且这一力量还以远胜于欧洲的时间优势和地缘优势占据着中西交通的枢纽地位。几乎就在西方人海上霸权崛起的同时，奥斯曼帝国的霸权也迅速向海洋伸展，并通过黑海、红海、波斯湾等海峡，向欧洲和亚洲大陆的两端扩张。

1516—1517 年，奥斯曼帝国的势力范围已经扩张至埃及、叙利亚和汉志（今沙特阿拉伯地区）。1534 年后，再向伊拉克和波斯湾地区扩张。1536 年，奥斯曼帝国加强对苏伊士、吉达和靠近曼德海峡的卡马兰岛的海军基地，并从萨非帝国夺取了巴格达，以保障其经由巴士拉进入波斯湾的贸易。此后的奥斯曼帝国主动与伊斯兰国家（包括从非洲之角到亚丁、阿拉伯海南岸、印度海岸以及苏门答腊岛在内的广大地区）建立外交关系，以形成对葡萄牙人的大包抄战略，两个世界之间的冲突也就由此迅速激发。在此后的 1536—1546 年间，双方为了争夺印度洋贸易通道，先后发生过 19 次战争（奥斯曼土耳其帝国舰队对葡萄牙人的首次进攻由埃及总督于 1537—1538 年发动，往后还有红海舰队司令皮里·雷斯于 1548 年攻占亚丁；1552 年皮里·雷斯对波斯湾葡萄牙人的战争，其继任者于 1554 年对葡萄牙人发动的进攻等等，参见林肯·佩恩的《海洋与文明》，天津人民出版社 2017 年版）。

桑贾伊·苏拉马尼亚姆在其《葡萄牙帝国在亚洲：1500—1700》一书中写道："即使在质疑阿拉伯霸权的程度时，不可否认的是，14—15 世纪伊斯兰教在印度洋沿岸确实扩张了，穆斯林商人社群也越来越常见于东非、印度和东南亚。葡萄牙人来到亚洲之前的那些世纪里，这块大陆上的宗教地图被重绘了：伊斯兰在扩张……"

帝国在扩张中，这不仅是现代欧洲国家的主题，也是奥斯曼土耳其帝国的主题，当然也是中华帝国的主题。这是一个全球政治势力发生接触时产生的互动反弹过程，也是全球政治版图的激烈重组过程。这种多向互动对于参与全球化过程中的各国政治行为产生了巨大影响，正如 Miranda 在《剑桥伊斯兰史》中所说，"与伊斯兰（阿拉伯人与柏柏尔人）霸权的冲突，在很大程度上塑造了中世纪的葡萄牙心智"，葡萄牙人是带着这种中世纪的胎记进入近代历史的。其实，所有的欧洲国家，以及主动介入或被卷入其中的中东、远东国家，同样也是带着这种中世纪的遗产进入了近代世界。

　　旧制度仍在延续，而新世纪已然诞生。随着贸易而来的战争或者和平，尽管多少是全球化过程中无法摆脱的命运，但不同的历史认知或许能改变这种命运的诅咒。

葡萄牙的对华战略

当葡萄牙人进入战略要地马六甲之际，原来隔绝的东西方就开始走到一起了。

满剌加的"以夷制夷"策略

明朝史籍称马六甲为"满剌加"，地处中华帝国外围的西洋（与西方人接触后，这处地方改称南洋了），大明帝国与满剌加的关系，可以追溯至郑和下西洋之前。据《明太宗实录》记载，永乐元年（1403）十月，帝遣中官尹庆等使其地，"赠以织金文绮，销金帐幔诸物"。当时的满剌加，还未建立正式国家，附属于暹罗，每年向暹罗进贡黄金40两。大明帝国"天使"尹庆到来，其酋长拜里米苏剌大喜，立即遣使随同入贡，在永乐三年（1405）九月抵达京师，永乐帝封拜里米苏剌为满剌加国王，并令尹庆再次出使满剌加，封其山川，勒碑为记，这是满剌加建国之始。

满剌加因得到大明帝国的敕封，便脱离暹罗，向明廷朝贡。永乐九年（1411），拜里米苏剌携妻子及陪臣540人，组成浩浩荡荡的朝贡大队，官方史籍称其为盛事。郑和下西洋时，不仅随同带去帝国的各种赏赐，且以满剌加之地为转输中心，并设立官仓以备货物存储。

不过，名义上满剌加是大明帝国的藩属国，但大明帝国对其影响似乎并不太大，这从当地人宗教信仰的转变可见一斑。永乐十年（1412）随同郑和下西洋的马欢明确认定，当地已经改信伊斯兰教，《瀛涯胜览》记载："国王国人皆从回回教门，持斋受戒诵经"——也许因为马欢本人是伊斯兰信徒，所以特别留意信仰问题（郑和也是）。

满剌加并非一心一意归向大明帝国这一中心，像汉文史籍所说的那样。多重归属，其实是帝国时代几乎所有藩属国的特征。在实际政治运作中，相对弱小的国家，都会抱持一种实用主义的态度。满剌加利用中华帝国获得自己的独立地位，同时也在暹罗、爪哇和中华帝国之间玩平衡游戏。这一点连刚刚抵达其地的皮列士都看出来了，在《东方志》中，他说，马六甲国王满速儿沙"始终是中国诸王及爪哇和暹罗的国王的忠实藩属"，始终牢固地维持着对爪哇人、中国人和暹罗人的忠诚，并且一直赠象给他们。

这种被历史学家蒋廷黻先生称为"一妻事二夫"的现象，曾广泛存在于朝贡体系中，琉球如此，朝鲜如此，暹罗、越南也如此。但这种现象并未引起那些深陷我族中心主义陷阱的史学家们注意，因此，一些重要史实也就轻易滑过了。皮列士在《东方志》中记载，在苏丹马末时代，他不再服从暹罗王、爪哇王，中止了朝贡。"他只服从中国国王，为什么要服从那些本身也是中国臣属的国王？"这段话自然被天下主义者关注，但他们忽视了皮列士下面的记载：那些马来人、爪哇人对他说，中国人害怕爪哇人和马来人，才制定禁止外人入境的法律，不准他们到广州去，马来人的一艘船就能打败二十艘中国船。"常在那里的重要人物声称，印度政府用十艘攻占马六甲的船，能够沿海岸攻占全中国。"这些说法如果不是皮列士捏造（历史学界公认皮列士的著作具有相当高的真实性），就只能理解为马六甲人的某种战略性言辞：在众强环伺之中，他们也会玩"以夷制夷"的外交手腕，这种外交手腕本来最易识破，但大明帝国被自己的天下中心主义所误，从而落入满剌加布下的棋局，成为满剌加的棋子，而与葡萄牙人发生冲突。

当然，中华帝国对其藩属，也仅在乎某种象征关系的维持，而不是占领或统治，这也是我族中心主义历史学家们一再强调的"天下体系"之特征。然而，如果将全球帝国时代纳入考量，则这种对藩属国家的非殖民性管治，其实是帝国对外关系的共同类型，不仅在所谓的中华体系中如此，在葡萄牙对东南亚地区的控制中，也一样是采取这种封贡体系——历史学强分中华体系的天下主义与西方体系的殖民主义，乃是一种典型的时代错置。

在《葡萄牙帝国在亚洲：1500—1700》中，桑贾伊·苏拉马尼亚姆通过比较葡萄牙人与西班牙人对待其属地的不同逻辑及其背景，指出，葡萄牙人进入的是一个人口密集且活跃的贸易网络，以及诸多强有力且资源丰富到足以抵抗他们入侵的内陆国家。因此，葡萄牙帝国选择做海上帝国，以贸易为本，而非殖民统治，那些附属地"进贡的钱物数量通常微乎其微，甚至令人觉得滑稽可笑"，但葡萄牙人却乐于扶植当地人的政治力量，让他们自治，而不是代替他们行使权力。因其目的并非土地占有，而是贸易据点的掌控，对这种微不足道的"朝贡"的强调，说到底是对宗主国与附属地之间关系的确认。在现代国际关系尚未建立的情况下，这种方式保证了某种程度上的秩序——它与中华帝国的朝贡制度一样，宗主国也很少干涉当地的内政。在马六甲，葡萄牙人起初试图劝说前苏丹回来做他们的封臣，但是失败了，他们又派遣使臣到爪哇——马六甲原来也是爪哇的附属国——试图通过上国的影响力归还统治权，但还是没有成功。最后，葡萄牙人就扶植当地大臣（财政大臣），并最终让塞图家族世袭这一职务，以保证马六甲的政治权威不至于落空（在霍尔木兹，葡萄牙人也没有确立自己的主权，而是设立一个保护国，让沙赫继续掌权，其对果阿的控制也一样）。

1514 年 1 月 27 日，马六甲的统治者逝世，皮列士在《东方志》的最后写下这样一段话：

> 如果我没有机会见到吾人之主国王陛下或他在印度的总督，那么在此我声明，因尼纳·查图之死，马六甲需要比〔过去〕更多的两百葡萄牙人去维持它，而且对于印度总督来说，最重要的是立即率师来马六甲，因为这是不逊于去麦加的朝圣，并且他要摧毁宾坦王的声威，驯服爪哇人的傲气；他要听从马六甲的商人；他要按他们的民族派给他们一个统治者。因为商品本身是和谐的，这个控制它的统治者，必须支持它；否则商人将不能忍受……

皮列士将写作《东方志》收尾时的个人心绪，与马六甲的历史命运并置在一起，强调的仍旧是替当地人找一个"按他们的民族"意愿的统治者，一个服从当地商人并支持贸易的人。尽管这个时候的皮列士，还没有跻身政治阶层，但其对马六甲的治理思路，却是典型的葡萄牙式的，当然，这也是此后葡萄牙人驶向东方世界的基本理路——贸易之路——的文化基础。

葡萄牙人的对华战略

1508年，当塞魁拉前往马六甲时，葡萄牙国王给他发出如下训令：

> 项目——你要询问中国人他们来自何方，有多远，何时来马六甲，即他们去做贸易的地方，而且他们携带的货物，以及每年他们有多少艘船到来，并及他们船只的型式，又如他们是否同年返回，在马六甲或其他地方是否有商站或商铺，而他们是不是富有的商人，他们是不是软弱的人或战士，他们有没有武器或大炮，他们穿什么衣服，他们是不是身体强壮，还有其他有关他们的信息，以及他们是基督徒还是异教徒，他们的国家是不是大国，是不是他们只有一个国王，那里有没有不奉行他们法律或信仰的回教徒或其他人，同时，如他们不是基督徒，他们信奉或崇拜什么，他们遵循什么风俗，他们的国土扩展到什么地方，他们和什么人邻近。

据《在印度之葡萄牙人》一书记载，当时在马六甲的中国商人有平底船 5 艘，他们探知阿布奎克准备采取征服马六甲的军事行动，曾提出为他提供船只和船员的友好动议，但阿布奎克拒绝了，他只借用了吃水较浅的中国小帆船登陆。[1]

---

[1] 关于葡萄牙人殖民马六甲的事，明代文献往往语焉不详，《海语》记载："正德间，佛郎机之舶来互市，争利而讧，夷王执其哪哒而囚之。佛郎机人归愬于其主，议必报之，乃治大舶八艘，精兵及万，乘风突至。时已踰年，国中少备，大被杀掠，佛郎机夷酋进据其宫，满剌加王退依陂隄里，老幼存者复多散逸。佛郎机将以其地索赂于暹罗而归之，暹罗辞焉。佛郎机整众满载而去，王乃复所。"

这段史料留下了许多疑问，也很容易被现代的历史学家们解释为葡萄牙人的殖民本性，所谓侵占马六甲国土。因此，皮列士之前的葡萄牙东航历程，就很容易被一笔带过，被认作此后殖民主义历史的起笔，这样的以论带史很容易错过对更为重要的历史结构的发现与分析。

按，葡萄牙人侵占马六甲是 1511 年 8 月，时为正德六年（1511）七八月间，但他们抵达马六甲的时间却是 1509 年 9 月（正德四年九月），这期间究竟发生了什么事？

张维华在《明史欧洲四国传注释》引 Danvers 所著《葡萄牙人在印度》说，葡人塞魁拉抵达马六甲时，要求通商，马六甲王允许，并准其于滨海之地，停居经商。"时回人在满剌加之商业甚盛，恐为葡人所夺，遂唆使满剌加王驱逐之。葡人拒战不利，Sequeira 率舰返国，而别一葡人名 Ruy de Aranjo 者，则为所困。"显然，他认为马六甲与葡萄牙人交恶的起因是回商在作梗。

回商作梗其实并非仅仅在马六甲这场交锋上，张维华在《明清之际中西关系简史》中对当时西人与回商之间的冲突有过说明：自达·伽马发现新航路后，里斯本成为东西货物集散地，"时居阿拉伯之回商，目视其海上贸易之权日渐沦丧于葡萄牙之手，深怀愤恨，屡萌仇视之意，而葡商亦因与回人信仰异趣，每怀排斥之心。怀恨既深，衅端屡起。葡人思以武力克服东方之念，由此而起"。

张维华并由此逆溯此前葡萄牙东航过程中与回商势力抵牾的历程，说 1505 年葡萄牙国王任命印度总督时，即有保卫东方之商务与抵御阿拉伯人之侵袭的任务。1509 年阿布奎克继任，其以武力征服东方之志愈发坚决。1510 年攻陷果阿，并在其地建立堡垒，是其经营东方之根据地。而后又侵占波斯湾之忽鲁谟斯及红海东口之撒哥他拉（Socotra），是其与回商争夺战略要地的一系列征服行为。

民国时期出版的《中国殖民史》（李长傅著）就很清楚地揭示了这一因素。他认为，随着 1453 年君士坦丁堡的陷落与东罗马帝国的覆亡，自元代以来东西交通的双轨——

葡萄牙人控制马六甲后，阿布奎克一意结好中国，对中国商人多有照顾，并随时将中国商人在马六甲的种种情况报告葡萄牙国王。攻占马六甲时，阿布奎克曾与中国商人交接，请他们观战。为此，他甚至强行留截中国商人，并为他们提供一艘观战的专船。民国时期历史学家如周景濂等人（参见周景濂：《中葡外交史》，商务印书馆影印版）认为，此举可能是阿布奎克希望中国商人在返回国内时向皇帝报告，一方面以夸耀其勇武善战，另一方面也借此结欢中国，为日后与中国建立外交通商关系预留地步。

此后奉葡萄牙国王之命出使中国的皮列士，尽管当时并不知道自己会获得这项伟大使命，但在马六甲时，他就已经系统地收集有关中国的情报了。他注意到，马六甲人口数量巨大，主要是马来人，外国人数量也很是可观，其中最大的是古吉拉特人和吉宁人（泰米尔人），其次是爪哇人和中国福建人。这些商人虽然人数不多，却地位尊贵，在当地有巨大的影响。他也认识到，作为西亚与东亚之间的重要连接点，马六甲的贸易连接着中国、印度尼西亚、印度、波斯湾和红海，

黑海方面的贸易从此中断；埃及对经过其国境的东方货物征收重税，意大利的诸商业中心也随着衰败。此后葡萄牙亨利王子奖励航海，试图开辟新的航路，与这种东西商路中断有直接关系。1498—1499 年葡萄牙的达·伽马航行过好望角至印度的古里，开启了欧洲与东方世界直接贸易的端绪。当时印度国内回教与印度教分裂，而葡萄牙人正是以回教为敌，故借租古里为基地，1500 年，加布拉尔（P.A.Cobrl）率领葡萄牙舰队至古里，先设立商馆，与附近各地通商贸易。

民国时期的史家周景濂也认为，导致马六甲与葡萄牙发生冲突并最终灭国的原因，是阿拉伯人在中间起作用，这一说法确实揭示了 16 世纪初期横亘东西方之间最为重要的力量——阿拉伯势力的存在及其影响。而这一结构性力量由于 18 世纪以来东西方的直接对抗被遮蔽，也因为海上航路的最终打通，阿拉伯世界在东西方之间的中间地位渐渐退隐而被历史学界忽视。其实，16 世纪中期及其之前的全球史，任何对阿拉伯世界影响的忽视都是致命的。

其中的西印度洋正是葡萄牙人与阿拉伯人竞争的热点，而东头的大明帝国是葡萄牙人远东航向的目标。就葡萄牙人的全球战略而言，要在西印度洋胜出阿拉伯人，其关键就不仅在欧洲与西印度洋本地，而必须掌握与远东中国之间的贸易渠道，以获得先机。因为阿拉伯人的优势也在于他们控制了中国与西方的航路。皮列士在马六甲的这一系列情报调查，不仅为他出使中国打下了重要基础，也形成了此后葡萄牙帝国结交大明帝国的战略思路，为此后的远东贸易指出了方向。

大约正是由于皮列士的这种知识储备与战略思考，当葡萄牙决定派遣使节前往中国时，印度总督推荐了皮列士这个社会地位平凡且并无政治经验的药材商人——"这除了由于他的专技优势及天生爱好文学，也因为他的才干以及他做生意之豪爽老练，他还很好奇地探索和认知事物，对所有事都有灵活的头脑"，历史学家巴洛斯对为何葡萄牙国王会选择皮列士出使中国一事如此解释。

驶向东方的航程

在葡萄牙人占领马六甲的同一年，乔治·阿尔伐立斯（Gorge Alvares）被遣赴中国建立外交联系，在广东东莞屯门岛停留时，他因身染疾病逝世，其随从在屯门岛立碑纪念，随后回航。

葡萄牙与大明帝国的正式接触，是皮列士使团访华。1516 年（正德十一年），葡萄牙驻马六甲总督派遣安德拉德（Fernaode Andrade，旧译安刺德）率领舰队护送皮列士东航。使团抵达广州后，两广总督陈金闻讯从梧州赶回接见。因"佛郎机"国名不见典章，如何对待需要朝廷裁决，因此他具本报告，等待正德皇帝的训示。

等待朝廷训令期间，安德拉德获准在广州城进行贸易。他们停泊屯门的船只，在此期间曾遭到海盗的袭击，9 名船员也因痢疾和热症死亡。安德拉德为此派遣一艘船返回马六甲，带回消息说，使臣受到接待，与广州官员建立了友谊，在那些地方受到欢迎。他同时还派出船只去寻找琉球群岛，船只曾抵达福建沿海的漳州府一带，因为得到皇帝即将接见的消息，同时马六甲带来的消息说需要他舰队的协助，所以将这支船队召回广州。被海盗攻击的船只，在广州官员们的过问与民众的协助下也修复了。此后，安德拉德率领舰队告别广州，返回马六甲。离开前，他宣告："若有人受到葡人的伤害或有所欠负，可去找他寻求公道。"这一举措受到了当地人的热烈欢迎，因为从来没有人这样表示过。他"非常体面和富足"地抵达马六甲，显然，在当时看来，这是一次非常成功、"难得两全"的航程（*历史学家巴洛斯语*）。

在广州等待大约两年时间，皮列士使团获准进京，时正德皇帝正驻跸南京，所以使团先是被护送至南京，再转北京觐见。

《广州葡囚书简》（*在里斯本国家档案馆发现的维埃拉等从广州监狱里送出的信函残卷*）谈到，大约在 1520 年 5 月间，皮列士使团抵达南京，拜见正德皇帝。书信中写道：

> 我们在南京亲自见到了皇帝，他表现得很随便，这和该国习惯做法不同。按照风俗，皇帝不出他的宫室，中国是一个难得有皇帝违反这个做法的国家，没有外国人见到中国皇帝，像我们那样。他示恩于我们并且随便与我们相见，而且有几次与多默·皮列士下棋，我们都在场；他还命令我们和很多大人物举行宴会，至今为止已有三次。他

进入我们乘坐的船，命令把箱子取出来，穿上他认为好看的衣服，并对多默·皮列士表示恩惠，把我们遣往北京。他命令给我们用中国最好的巴劳，而且如前所说他是体面地吩咐我们的。

这段文字的重要性在于：它不仅详细记载了中西两个帝国之间这次历史性会见的场景，而且也生动地揭示了这个历史性场景的戏剧性内涵——中葡外交的首次接触这一历史场景，竟然被安排在这种"非正式"的场合，并以这种"非典型"的形式呈现。或许历史本来就是这种充满无奈、荒诞与悖论的戏剧场景，我们所接触到的那种"庄严"的历史描述，反倒可能是被史学家们刻意摆弄成的"历史图景"、某种历史的幻象。其实，通过这种"非典型"的历史场景，我们反倒可能从中解析出某种难得的真相，看到被历史叙事所遮蔽的深层——中华帝国权力系统中那种对峙性张力的存在。这种对峙，一定程度上导致了帝国海洋政策的摇摆，及其此后的战略性退却这一历史性错误。

但这还不算离奇，更离奇的是，号称具有"有闻必录"传统的《明实录》等正史史籍，竟然没有记载这样一件重大的外交事件。历史学家们解释说，由于"佛郎机"从来不见史籍及明朝典章，正德皇帝的接见，属于违背礼法的私人行为。如果历史学家的解释可以成立，则正史拒载这种姿态本身，就可以理解为大明帝国政府（官僚体制）的官方态度。

其实，在私人史料中，我们还是能发现这种官方态度之特征的。《殊域周咨录》记载："有火者亚三，本华人也。从役彼国久，至南京，性颇黠慧。时武宗南巡，江彬用事，导亚三谒上，喜而留之。"

在《殊域周咨录》看来，这一历史性事件是一起典型的权谋行径，似乎只有通过这种"缘中贵"——结交太监、迎合皇帝个人癖好，中西之间的会面才得以完成。在这样的叙事中，中华帝国的尊崇地位得到强化，而外夷的卑微与狡奸形象，也因此被强化。

奇怪的是，这种叙事至今仍被历史学家延续着。一些史家一再强调火者亚三的华人身份及其性格，说他"为人狡黠，又善于阿谀逢迎，通过贿赂明武宗的宠臣江彬，得以侍明武宗左右"，一些说法则强调正德皇帝"出自好奇""违背风俗"的个人异端。

传统史学中的这种叙事所代表的认知态度，是明廷官僚体制的延续。它足以说明，在儒家官僚的认知中，正德皇帝接见"不见经传"（《祖训》《会典》）的外夷使臣，是违背惯例的，这种行为不仅遭到儒家大臣们的反对，而且他们有权拒绝将这样的行为列入史籍。儒家官僚们不仅在制度框架之内有权区分何为正式何为非法，以此限制皇帝个人行为，他们还掌控着话语权，会依据其所认可的正统思想封锁、遮蔽非正统事实，不管这种事实涉及皇帝私人还是帝国政治。这也说明，儒家官僚们所掌握的体制性权力，具有强大的控制力量，一定程度上连专制时代的皇帝都不得不听命。

中华帝国就是以这种特殊的"东方风格"，迎接西方第一个使团的到来。皮列士此后殒命中国，多少与这一结构性张力有关。而葡萄牙人最后能在东方站住脚跟，也与对这一结构性张力的发现有着直接关系。正是这种结构性张力，既阻碍了东西方之间的交流，导致一系列悲剧性的冲突，也使得葡萄牙等西方人在其向东方世界寻求贸易机会时，不得不改变初衷，多少采纳某种东方式的行事风格，以图立稳脚跟。全球化大戏的主场，毕竟已经转移至东方世界，转移至大明帝国。

贸易与战争的逻辑

葡萄牙人陷入了儒家官僚的泥坑

当葡萄牙使者抵达京城之时，满剌加的求援使臣也正向他们的宗主国驶来，大约就在正德皇帝回到北京之时，满剌加亲王的求援信通过驻广东御史邱道隆与何鳌上奏朝廷。不过正德似乎没有太大动作，《明武宗实录》说："满剌加亦尝具奏，求救朝廷，未有处也。"

皮列士使团被安排在会同馆，一处专门接待各国朝贡使臣的地方，归属礼部，正是儒家官僚的"主权"所在。当使臣们住进这处接待外夷的宾馆时，等待他们的，当然是儒家官僚的制度性"牢笼"。正德皇帝在南京违背儒家礼法引起的"正义愤怒"，借由一件小事引爆。《明史》记载：通事火者亚三"见提督主事梁焯不屈膝，焯怒挞之，（江）彬大诟曰：彼尝与天子嬉戏，肯跪汝小官邪？"（《名山藏》

称其到四夷馆办事，"坐而见礼部主事梁焯，焯怒，杖亚三"）

火者亚三以皮列士为独立国家使臣，其身份不同于藩属国，且所见并非皇帝而是礼部主事为由，自然拒绝跪拜。就算依据大明帝国的外交礼仪，其行为也并非过错，但却遭到梁焯的鞭打。礼节其实只是借口，根源在于儒家官僚们与皇帝、太监之间的长期冲突。检索刘廷元《南海县志》中的梁焯传可以得知，梁焯为正德进士，曾在江西随王阳明问学，"居敬穷理"，曾因抗疏被正德罚跪五日，当时正值江彬、钱宁当权，火者亚三就是江彬带见正德的，而回人寫亦虎仙等，也因贡物事曾通过江彬等"诬陷"甘肃文武大臣，导致多人被囚。传记还说，这些回人因有江彬等撑腰，有轻慢朝廷命官之心。梁焯"每以法约束之"，江彬则对梁焯的行径大为不满，经常指责梁焯。那些受到梁焯"约束"的夷人向江彬抱怨，说"天颜可即，主事乃顾不可即耶"？江彬听闻，认为梁焯仗势欺人，准备上报正德皇帝，不料正德皇帝驾崩了。皇太后懿旨诛江彬，既而火者亚三等与寫亦虎仙先后伏诛，由于梁焯曾因进谏而被杖，升俸一级。

外夷（主要是回商）、太监与儒家官僚的冲突，随着正德皇帝的驾崩而公开化。诛江彬等行为，显然是儒家官僚们趁新继大统的世宗（嘉靖）还未掌握权力之机，采取的非常行动，以迅雷不及掩耳之势根除其势力。火者亚三与回人寫亦虎仙被诛，皮列士等使团人员被押送回广州，都与此有关。

这种争斗，还涉及广东地方官员之间，及其与朝廷之间的政策纠纷，《明武宗实录》载御史何鰲奏章：

　　且祖宗时，四夷来贡皆有年限，备倭官军防截甚严，间有番舶，诡称遭风漂泊，欲图贸易者，亦必核实具奏，抽分如例。夷人获利不多，故其来有数。近因布政使吴廷举首倡，缺少上供香料及军门取给之议，不拘年分，至即抽货，以致番舶不绝于海澳，蛮夷杂沓于州城，法防既疏，道路亦熟，此佛郎机所以乘机而突至也。

何鳌锋芒所向，显然是广东官员的"抽丰"（征税）行为，礼部覆议，也是纠察广东地方官巡视不力之罪，锁拿巡官等逮问。在回复何鳌、邱道隆奏章时，礼部还特意提及，邱道隆曾任顺德令（邱为福建汀州人，正德九年进士，知顺德县，《汀州府志》说他曾"毁淫祠，兴学舍"，又弹劾太监黄玉和阎良，以耿直犯忌，出知南雄，端方持大体，僚属凛凛奉法云云），而何鳌是顺德人。可见，广东地方官不同政策之间的纠结，已经搅进中央政府的冲突之中，帝国内部的政争，最终引发了一场外交危机。

一连串不幸事件

历史进程总是充满了偶然与不幸，这为此后的历史研究提供了"反事实"假设。比如，假如那位对外部世界充满好奇且不受官僚体制约束的正德皇帝身体健康，则葡萄牙使团与大明之间的外交关系，应当能顺利建立，也就不会发生儒家官僚们趁世宗新继大统之机，借皇太后之名诛杀江彬、火者亚三等，而皮列士等人也不会被遣返广州，并因此遭到监禁等等。

更不幸的是，一些本来无关紧要的细节，却偏偏在这样的节骨眼上发生。自安德拉德返回马六甲之后，满剌加总督派遣安德拉德的弟弟西蒙·安德拉德（Simaode Andrade），率领船队驶向广州，时间约在 1519 年 4 月。不幸的是，西蒙与他哥哥性格迥异，他是一个"没什么头脑、性格暴烈凶狠的家伙"。当他抵达屯门时，发现使团竟然还停留广州，皮列士也肯定对这位新到的船长抱怨过大明帝国的这种拖沓作风。于是性格暴烈的西蒙脾气发作，认为这是对葡萄牙人的冒犯。习惯了在东方世界享受威望和崇敬的西蒙，对大明帝国官员们的这种行为，自然不会有好感，他胆大妄为地干下了一系列在中国官员眼中无视法律的勾当：用木石在屯门建筑了一座堡垒，理由是抵御海盗，又擅自在岛上树立一座绞架，绞死了一个违法的船员。中国法律绝对禁止私刑，更何况，当广州海道巡视屯门时，他态度傲慢，这样，冲突便多少埋下了引线。西方史家由此认为，让这个不适合的人出任这一使命，"是历史潮流中有时发生的小歪曲，这成为皮列士使节不幸的结局以及葡萄牙人三十多年在中国受苦难的主因"。（《东方志》"多默·皮列士传注"）

这个说法或许过于夸大了个人行为的影响，事实上，西蒙的行径虽留有后患，但至少在当时，似乎并没有太大地影响明廷对于葡萄牙使节团的决策。

1521 年正德皇帝逝世，按照规定使团必须退回广州，等待新皇召见。而使团确实也退回广州了，然而等到的不是新皇召见，而是囚禁。史学界一般认为，这主要是因为马六甲亲王赴北京告发葡萄牙人血腥征服马六甲，说他们是海盗、间谍等，明廷才下令禁止葡萄牙人在广州贸易。而皮列士回到广州后，即作为人质被逮捕，要求葡萄牙人放弃马六甲。

其实，马六甲固然派遣使节赴京求援，但这并非囚禁葡萄牙使节的主因。广东地方当局对葡萄牙接济船只要求"依例抽分"，可能引发了这一悲剧性的"囚使事件"。

1521 年，西蒙·安德拉德返回后，满剌加总督又派遣 Diego Calvo 率舰前来广州，名义是"接济使臣衣粮"。显然，当时在马六甲的葡萄牙人并未得到使团被囚禁的消息。船队抵达后，依例要求在广州市进行贸易，广东地方当局报告中央政府的奏章也说，有佛郎机"接济使臣衣粮"船队入境，请求出售带来的货物，希望能依惯例"抽分"。

广东当局这一行为，显然激怒了正被满剌加使节所包围的礼部。礼部回复说："佛郎机非朝贡之国，又侵夺邻封，犷悍违法，挟货通市，假以接济为名，且夷情叵测，屯驻日久，疑有窥伺。宜敕镇巡等官亟逐之，毋令入境"等等。

礼部且将满剌加求援之事转交兵部议处。

兵部的议决是："请敕责佛郎机，令归满剌加之地，谕暹罗诸夷以救患恤邻之义。其巡海备倭等官，闻夷变不早奏闻，并宜逮问。"

礼部当时并未决定囚禁葡萄牙使团，只是提出责问，并要求其归还满剌加，同时准备晓谕邻近藩属救援。原因在于，当时满剌加使臣还在路上，需要等他们抵达京城之后问明真相。《明世宗实录》记载："会满剌加国使者为昔英等亦以贡至，请省谕诸国王及遣将助兵复其国。"礼部议定为"绝佛郎机，还其贡使"——是遣返葡萄牙使团，而不是囚禁，这也基本符合邱道隆奏章的意思。

《明武宗实录》载邱道隆奏章为：

> 满剌加，朝贡诏封之国，而佛郎机并之，且啖我以利，邀求封赏，于义决不可听。请却其贡献，明示顺逆。使归还满剌加疆土之后，方许朝贡。脱或执迷不悛，虽外夷不

烦兵力，亦必檄召诸夷声罪致讨，庶几大义以明。

因此，明廷命令广东不得接受任何葡萄牙的使臣，葡萄牙国王的信函也被焚毁，其使臣及同伴被扣押，不许他们离开，命令他们写信给葡萄牙国王，让他归还马六甲，葡萄牙使节自然拒绝。

从葡萄牙人的观点看，大明帝国囚禁使团的主要目的是索要马六甲，视贸易为生命的葡萄牙人自然不会交出。结果可想而知：广东官员们将他们当作海盗处置。囚徒向国内报告说，官员们给他们戴上木板，宣判他们为强盗，予以处斩。判决称：大盗派来的小海盗，伪装前来窥探我们的国土；作为强盗将他们斩首。23名葡萄牙人，被砍成碎片。在广东的街道、城墙外、居民处、大道上，都有牲口拉来的死者尸体，让所有人——广东的以及境内的人——都看到，让他们知道不要怕葡萄牙人，以便百姓不谈及葡萄牙人。

战争终于爆发，这是中西初识的第一场大战。

依据西人的记载，马丁·阿方索（Martin Alfonso）奉葡王之命率舰六艘来与中国和好订立友好条约，希望能在屯门岛建立据点，以资驻守。船队抵达屯门后，阿方索曾致函广东总督，告知来华目的，供给在华使节用品并要求通商（船上带有胡椒等商品）。广东大臣予以拒绝，并提出要求：一是西芒不得反攻上川；二是葡人不得与中国人往来；三是葡人船只不得载运中国军人（或说其船队登岸取淡水，为中国人所阻，遂冲突，"葡人死者过半，其被俘者亦多死于狱中"）。

这是正德十六年（1521）的屯门之战，据明史记载，明廷"敕责佛郎机，令还其故土"，但没有结果。于是兵部令汪鋐指挥发起进攻。葡人寡不敌众，战死甚多，一些被明军俘虏，其余逃遁。

嘉靖二年（1523）初，五艘葡萄牙船来到广州，请求通商，遭到拒绝。他们遂转向广东新化县西草湾，想重新建立据点。备倭指挥柯荣率军迎击，俘虏葡人42人，斩首35级，缴获船只2艘，并夺回被葡人掠去的中国男妇10余人，其余3艘船只逃遁。

《明世宗实录》记载略详：嘉靖二年三月，佛郎机人劫掠满剌加诸国，横行海上。寇新会县西草湾，备倭指挥柯荣、百户王应恩率师拦截抵御，转战稍洲，向化人潘丁苟先登，众兵一齐进，生擒别都卢、疏世利等42人，斩首35级，俘虏被掠男妇10人，获舟2艘，余贼率剩下的3舰队再战，将明军缴获的船只烧毁，百户王应恩战死，"余贼亦遁"。

市场逻辑与战争逻辑

广东沿海的战争，并不能中止由市场逻辑主导的贸易发展。依据《祖训》《会典》行事的儒家官僚，也无法阻止人们对财富的追求。广东洋面的葡萄牙人在被驱逐后，尽管狱中的人写信告急，要求发动一场对华的"全面战争"，但贸易的理性最终起着决定性作用（美国学者孟德卫在《1500—1800：中西方的伟大相遇》中认为：广东监狱的囚徒写信呼吁葡萄牙国王组织远征军攻打中国，但这个无异于螳臂当车的"全面战争"没有发生。葡萄牙人理性地坚持通过南部口岸和中国建立了一个贸易基地，终于于1555年前后，在澳门建立了一个贸易基地）。葡萄牙人不是发动战争，而是驶向福建海面。当时的官员记载，他们"皆往漳州府海面地方，私自驻扎，于是利归于闽，而广之市井萧然矣"。葡萄牙人也说，由于"与中国的贸易太有价值了，以至于不能放弃。于是避免广东，贸易船从马六甲直接驶往浙江和福建"。（布拉加：《西方先驱者及其对澳门的发现》）其实，葡萄牙人由广东趋向福建、浙江，虽有广东地方官员压迫的原因，但更多的是福建商人引导的结果。1521年，他们就到过漳州等地从事贸易，故兵部尚书张时彻说："商舶乃西洋原贡诸夷载货，舶广东之私澳，官税而贸易之，既而欲避抽税，省陆运，福人导之改泊海沧、月港，浙人又导之改泊双屿。"当时官员如俞大猷、朱纨等，也都承认这一事实（参见廖大珂：《早期葡萄牙人在福建的通商与冲突》），葡萄牙人能在中国沿海站住脚跟，并在此后成功开发澳门，与沿海商民的配合分不开。当然，也与中华帝国内部的权力裂隙分不开。

市场逻辑，就是在这种权力的缝隙中生长着，并最终将儒家官僚傲慢而僵硬的权力铁笼撑破。可悲的是，它所面对的官僚体制过于强大坚固，以至于市场的逻辑不得不以战争的方式推进。近代史的全部历程，或许就是在这双重逻辑的博弈中展开的。

远东海权争夺战

世界近代史为何由欧洲主导而非中华帝国？这一问题几乎成为所有现代史家、社会思想家们的考题，全球史、区域史以及一般近代通史都在试图回答这一问题。尤其是随着后殖民理论的兴起，历史上中华帝国的强大形象慢慢浮现，这一问题也就更具挑战性。它不仅涉及对西方中心主义的反思与批判，也触及东方世界的民族情感与自我定位，当然，它更触及人类的自我理解，以及在此基础上如何规划未来世界的某种思想资源的重新梳理。

《葡萄牙帝国在亚洲：1500—1700》一书强调，葡萄牙人在亚洲创造的贸易繁荣，并非凭借他们自己的意志完成，而是"受惠于在很大程度上不受葡萄牙人控制的环境"。也就是说，作为外来者与陌生人，他们所进入的"主场"并非依据他们的意志自由塑造的。相反，作为"客方"的他们多少受制于主场规则——"中国海的不稳定形势起初就阻碍过他们在这一贸易中获得实质性的利益，直到倭寇危机被解决了之后（葡萄牙人充其量只在其中起到了边缘作用），他们才收获贸易的回报"。换言之，葡萄牙之所以能在东方世界中立足并获利丰厚，与其说是他们"殖民"的结果，不如说是东方世界为他们创造的机会。由此，作者提出"伟大的远东转向"这一说辞，认为中国和日本沿海政治形势的变化，为西方世界打开了大门，推而广之，则可以说，近代以来西方的崛起，从根本上说是东方世界丧失了主导权的产物——而中华帝国原来是一个老牌的海洋帝国。

东方世界的衰落，与其从海洋退出有关，是中华帝国自己放弃了海权，依据海洋战略家马汉的说法，放弃海权的国家必然会走向衰败。

"东方主场"

如果这一说法成立，则历史学要追溯的是："老牌的"海洋帝国究竟拥有怎样的海洋意识？ 16—18世纪的"东方主场"，究竟又发生了什么？

不可否认的是，近代以前的中华帝国曾经主导过亚洲大陆及海洋，日本讲谈社出版的"中国的历史"系列中，由上田信所撰写的明清部分，就使用了《海与帝国》这个书名，"海洋帝国"之名几乎走红。最近出版的欧阳泰《1661，决战热兰遮》更是热闹，这本书有一个煽情的副标题"中国对西方的第一次胜利"。欧阳泰是美国哈佛学派中著名的叙事史学大家史景迁的弟子，这本书亦继承了史景迁叙事史学的特长。尽管"热兰遮之战"根本说不上东西方的第一次战争，也说不上中国对西方的第一次胜利（早在此前，中国与葡萄牙有过多次交手，且一直都是中方胜出，1521年屯门之战、1523年西草湾之战、1548年朱纨发动的双屿港之战及1549年走马溪之战，欧阳泰书中只略提一句），但通过欧阳泰的描述，我们至少可以得出某种认知，那就是，至少就明清之际而言，中国海洋军事力量对于欧洲具有压倒性的优势：当时中国洋面仅国姓爷的海军人数就达15万之众，是当时亚洲最强大的军队，人数比当时的荷兰海军多出10倍。

欧阳泰说："1661至1668年间的中荷战争，是欧洲与中国的第一场战争，也曾是欧洲与中国军队之间意义最重大的一场武装冲突，此一地位直到两百年后，才被鸦片战争所取代。"

在《1661，决战热兰遮》中，欧阳泰还描述了福建海商的伟大事业：

> 这些福建商人每到一个地方，就在当地建造住宅与寺庙，许多人也选择在海外定居下来。在1500至1945年的欧洲殖民期间，住在亚洲海外的闽人比欧洲人还多。实际上，即便在欧洲殖民地里，闽人也比欧洲人还多……郑芝龙的一个舅舅就住在葡萄牙殖民地澳门，距离福建约一个星期的航程。郑芝龙到了澳门后与他同住。

华侨与海洋贸易史家王赓武曾将中华帝国海洋力量的消长划分为四个阶段，他认为，至少在第四阶段（1368年之后），中国已经具备在国内外取得贸易繁荣的几乎所有前提条件：国内需要发展海上贸易；资金盈余，可以用于风险投资；借贷和金融机构已经确立，虽然还缺乏保护措施；航海技术先进，政局稳定；等等。

王赓武还指出，当时的中华帝国拥有一支强大的舰队，这支舰队由官方船只和私人船只构成，是当时世界上最大、最适合航海的舰队。14世纪末的大明海军拥有3500艘适于远洋航行的船只，包括1700多艘战舰和400艘用于运送粮食的武装船，当时，世界上任何海上力量都无法和强大的中华舰队匹敌。

王赓武认为，与西班牙人相比，闽南人所占优势甚至更大些。

> 菲律宾群岛就在近旁，中菲之间的海域畅通无阻，闽南人在数量上又远比西班牙人为多。而且，西班牙人处在一个庞大的帝国较弱的一端，更受到抱有敌意的葡萄牙人和摩洛人船队的制约。在吕宋的闽南人社区倘若不去主宰政治经济事务的话，按道理应该能够掌握自己的命运。

这些观察出自华裔学者们笔下，或许难免有着某些民族主义情感的影响，但西方学界对于当时中华帝国海洋力量的认知，甚或有以过之。荷兰学者梅林克·罗洛弗茨就认为，由于中国海商控制了万丹等许多市场的中介贸易，更由于他们深入东南亚乡间进行零售收购与销售，中国海商建立了从产地到消费市场的商品营销链条，并始终控制着东南亚至中国内陆的物流网络。因此，欧洲海商只能是在这一框架及其规则之下才能立足，分沾利润与开拓新的领域。也就是说，西方贸易在一定程度上是东方贸易网络向西方的延伸。

即使是在帝国以禁海为主的海洋战略控制下，中国的海商还是具有巨大的势能。西方势力进入东方世界时，尽管武装力量及航海技术相对而言占优势，但在16世纪前后的国际贸易竞争中，并非占有绝对优势。直至明末，中国海商几乎掌握了东南亚地区主要的贸易网络，这也是西方史界认可的。

海权的争夺

　　一些西方学者强调，在 16 世纪以来的全球化过程中，西方势力能够进入东方，最主要的原因还在于当时的印度洋至太平洋西岸海域出现了权力真空，这一真空正是中华帝国退出海洋所留下的。美国社会学家珍妮特在其《欧洲霸权之前：1250—1350 年的世界体系》中就提出：印度洋区域内的势力范围依据地缘势力及季风环境构成三个圈，其西部由穆斯林控制，东部由中华帝国控制，而中部地区却是印度的势力范围。但到 14 世纪后半期时，这三种力量均出现衰败，尤其是随着中华帝国的退出，整个印度洋区域出现了权力真空，葡萄牙人等西方势力的崛起正是基于这一机会。

　　她还引用乔杜里的说法：在葡萄牙人于 1498 年到来之前，这里没有任何政治力量试图有组织地控制亚洲的海上航线和远程贸易，没有任何一个国家或帝国主宰过一个整体的印度洋及其各个部分。

　　这些说法真的能够解释近代以来决定全球政治格局的东西力量转圜么？

　　事实上，葡萄牙人进入的区域并非权力真空，毕竟东方世界有着成熟的文明与贸易网络。在葡萄牙等西方人进入印度洋之前，华人就已经在这个领域有着十分频繁的活动且掌握着主动权。西方人来到东方，不仅面临着大明帝国官方的强大制裁力量，同时，他们更需要与无处不在的中国海商打交道。如果海权并非仅仅指主权（那是主权理论成熟之后的事了），则海洋财富的占有，以及为此目的而形成的对货物的控制、航线的开拓与垄断、商业网点的建设与布局、势力范围的圈定等等与贸易相关的权力，都可以理解为海权的话，则自西方势力进入印度洋及南中国海区域之前及同时，海权的争夺就已经存在，并随之强化。因此，可以说并不存在所谓的"印度洋—南中国海"权力真空这种状态。

晚明时期，郑氏家族对于海洋的争夺与控制就是例证。

《台湾外纪》中提及福建海澄人颜思齐，他曾因命案逃匿日本，寓居长崎，后招纳陈衷纪、郑芝龙等人而坐大，并迅速崛起为重要的海商人物。在其由日本向中国大陆的发展中，颜思齐采纳了弃舟山而控台湾的战略建议——"台湾为海上荒岛，势控东南，地肥饶可霸，今当先取其地，然后侵略四方"。其战略意图就是以台湾为基地向海洋扩张，占有周边的海域。颜思齐以台湾北港为基地，"兴贩琉球、真腊、日本、朝鲜、占城、三佛齐等国，兼于东粤、八闽沿海郡县抢掳"，其"权力"范围横跨海陆，此后横绝海上的郑氏海洋霸权就是在此基础上建立的。

《花村谈往》记载郑芝龙海上势力，有如下描述：

> 凡海盗皆故盟或门下，自就抚后，海舶不得郑氏令旗不能往来。每一舶例入三千金，岁入千万计，芝龙以此富敌国。自筑城于安平，海梢直通卧内，可泊船径达海。其守城兵自给饷，不取于官……故八闽以郑氏为长城。
>
> 从此海岛宁靖，通洋贩货内客、夷商皆用飞黄旗号，联帆望影，无徼无虞，如行徐、淮、苏、常之运河。半年往返，商贾有廿倍之获。

在郑氏海洋霸权下，葡萄牙人以及此后的西班牙人想要进入中国海进行贸易，都必须听从他的号令，遵循他的规矩。荷兰人更是主要通过郑氏集团购买货物，转贩欧洲市场，这几乎成为此后中西贸易的基本模式，这种模式造就了一种巨大的国际贸易空间。据荷兰东印度公司《巴达维亚城日记》等记载，1633—1638 年（崇祯六年至十一年），每年从大陆载运货物往台湾的郑氏帆船，少则几十艘，多则一二百艘，有时一个月就有二三十艘。

独占与分享，垄断与自由，东西之间的冲突从其接触开始就颇为激烈，但优势毕竟属于东方主场，海权归属最终也是由主场说了算。因此，当荷兰人以军舰强迫开市时，郑氏集团则以更强大的军力对抗；当荷兰人在海上掠夺中国商船、强征船税时，郑氏集团则勒令他们赔偿损失，返还船、货，退回税金，否则不准通商；荷兰人要到漳州等地贸易，则须征得郑氏集团的特许。显然，西方人面对的是一个强大的海上力量，而非权力真空。尤其是，郑氏霸权具有高度的灵活性，对西方"客人"，他以贸易对贸易，以武力对武力，以海盗对海盗，始终保持着绝对的主动。

尽管大明帝国在郑和之后确实不再有过那种远征海洋的雄心，也有过从国家层面而言的严厉海禁政策，但这并非意味着海洋权力的真空。因为在帝国权力之外，中国海商的力量及其对海权的控制，甚至可能比大明帝国的组织化力量更大。

"远东转向"，一个制度比较

如此强大的海商力量何以没能抑制西方势力的进入？何以没有助力中华帝国的海权争夺？尤其是，史学界一般认为，西方的崛起与其诸民族国家对海商力量（包括海盗）的利用有着直接的关系。中西之间"大分流"是否可以从这一角度发现某种隐秘的逻辑？

嘉靖四十三年（1564），3艘葡萄牙舰船进入琼州海口前港时，海盗施和率领部众进攻，《琼州府志》记载说"佛郎机桅折，避入港"。葡萄牙人寻求大明帝国官方的保护，结果是，琼州指挥高卓统帅官兵及黎族出动，攻击施和，施和设伏，击败官兵。

　　嘉靖四十四年（1565）西班牙人侵入吕宋，隆庆五年（1571）侵占马尼拉（吕宋在西班牙人占领后改名菲律宾），海盗林凤率舰62艘，士兵4000余人，外加妇女1500人，由澎湖启程，直指菲律宾。西班牙人紧急动员，组织一支数千人的军队反击，双方僵持四个多月。此后西班牙与明王朝联合围剿林凤舰队，《万历武功录》记载："招番兵五千人，焚凤舟几尽，仅残遗四十余艘，凤不能婴城自守，复走潮。"

　　西班牙人因参与征剿林凤，获得了明王朝的嘉许，"礼部议赏吕宋番夷"，许其入贡。

　　对于这些"海盗"史实（更详细的史料参见郑广南：《中国海盗史》），中外关系史家张星烺评价道："明朝海禁尤严，下海者即视为奸民、盗贼，故中国海外势力不伸，以视英国以前收用海盗德雷克以抗西班牙，获得海上霸权者，诚不啻霄壤矣。"

　　这一评价确实是一语中的，但背后的原因却需要进一步深挖。何以欧洲国家能利用海盗并由此成功扩张海权，而中华帝国却总是"以夷制贼"从而丧失主动？原因当然十分复杂，但或许最核心的，还是在权利的分享与分配这一制度的性质上。

　　《葡萄牙帝国在亚洲：1500—1700》一书中有一则"战利品分配"附表，表述如下：

　　　　其中国王占20%，国库占53.3%

　　　　余下的部分（共26.6%）依据以下比例分配：

副王占 25%

克拉克帆船船长占 10%

卡拉维尔帆船船长占 6%

船长兼领航员占 4%

船长占 3%

领航员占 3%

武装水手（每人）占 1.5%

士兵（每人）占 1.5%

其他占 46%

    书中还说，这项规定不仅适用于王家船只的海盗行为，也适用于私人海盗业。依据这项规定，不上交五分之一所得的海盗被称为 alevantados，即"标新立异者"或"自行其是者"，而非"反叛者"。由此，"海盗"不仅被纳入国家管理之内，且与"国家"共享权利。而现代政治学所谓"民族国家"的秘密，就在这张附表中得到了全面呈现：国家并非一个抽象的存在，并非至高无上的主权占有者，而是国王与民众共有的资产，这一资产可以明确到各自所占份额，犹如现代公司制度中的股份分占与红利分配。有趣的是，几乎就在同一时间，欧洲国家在印度洋开拓时，都是以"东印度公司"这样的现代股份公司体制为其海洋拓殖之先锋（荷兰于 1602 年合并诸多公司建立了"联合东印度公司"），"公司"得到国王的特许，具有组建军队、宣战、媾和、发行货币等等特权，当然，其内部的权益也是按照公司法、依据股份比例分派的。这样，抽象的主权就能换算为每个个体的具体而直接的利益，国民为自己而战，而扬帆远征。从这一角度看，所谓的民族国家，就是自己的国家，这正是"合众为一"的精神所在。

中华帝国的主权概念则是"普天之下莫非王土，率土之滨莫非王臣"，不仅国土属于皇帝家产，甚至臣民人身也任由帝王予取。帝国的统治就是控制与垄断，任何"染指"就是大逆之罪，这不仅导致官僚机构只能以杯葛的形式对抗帝王私人扩张，臣民个人的谋利无论就法律还是道德而言都是犯罪（原罪），这也即帝国总是将海商逼成海盗，将海盗逼成造反者的体制根源。为了生存，这些备受打压的海商，"实际上沦为西班牙人扩张的工具"（王赓武、李原、钱江：《没有帝国的商人：侨居海外的闽南人》）。

马克斯·韦伯以家父长制概括中华帝国的这种国家形态，在这种国家形态中，官僚体系是接受俸禄的雇佣者，臣民是没有权利的剩余价值生产者，唯一拥有人格（权利）的是君主个人，韦伯认为这是中华帝国走向现代化的最大阻碍。如此说来，则东西方之间的"大分流"，从西方视角看，确实始于 15—16 世纪，但并非"远东转向"——东方世界自那位创造"千年尤行秦政治"的始皇帝起就沿着一条变本加厉的家父长制道路行进——而是西方自身从帝国向民族国家转型这一历史巨变。

边缘力量何以无法改变帝国决策

> 欲国家富强，不可置海洋于不顾，财富取之海，危险亦来自海上……一旦他国之君夺得南洋，华夏危矣。我国船队战无不胜，可用之扩大经商，制服异域，使其不敢觊觎南洋也……

这段话出自法国学者弗朗索瓦·德勃雷《海外华人》一书，据说是郑和对仁宗朱高炽要求保留船队时说的话。德勃雷引用这段话时表示，早在国际海权意识兴起之前，明代大航海家郑和就已经具有清晰的海权意识了。尽管国内的郑和研究专家如郑一钧（见其《论郑和下西洋》）等并未确证这段话，也未找到文献出处，但却做了某种曲折的解读。他认为，如果考虑郑和的穆斯林血统及其文化背景，这种早发的海洋意识完全是可能的。因为，在明以前的全球史中，伊斯兰世界始终是东西文化的中介，是海上与陆路贸易的主要代理人，郑和所表达的，只不过是伊斯兰世界最基本的国际理论。同时，郑和所生活的泉州，自宋元以来本就是一个国际性大都市，泉州、广州等沿海城市又曾是穆斯林族群的聚集中心（其实在唐之前，波斯等海商就大规模移居泉州、广州等地，至唐末黄巢攻陷广州时已经发展成巨大的独立社区，史籍有"五世蕃客""土生蕃客"记载）。何况闽、浙、广沿海民众，本来就具有耕海为田、靠海为生的传统，自然具有强烈的海洋意识，尽管海权观念是近代以来的产物。

不过，这些话题背后，多少蕴含着某种对边缘意识的强调。毕竟，无论是作为穆斯林的郑和，还是作为沿海的闽广，都处在帝国的边缘——地理的与文化的，但其对历史的影响究竟有多大，还是需要放在帝国的整体背景中进行考量才是。

郑和档案的命运

从历史的后见之明看，郑和的远航算得上壮举，但如果放在当时的语境中，其意义可能被严重夸大了。至少，郑和的行踪在明清两代的历史叙事中是很微弱的，微弱到原始史料稀缺的地步。从"郑和史学"的发展脉络看，或许可以说，郑和下西洋的宏大历史叙事，乃是20世纪30年代民族主义史学兴起之后的"发现"与"重写"，且首先是从伯希和等西人的"启蒙"中引入的"新发现"（此处不详说）。

清初编纂的《明史·郑和传》将郑和下西洋的次数错记成6次，但这个错误并非明史编纂者的错，而是自《明实录》承袭而来。奇怪的是，作为明朝官方文件的"实录"，对于郑和下西洋的记载也是不完整的，《明成祖实录》和《明宣宗实录》中的记载也是6次，7次远航的确认已经是1935、1936年代的"史学成就"了。

错误的缘起在郑和档案的"遗失"，或者说是被销毁。

明英宗初继位时，打算再度派人步郑和后尘远航西洋，遭到朝中大臣阻拦，不了了之。成化年间，明宪宗重提下西洋事，再次遭到大臣的抵制。《殊域周咨录》载：宪宗下诏索要《郑和出使水程》，兵部尚书项忠命官吏入库检索郑和旧案，遍寻不到，据说是被车驾郎中刘大夏藏匿起来了。项忠鞭笞下属，命令他继续入库翻检，在档案库中整整找了三日，"终莫能得"。

等到御史们上书阻止时，项忠诘问府库官吏："库中案卷宁能失去？"刘大夏在旁回答："三保下西洋费钱粮数十万，军民死且万计，纵得奇宝而回，于国家何益！此特一弊政，大臣所当切谏者也。旧案虽存，亦当毁之以拔其根。"

郑和出使水程案卷包括全部下西洋的原始资料，如皇帝敕书、郑和船队的编制、航海日志、账目、航海图等，这些在当时就已经找不到了。大多数史家认为是被刘大夏烧毁，不过也有一些研究者认为，迟至万历末年（1620）兵部仍存有郑和下西洋的档案（比如流传至今的《郑和航海图》就收录在茅元仪的《武备志》中，茅生于万历至崇祯年间，其祖父茅坤是一位军事家，曾参佐胡宗宪戎幕，出任过兵部官员，且参编过《筹海图编》，茅元仪的资料可能出自他祖父，因此，或许茅坤曾接触过郑和航海水程等档案）。

但无论是销毁还是私藏，郑和档案的命运都足以说明问题：郑和的影响被遏制，弗朗索瓦·德勃雷提及的"海权意识"如果真的曾经有过，也是被帝国官僚们彻底边缘化了。

"郑氏海洋帝国"的崛起

郑和以穆斯林的边缘身份成功打入决策中心，从而部分影响过大明帝国的历史进程，晚明时期的郑氏海洋霸权则是走了另一条影响帝国决策的路径，虽然同样是以失败告终。

首先需要说明的是，郑芝龙，还有一个洋文名字叫 Nichoias Iquan，尼古拉·一官。

尽管郑芝龙出生于福建泉州府南安石井乡，但他是一个到处漂泊的"浪子"，他与葡萄牙人接触之后信奉了天主教，取了教名贾斯帕，另名尼古拉，因此西洋人都称他叫尼古拉·一官。但他的发迹却是在日本平户，并娶平户藩家臣田川七左卫门之女田川松为妻子，因此，其子郑成功（归顺明廷后改姓朱，称国姓爷）至少有一半日本血统。由此，一些史家戏称郑氏家族属于"国际化"家族，或者是"国际浪人"（李伯重说法），一个典型的"边缘"人物。

郑氏家族的海洋意识，可以从流传下来的郑芝龙航海图（即前面提及的"塞尔登的中国地图"，考古学家林梅村认为它即是早已失传了的郑芝龙航海图，参见林梅村《观沧海》一书）管中窥豹。

这幅图展示了郑氏海上贸易的范围，也可以说是其势力范围。地图标识的一条航线是泉州—古里—忽鲁谟斯（今伊朗霍尔木兹岛）—阿丹。图中并标出具体的"针路"（即航线），由古里转向波斯湾、阿拉伯半岛的航线则用注记说明。

"郑芝龙航海图"注有地名500多处，在这些地名中，外国地名有300多个，多为马来半岛、印度半岛、阿拉伯半岛沿岸地名。一些无名的偏僻处，还注明"有人家"字样，应该说，这些地方都是郑芝龙家族船队实地到过的。

从大明帝国视角看，郑芝龙海商家族是南中国海地区最大的"海盗"集团，无疑是帝国的敌体，是其对外政策的破坏者与反对者。但官员们却敏锐地发现，郑芝龙并非单纯的海盗，而是有着更大的意图。曹履泰《靖海纪略》说他"假仁假义，所到地方，但令'报水'，而未尝杀人，有彻贫者，且以钱米与之，其行事更为可虑耳"（"报水"是指其勒索富民以助饷，即所谓劫富济贫）。《明熹宗实录》还记载说："遇诸生则馈以赆，遇贫民则给钱"，显然，官员们是明白其意图的。所以，这些官员们发出警报，说"芝龙初起时，也不过数十船耳。至丙寅而一百二十只，丁卯遂有七百，今并诸种贼计之，船且千矣"。其迅速坐大的实力令大明王朝震惊，崇祯继位后，下令兵部与福建巡抚招抚，也是出于其势力已经不可忽视等原因。

显然，接受招安其实正是郑芝龙意图所在，所以一旦崇祯有意，郑芝龙就十分乖巧地做出回应，所谓一拍即合。尽管一些维护其形象的历史学家更愿意相信他是为了救济灾民而与明廷妥协，说是"甘心委屈就抚"（方豪提出接受"招安"乃出于拯救闽南灾荒），但如果考虑到郑芝龙祖上曾为泉州府库吏，考虑到其与荷兰东印度公司的竞争，以及与其他海商的冲突，或许可以说，郑芝龙"假仁假义"的举措中，本来就设下了这样的伏笔。

此后郑芝龙拥有亦官亦商亦盗的多重身份，以及由此身份获得的权势，其能与国内国际各方力量合作，多少得益于此举。其贸易伙伴涉及葡萄牙、西班牙、英国、日本、荷兰以及众多的穆斯林海商。1633 年的料罗湾海战中，他击败当时欧洲最威猛的荷兰舰队，控制台北基地，从而建立了横跨东海和南中国海的强大海洋霸权，成为17 世纪最强悍的海商集团。

假如闽广入主中央

华侨史家王赓武由此提出一个话题：假如闽广海商能够入主中央，直接主导明清帝国的海洋决策，中华帝国此后的命运或将完全改观。

历史学称这样的话题为"反条件历史假说"，某种专门关注"未曾发生过的历史"的史学。历史学之工作本意在研究曾经发生过的事实，何以这些历史学家们总是无法释怀"未曾发生过的历史"呢？其实，这样的提问，一方面出自鲁迅式的哀其不幸的焦虑，另一方面也是在反思历史，对帝国决策机制进行拷问：何以海洋意识不能成为中华帝国的主导战略？中国的近代转型究竟面对着什么样的障碍，以至于如此困难重重？

不过话说回来，这些边缘力量多少是影响过帝国决策的，甚至，可以说它本身就是帝国战略的组成部分。一般史家仅仅注意到郑和远航所追求的"扬声威于四夷"这一大肆张扬的目标，但民国史家向达先生却早就指出过，郑和远航还承担着帝国对伊斯兰力量扩张的警惕以及某种战略安排：了解其在印度洋领域内的渗透状况并最终决定帝国在西北的攻守——郑和远航只是这盘大棋中的某个看似闲子的局部运筹。因此，当局势改变时，郑和的使命也就终结了。[1]

---

1 中华帝国与伊斯兰世界的关系是国内学界薄弱的领域，一些重大事件因此被忽视，而具有多语言背景的西方学者在这方面的成就往往令我辈汗颜。比如哈佛大学远东史研究专家约瑟夫·弗莱彻就曾从伊斯兰文献中找到一件朱棣的信，揭示了一系列重大的外交事件。朱元璋、朱棣曾于1395年、1402年派遣使团前往帖木儿帝国，虽然1402年使团遭到侮辱，800匹骆驼被抢，使臣被绞杀，但1409年，朱棣还是再次派遣一支使团前往，当帖木儿帝国继承人沙哈鲁·伯哈德（幸福可汗）向大明帝国示好并派出使臣之后，朱棣再次派出使臣回访。1412年的使团带去了这位自称"地上之主"（汉文应为"朕统御天下"）的皇帝的敕令，文中表示要对所有的人"一视同仁、无间遐迩"，

就晚明的郑氏海商集团而言，其实他们也曾影响过帝国整体战略。"招安"本来就是传统政治中边缘力量进入帝国核心的某种制度性安排，通过这一路径，郑芝龙进入体制，且官位直线上升，由副总兵而总兵，而南安伯，而平虏侯，而平国公。处于边缘的海商力量获得了前所未有的政治地位与控海权力，其对帝国的战略决策，至少在晚明，尤其是在明清易代之际有着举足轻重的作用。

然而，这种起自边缘的力量并未从根本上推进中国的近代转型，这是为什么？我们要追索的核心问题，应在这里。

其实，王赓武先生自己至少是提供了某种答案的。

他指出，郑氏家族三代人能够掌控一个世界性的海上霸权，其历史条件有三：其一是中央帝国本身的衰弱，从而，使其对海上的关注与管控能力减弱；其二是地缘格局中不存在更大的挑战力量，比如日本德川幕府当时因其封闭而退出竞争，不构成真正的对手；其三是荷兰与西班牙之间的激烈竞争造成了可资操纵的空间，郑氏家族得以在其间施展拳脚，并通过他们建立了与欧洲大陆的商贸往来。

这一观察，有些像前文"远东转向"中提及的那种权力真空，边缘力量大约只是某种暂时性的替代，算不得帝国的长期决策。因此，

且"用第二人称单数和谦逊的词句称赞沙哈鲁·伯哈德是一位很好的统治者，称赞他派遣使节向中国皇帝表达敬意"。此后双方外交使团往返频繁，1418双方互派使团的史实且被《实录》记载在案。尽管那封明显具有"对等"风格的外交信函在中文史料中并不存在。在这封"大明大皇帝致沙哈鲁苏丹"的信中，朱棣写道，吾两国"是远隔万里之遥，而友谊固存，心心相印，明如镜鉴"，并表示此后"吾两国之感情必日增，使节及商人常川往来，永不中辍"等等，约瑟夫由此评论说，朱棣在此函中抛弃了他是沙哈鲁的宗主的说法，把沙哈鲁当作平等的政治伙伴。他认为，这种态度的变动与帝国的强弱相关，当其强大时，则向外拓展并做出外交让步，而弱小时则实行排外主义和禁商政策（参见费正清编：《中国的世界秩序：传统中国的对外关系》）。

似乎也就没有真正回答王赓武自己的话题。

不过再进一步深挖，这一问题则会更加明晰。在郑芝龙进入帝国体制后，由其主导的海洋战略与大明帝国并没有太大的区别。在他"芟除夷寇""剿平诸盗"的战略指导下，郑氏以八年时间逐一剿平当时的中国"海盗"，李魁奇集团（与郑芝龙一起被招安），杨六、杨七集团（原郑芝龙同伙），褚綵老集团，钟斌集团，刘海香集团（剿灭刘海香集团的战争十分酷烈，史籍有"此诚东南血战第一奇捷"的记载），福建、广东沿海的海盗，这些曾经与郑芝龙一起战斗、合作，与郑芝龙一样曾经是海商兼海盗的集团，由此一一覆灭。郑芝龙此举，表面看，不过是履行其加盟帝国体制的承诺（或者称之为投名状），但实质上还是在履行帝国的海洋战略。唯一的差别是，"主权"由帝国转移至郑氏家族之手，故，虽然他赢得了"从此海波不扬，濒海百万生灵得以安居乐业"的美誉，但也有说法称其"拥重兵专制海滨"，"上至台、温、吴淞，下逮潮、广，近海州郡皆报水如故"。（《明季北略》）边缘力量入驻帝国权力框架，改变的仅仅是以家族独裁替代国家垄断，原来多少共有的海权成为郑氏家族的私人独占，战争仍旧是其主要手段。

西方的举措及其认知

前文说及荷兰人为从事远东贸易，于 1601 年组建联合东印度公司。1605 年，荷兰舰队司令琼治（Matelieffde Jonge）率领 11 艘舰只抵达东方，带来致中国皇帝的信，请求与中国建立贸易关系，但以失败告终；此后的 1608、1609、1617 年，该东印度公司多次下达开辟对华贸易命令，均以失败告终。因此，他们认为需要以武力叩击中国的大门，以更加"有效"的方式向帝国决策中心传达信息，获得贸易机会（如果考虑到葡萄牙人进入中国的悲剧性遭遇，荷兰人的这一决策也就能够理解了）。荷兰档案记载：

> 据我们所知，对中国人来说，通过友好的请求，我们不但不能获得贸易许可，而且他们将不予以理会，我们根本无法向中国大官提出请求。对此，我们下令，为节省时间，一旦中国人不做出任何反应，我们不能获得与中国贸易，则诉诸武力，直到消息传到中国皇帝那里，然后，他将会派人到中国沿海查询我们是什么人以及我们有何要求。

为使信息达到帝国的"中心"，荷兰人的决策是："需要在整个中国沿海地区尽力制造麻烦，给中国人以种种限制，从而找到适当的解决办法。"当然，这种"海盗式"的行径，在大明帝国官僚的眼中，绝不仅仅是在传达信息，简直是对天朝上国的挑衅。于是，本来就不时劫掠荷兰船队的郑芝龙，这下便以国家的名义，于1633年对荷兰人发动料罗湾海战，重创荷兰舰只，荷兰人被迫每年向其缴纳12万法郎的保护费，才得以航行中国海域。1661—1668年的热兰遮战役更是将荷兰人逐出台湾，控制了南部海域的海权，规定"海舶不得郑氏令旗不能往来。每舶例入三千金"。郑氏家族不仅迫使西方各国海商"皆飞黄旗号"（飞黄旗号是郑氏海商的标志），且坐收保护费，其手段相比于帝国的朝贡贸易有过之而无不及。

由郑氏开创的这种中西交往模式，并未改变中华帝国对外交往传统，而是以更粗暴的方式强化了这一传统。从此后的全球化历史进程看，这种模式与近代国家转型是完全背道而驰的。

王赓武先生以"没有帝国的商人"为标题表达了一个假说：福建等沿海区域有着强烈的海权意识与深厚的海洋文化，但帝国并未为这些边缘群体提供保障，中华帝国在与西方世界的竞逐中因而丧失海权，处处被动。西方学界似乎也关注到了这一点，世界体系论者沃勒斯坦认为，中华帝国在海权上的失误，主要原因在其集中化的决策机制，无法将海商等边缘意识纳入核心决策之中。

沃勒斯坦还提出进一步的说法：15世纪的欧洲和中国在一些基本点上没有重大差别，人口、面积、技术状况（农业技术和航海工艺），即使存在着某些差别，也很难解释下一个世纪的世界大分流。造成这种大分流的原因在于，中华帝国的一切重大决策都被集中化了，帝国关心的首要问题是维持"天下"秩序，帝国体系"否认国家才是变革的杠杆"。

沃勒斯坦如马克思一样，强调国家在社会发展中的重要作用（马克思在分析印度与中国无法实现变革的根源时提出，"因为在这里直接的政治权利没有给予帮助"），或许触及某种实质性症结。确实，国家的战略意识与定位在近代化与社会转型过程中起着决定性作用，而能否接纳边缘意识又是其战略转变的关键因素。但帝国的决策中心与边缘之间的遥远距离及决策中心的强固官僚结构，又在在阻碍着帝国政治变动的可能，边缘力量要想改变帝国的最终决策，需要突破的制度障碍与意识形态关卡几乎无穷无尽、关山重重。

这些寻求贸易机会的西方人在中国所面临的困境，其实也正是中华帝国体制的内在困境。由此，中华帝国的近代转型就成为一个世界性的难题。

帝国战略重心为何锁定在北部

思想史家葛兆光在《从"西域"到"东海"——一个新历史世界的形成、方法及问题》一文中，曾引述过一个故事，说 17 世纪初，葡萄牙传教士鄂本笃（1562—1607）曾试图打通中亚到北京的陆路，尽管他最后抵达目的地，但其旅途留下的记录却令人气短。他说"愈前行，危险与疲劳渐增"，一路上，他不得不"始终与盗贼、水灾、山岭、风雪相争斗"，缺少食物和水源的戈壁也令他吃尽了苦头。

葛兆光从这则小事引出自己的结论性陈述：

> 道路畅通交流便繁荣，渠道壅塞来往就困难。郑和七下西洋象征着东海海路的逐渐兴盛，而鄂本笃的经历则象征着西部交流的逐渐淡出，因此"西域"作为亚洲历史、文化和宗教交融中心的历史，在……元……以后差不多

即告一段落。其实，自从唐宋两代中国西北丝绸之路相继被吐蕃、契丹、西夏、女真、蒙古遮断，而"背海立国"的宋代逐渐把重心移向东南之后……或宽阔或狭窄或交错或宁静的"东海"，似乎渐渐取代"西域"，成为元明以后中国更重要的交流空间，同时也因为政治、经济与文化上的种种原因，日本、朝鲜、琉球、越南以及中国等等，在这个空间上演了彼此交错与互相分离的复杂历史，这使得"东海"成为一个相当有意义的历史世界。

这段话似乎在揭示某种全球史的大趋势：随着中亚区域政局的动荡，中国历史上联系欧洲的重要通道"西域"之历史地位已经下降，天下大势发生了根本性的陆海转圜，这一"风水轮转"从唐宋时代就已经启动，元亡以后的大明时代，世界历史已然转移至海洋时代。

确实，从全球史角度看，随着大航海时代的到来，中亚地区的战略地位已经衰落，全球物流及信息流也转移至东海，这一区域构成了此后全球化浪潮中的核心区。然而，问题是，大明帝国的决策者们似乎完全无视这一时势转圜，不仅"历史性地""倒退"至"背海立国"的老路，从而错失机会，而且几乎将全部力量集中于北部经略，这究竟是大明帝国官僚们的短视，还是别有原因？

从朱元璋建国至大清垂亡的近五百年，中华帝国的战略重心几乎都在北部，这是否仅仅一个"认知错误"就能解释清楚？

帝国战略重心始终在北部

《明史·兵志·边防》载：

元人北归，屡谋兴复。永乐迁都北平，三面近塞。正统以后，敌患日多。故终明之世，边防甚重。东起鸭绿，西抵嘉峪，绵亘万里，分地守御。初设辽东、宣府、大同、延绥四镇，继设宁夏、甘肃、蓟州三镇，而太原总兵治偏头，三边制府驻固原，亦称二镇，是为九边。

洪武九年（1376），刚底定东南不久的朱元璋就下令汤和等赴北守边，其敕令中有："自古重于边防，边境安则中国无事……虏人聚散无常，若边防不严，即入为寇，待其入寇而后逐之，则塞上之民，必然受害。朕尝敕边将，严为之备，复恐久而懈惰，为彼所乘，今特命卿等率众以往，众至边上，常存戒心，虽不见敌，常若临敌，则不至有失矣。"

洪武三十一年（1398），朱元璋给时为燕王的朱棣下达敕文，也说：

今虽海内无事，然天象示戒，夷狄之患岂可不防？朕之诸子，汝独才智，克堪其任。……攘外安内，非汝而谁。已命杨文总北平都司，行都司等军。郭英总辽东都司并辽府护卫，悉听尔节制。尔其总率诸王，相机度势，用防边患，又安黎民，以答上天之心，以副吾付托之意。

——《明太祖实录》三十一年五月乙亥二十九日

在给其他部将的命令中，朱元璋还具体部署了北部防守兵力："步军须十五万，布阵而待。令武定侯、刘都督、宋都督翼于左，庄德、张文杰、都指挥陈用翼于右。尔与代、辽、宁、谷五王居其中，彼此相护，首尾相救，使彼胡虏莫知端倪，则无不胜矣。"（《明太祖实录》三十一年四月乙酉九日。尽管这些文献曾被认为是成祖朱棣夺位后伪造，但依据南炳文先生的考证，认为属实。)

这些史料说明朱元璋对于北边防务的重视，这一点在朱元璋治下可谓始终一贯。其战略也为此后的成祖朱棣所继承，他在继统之后举全国之力修筑长城，规划九边防卫体系，并一再发动征剿元朝遗族的战争。史籍说他"五出沙漠，三犁虏庭"，历史上的皇帝无出其右者，可见其对北部战略的重视。

日本学者指出，明初皇帝们苦心经营的就是如何控制北邻的劲敌元朝的残余势力，太祖、太宗（成祖）的方略是：从东、西、南三面进行包围、压制，发动连续性的战役。如洪武三年、洪武五年、洪武二十年和二十一年、洪武二十三年（1370、1372、1387、1388、1390）的五次战役，以及洪武二十四年（1391）的战争；永乐七年和八年、永乐十二年、永乐二十年至二十二年（1408—1409、1414、1422—1424）等一系列大规模战役。战争所动用的兵力，洪武五年是15万，二十年是20万，二十一年是15万；永乐七年是10余万，八年和十二年成祖亲征时的兵力达50余万，此后因国力不继，兵力减少，但每战军力动员也在几十万。

但这些密集的战争打击并未解决蒙古问题，一定程度上还加深了边患危机，使得终明之世，大明帝国都被牵制在北部边防，原因何在？

和战不定的北部政策

谷应泰在《明史纪事本末》一书中曾对朱元璋的战略有过指责，说徐达在攻占元大都（北京）之后，并未一鼓作气，将元势力剿灭，而是按照朱元璋"不烦穷兵"的训令（朱元璋要徐达在蒙古力量"出塞之后，固守封疆，防其侵可也"），屯兵塞上，结果，"元亡而实始未亡"，不仅仍旧有百万"引弓之士"、土地数千里，且"驼马牛羊，尚全而有也"，这样，就造成了明史上史不绝书的"北虏寇边"。

谷应泰的春秋笔法看来严正，却并非平情之论，就"以武力有天下"的朱元璋而言，其意图何尝不想一举而征服元朝遗族。但常年征战早已弄得东南一带民不聊生，何况元末以来北部荒凉以至于数百里无人烟，全靠江南支持。其时其势，朱元璋想要"一举歼灭"元朝残余势力，是心有余而力不足了，就算有"宜将剩勇追穷寇"的豪气，也无实现其南征北战的财力与意志。所以，终明之世，帝国北部的威胁一直没有解除，因而有所谓"重兵之镇，惟在北边"一说。

事实上，这种国力强弱决定性地影响着大明帝国的对外战略，其与蒙古诸部落之间的战和不定局势，多少与此有关。仅以俺答封贡而言，嘉靖八年（1529）俺答"寇边"，此后于九年、十年、十九年、二十年、二十一年、二十三年、二十四年（1530、1531、1540、1541、1542、1543、1544）等多次犯榆林、大同、宣府、陕西等地，二十一年且由大同经太原南下，自六月至七月，大掠 10 余卫所，38 州县，"杀男女二十余万，牛马羊豕二百万"，"焚公私庐舍八万区"，帝国士兵竟然无法阻挡，使其如入无人之境。但俺答的战略意图并非征服，而是求通贡互市，因此，多次提出启动双边贸易的要求，直至二十六年（1547），总督宣（府）、大（同）侍郎翁万达上书转达，说"俺答请求入贡，乞参酌其可否"，但这次请求被巡按御史黄汝桂以"贡亦寇，不贡亦寇，外寇之故习"加以否决。二十七年、二十八年、二十九年（1548、1549、1550），俺答接连犯边，其中二十九年且兵锋由古北口长驱直入，抵通州、密云、昌平等处，主力直指京师。俺答兵锋逼近京师，令朝野震动，但他毕竟无意征服，故于这种示威性的掳掠过后仍旧请求入贡，三十年（1551）春三月，朝廷才最终将通贡之事交付廷议。

《明史纪事本末》载：初，俺答投书宣、大总督苏佑，请求通市，而咸宁侯力倡北伐，皇上畏怯，只好秘密派遣使臣联系俺答之子，暗示由他们提出互市请求。苏佑传报朝廷后，帝命群臣集议，但因咸宁侯力主征战，群臣不敢反对，嘉靖也只能表面听从，而暗中派兵部侍郎前往大同总理互市。不过此举遭到了兵部员外郎杨继盛的反对，他上疏抗议，提出"十不可""五谬论"的强大理由，说：互市即和亲，"忘天下之大仇，其不可一"；北伐之诏已下，天下日输兵粮以助京师，此时和议则"失天下之大信"，二不可；"以堂堂天朝而下与边臣互市，冠履倒置，损国家之重威，其不可者三"云云。此外还有俺答狡黠，不可轻信等等说辞，以及对五种"谬论"的批驳。"疏奏，帝连阅，颇然之"——本来倾向通市的君主也被说动，但他还是将杨继盛的奏章下发内阁及礼部、兵部讨论，召会大臣集议。严嵩等"唯唯莫敢以为是"，尽管不敢苟同，但也不敢反对，而咸宁侯则改变态度，怒曰："竖子目不识兵，宜其易之"，结果是"帝意中变"——君主之意志又动摇了。他将杨继盛下狱拷问，并贬官惩治之。

《穀山笔麈》还有一则更令人哭笑不得的有趣史料，抄录如下：

> 万历辛卯，西虏火罗赤据有捏工、莽喇二川，侵扰河、湟，西边震动。朝廷遣安肃郑公洛率兵经略，而以泾原魏公学曾总督三边军务。郑公主和，魏公主战，庙堂主郑〔和〕，台谏主魏〔战〕，乃下九卿集议。予从诸公入，诸

公皆有成画，不过借廷议为名以塞台谏之口，而予不知也。

作者于慎行（隆庆进士，1545—1608），时为礼部尚书，他的发言是：

> 虏若入犯，无纵敌不击之理，虏若不入，无出塞追捕
> 之理……况此等小夷，鞭笞可使，如许其纳款，请无曰
> "和"，以"抚"字代之，如许用兵追讨，请无曰"战"，
> 以"剿"字代之。王者之师，有征无战，"战"字且不可
> 轻下，况招纳犬羊就我羁哺，安得以"和"字为言？

于慎行自以为此论严谨方正，不偏袒一方，故具有"杀伤力"。
他在笔记中说，此后朝廷的政策，多少采纳了他的这种"义正言辞"
的主张。

这就将和战之生死抉择问题转换成一种"名正言顺"之类的言辞
修饰，这样的"以文字为战略"的名教行为，多少主导着帝国最高层
的决策思想。

廷议于是变成了纯粹的虚应故事，而最后的拍板权当然在乾纲独
断的君上，好在打怕了的皇上最后做出了和议的裁决，也即接受其互
市请求。直到1571年历史上所谓的"隆庆和议"之时，大明才最终
确定了基本国策，实施双边互市，在辽东西部的宁远开通了"木市"，
加上1478年开通的广宁、开原和抚顺的三处"马市"，以及此后的
1576年辽东东部开放的宽甸、瑷阳和清河的互市。互市的开通，其
背景多是国力衰弱的临时性举措，因此，可以说，帝国政策仍旧是处
在摇摆之中的（此后取代大明政权的女真部落，也因为贸易争端而发

生征战，可以说，终明之世，和战问题并未最终解决）。

北部攻防牵制着帝国的发展

对于明王朝而言，"北虏是心腹之患，而南倭毕竟对新王朝没有致命之虞。权衡轻重，这决定了明王朝关注的焦点放在内陆"（万明：《中国融入世界的步履：明与清前期海外政策比较研究》）。大约，这样的认知算是史家的持平之论了。

然而，解决这种"心腹之患"的强烈焦虑，几乎将大明帝国的全副精力锁定在北部，并由此拖垮了这个巨大的帝国。

《典故纪闻》载：隆庆时，穆宗问户部的情况，户部尚书刘体乾回答说：

> 国家边制，祖宗朝止辽东、大同、宣府、延绥四镇，继以宁夏、甘肃、蓟州为七，又继以固原、山西为九，今密云、昌平、永平、易州俱列戍矣。其防守士马，各镇原自有主兵，一镇之兵，足以守一镇之地。后主兵不可守，增以募兵，募兵不已，增以客兵，调集多于往时，而坐食者愈众矣。

刘体乾警告："府库空而国计日拙，田野耗而民力不支，今日缺乏之故，供边之费，固其大者。"也就是说，现在国库空虚，民力凋敝，根本原因在于帝国的财力全耗在这种边防之上。

《典故纪闻》还记载了同一时期蓟辽总督谭纶的上疏："国

家众建卫所，棋列中外，除锦衣等卫，其在外卫所，通计额军三百一十三万八千三百名，而武官之数不与焉。"

谭纶公布的帝国建制军队人数为 313.83 万，且强调锦衣卫、武官以及"在外卫所"的军士还未纳入统计，也就是说，大明帝国的建制军力已经远远突破 300 万之众（明初朱元璋设置都司卫所时总额约190 万人）。

仅以长城沿线的军力计算，其十三边镇驻军，嘉靖十年（1531）为 37.1 万人，嘉靖十八年（1539）增至 61.9 万人，万历十年（1582）增至 68.6 万人。故帝国总兵额的增长乃题中之义，而这支世界上最庞大的帝国部队也造成了帝国政府最严重的财政负担。据军事史家们的分析，明军开支从嘉靖十年的 336 万余两白银，增至万历十年的827 万余两，而后者是万历六年（1578）太仓银库年收入（367 万两）的 2.25 倍。

依据历史学家黄仁宇的说法，就当时明帝国的国家实力言，其军事人员最高员额的承受力在 150 万左右，但隆庆时其正规兵力就已经突破 300 万之数。仅凭这一项，大明帝国的财政就被压垮，大明帝国的国运其实也已经在这种常备军的膨胀之上注定了其命运，也难怪其最后的结果是："卫所之兵疲于番上，京师之旅困于占役。驯至末造，尺籍久虚，行伍衰耗，流盗蜂起，海内土崩。"

"帝国之患"

这种将攻防重心置于北部的战略，并没有解决帝国的安全问题，反而强化其隐忧，造成帝国的"心腹之患"。帝国并没有因其连续打击而征服蒙古旧部，反而一再失财失地，其边疆尽管花费巨资修建长城，但却一步一步向内撤退。从最初的四镇到后来的九镇、十三镇，表面看是控制区域的扩张，事实上，却是帝国防御线的内缩。松亭关（山海关）撤至喜峰口，原来在长城内圈的大同猫儿庄被弃至塞外，辽河套地被放弃，及黄河套地（鄂尔多斯）的丢失等（弘治末年火筛入据，此后即成为"北虏"的根据地，至万历中叶才收回），甚至离北京不到 50 公里的昌平都已经成为长城边防中的一处要地，可见大明帝国的攻守之失策。

何以越是重视北部边防，越是一再丢失北部边地？原因除连年征战导致的国力衰弱外（这也是一般史家所关注的），历史学家可能很少关注这种征战与互市的交错实施（从大明帝国角度看可以说是攻守两难）造成的多样性历史后果，其中之一是：原本分散且互不依属的游牧部落，在这种帝国的打击及其互市政策的引导下，不得不集结部族，以"准国家"的模式应对大明的"帝国"模式。长城防线的封锁及帝国限定的双边互市，将分散的个人间的贸易"逼向"组织化贸易，从而促使游牧部落走上政治整合之道，并构成对大明帝国越来越严重的压力；其次，经过元朝以来的大一统，边地民族在经济上已经融为一体，而明初的这种严限华夷之界（《明史·兵志》说成祖"于边备甚谨。自宣府迤西迄山西，缘边皆峻垣深濠，烽堠相接。临口通车骑者百户守之，通樵牧者甲士十人守之"）不仅限制了游牧部落获取资源，从而逼使其采取掠掳的方式，也使内地百姓大规模脱离本土，加入敌对阵营，"归化"为"胡人"，甚至一些守军也相继叛逃，加入北军，成为他们的斥候或先锋。《明史纪事本末》记载，嘉靖三年（1524）大同五堡军叛（五堡军共辖 500 堡、军徒 2500 家），嘉靖十九年俺答入侵大同时，"诸叛卒多亡出塞，北走俺答诸部。俺答择其黠桀者，多与牛羊帐幕，令为僧道丐人侦诸边，或入京师，凡中国虚实，尽走告俺答"。

《五杂俎》还有一则重要史料可以说明这种"汉人胡化"的趋势是如何形成的：

> 临边幸民，往往逃入虏地，盖其饮食、语言既已相通，而中国赋役之繁、文网之密，不及虏中简便也。虏法虽有君臣上下，然劳逸起居，甘苦与共，每遇徙落移帐，则胡王与其妻妾子女皆亲力作，故其人亦自合心勇往，敢死不顾，干戈之暇，任其逐水草畜牧自便耳，真有上古结绳之意。一入中国，里胥执策而侵渔之矣，王荆公所谓"汉恩自浅胡自深"者，此类是也。

造成大明帝国面临"北虏南倭"问题的，不在外部，而在帝国政策自身：东南沿海禁海，将海商造成海盗、倭寇，北方长城的修筑及其和战不定，将赖互市为生的北部边民驱入敌阵，成为反叛者；将可敌可友的蒙古诸部落逼成"北虏"，使其走上政治整合之路，边境由此处在永久的战争状态。日本史家说，大明帝国"与日本与蒙古的朝贡贸易都断绝了，这使得日本人与华人走私者，蒙古人与逃亡的汉人一体化，更进一步激发了'北虏南倭'"。

大明帝国的"敌国外患"，确实是无药可救的"心腹之患"。

"忽必烈的事业"

大明帝国的战略重心之所以被锁定在北部，与其对待蒙古游牧力量的政策失误有关。但造成政策失误的根源，并非仅仅是那些帝国决策者们的个人错误，影响决策的支撑性知识体系需要承担更大的责任。然而，对于这一深层次因素，历史研究往往是视而不见的。

本文从帝国决策者在"定都"问题上面临的困境及其言说展开论述。

"都北之志未尝一日忘也"

《明太祖实录》载：洪武元年（1368）八月，诏令以金陵为南京，大梁（开封）为北京，诏曰：

> 朕惟建邦基以成大业，兴王之根本为先；居中夏而治四方，立国之规模最重。

> 朕观中原土壤，四方朝贡，道里适均，父老之言乃合朕志。然立国之规模固重，而兴王之根本不轻，其以金陵为南京，大梁为北京。朕于春秋往来巡狩。

在开国之初，朱元璋就立下了南北两京的典制规模，但他并非没有摇摆，洪武二年（1369），他又下令在临濠设立中都，《明太祖实录》记载：

> 初，上召诸老臣问以建都之地，或言关中险固，金城天府之国；或言洛阳天地之中，四方朝贡道里适均，汴梁亦宋之旧京；又或言北平元之宫室完备，就之可省民力者。上曰：……平定之初，民未苏息，朕若建都于彼，供给力役悉资江南，重劳其民。若就北平，要之宫室不能无更作，亦未易也。今建业，长江天堑，龙盘虎踞，江南形胜之地，真足以立国。临濠则前江后淮，以险可恃，以水可漕，朕欲以为中都，何如？

这就是在两京制度之外，又添加了一个中都，变成三京体制了，但以开封为北京却只维持到洪武十一年（1378），期间朱元璋还派遣太子朱标去西安、洛阳考察（关中立都选项最后因太子意外死亡而中止）。显然，是两京还是三京，以及"北京"究竟该选择何处，对朱元璋而言始终是犹豫难决的。

与此相关的辅助性制度，就是在洪武二年颁布的封建诸王之制。

洪武三年（1370），朱元璋正式封皇子9人为王，诸王封地集中在北部，史称"九塞王"。所以，史籍说他"都北之志未尝一日忘也"，其理由是"江南形势终不能控制西北"。郑晓在《今言》中也说，"以西北胡戎之故，列镇分封"，准确把握了朱元璋的基本意图。

朱元璋在位之时，并未落实"都北"规划，最后确立以北京为首都的，是燕王朱棣。

永乐元年（1403），朱棣刚登基，礼部尚书李至刚等就上疏，以北平为兴王之地，宜遵太祖高皇帝设立中都的祖制，立北平为京都。

这一上疏可以看作成祖的授意，也算是舆论试探。果然，反对意见颇多，也就只好先行搁置。至永乐十四年（1416），朱棣决意迁都，召集群臣会议，礼部明示，有"伏惟北京，圣上龙兴之地，北枕居庸，西峙太行，东连山海，南俯中原，沃壤千里。山川形胜，足以控四夷，制天下，诚帝王万世之都也"等语，圣意坚决，大臣们自然不便再反对。于是，在永乐十八年（1420）正式决定以北京为京师；十九年（1421），朱棣在北京新殿接受群臣朝贺，诏告天下。

不过，新京师才刚启用，奉天、华盖、谨身三殿就遭火灾，反对声音一时骤起。翰林院侍讲邹缉上疏抗言，说奉天殿为天子明堂，而天灾及之，可不警乎！并规劝朱棣："国家所恃以长久者，惟天命人心，而天命常视人心为去留，今天意如此，不宜劳民。"其理由是迁都北京兴师动众、劳民伤财。翰林院侍读李时勉且上时务十五条指责迁都；萧仪因言词峻急，被加以诽谤罪名，下狱被诛；河南布政使周文褒等皆遭重罚。朱棣且发出诏令，说"敢有复请者，论以妖言"。

议论总算停止了，尽管此后仍旧有反复（明中叶仍有迁都议论。郑晓《吾学篇》记载，嘉靖以来，各边军情大变，天子因见京师四面军情多变，密云、上谷、云中时有北虏内侵，故有迁都之议。有主张迁安陆的，有主张迁南京的，但当时只敢召集主政大臣秘商，未敢公开讨论），但以北京为首都的帝国建制，却自永乐年间一直延续至清代。

"军事征服"还是"经济发展"？

定都问题为什么会牵动政局？

谢肇淛在《五杂俎》中说：

> 以我国家之势论之，不得不都燕，燕山后十六州自石晋予狄几五百年，彼且自以为故物矣，一旦还之中国，彼肯甘心而已耶？其乘间伺隙，无日不在胸中也。且近来北鞑之势强于西戎，若都建康，是弃江北矣；若都洛阳、关中，是弃燕云矣。故定鼎于燕，不独扼天下之吭，亦且制戎虏之命。

也就是说，迁都北京的战略意图在确保燕云十六州版图归属，应对北方游牧民族势力的南侵，是帝国以北部为战略重心的一个表征。但迁都并非仅此防御性战略，还涉及更深层次原因：一方面"明一元"对立而造成的地缘政治格局规定着帝国战略重心的北移，另一方面唐末以来近五百年的南北分裂所造成的历史性反弹——历史上的"大一统"意识形态机制，更是始终留在有明一代政治家们的记忆中。正是这双重力量，迫使帝国的决策者在南北之间做出权衡。

王锜《寓圃杂记》说：

自五代以来，北虏侵我疆土，索我金帛，以宋太祖、太宗之继兴，终不能制。下至靖康之变，尤不忍言。盖由所都非形势之地也。胡元据有中国垂九十载，无复天理之可言。天生我太祖扫除之。推戴之初，即欲宅形势，以临中夏，御夷狄，故尝幸汴、幸洛，将幸关陕而还。斯时中原之地，久为胡马所践，继以寇盗，民不聊生，六骓所过，率皆空城。于是定鼎江南，以资兵食，而都北之志未尝一日忘也。

　　王锜此说，强调的正是这种久远的历史记忆，或者说历史创伤，以及造成这一创伤的"定都之因"（盖由所都非形势之地也）。但他多少将朱元璋当初选择南京为都城认作是一种临时性举措，以为是由于北方经济凋敝，无力支撑帝国一统天下的雄心，这种理解其实是偏颇的。《客座赘语》引丘文庄对两京制度的解释就更有眼光，他说："天下财赋出于东南，而金陵为其会；戎马盛于西北，而金台为其枢。并建两京，所以宅中图治，足食足兵，据形势之要而为四方之极者也。"这段说辞换成我们今天熟悉的语汇就是：帝国当时的经济中心在东南，而军事中心在西北，要控制天下，"足食足兵"，就必须并建两京。

　　这其实已经触及了明清两代帝国最为核心的"立国"问题——在"军事征服"与"经济发展"两个重心之间如何取舍。

　　无论是朱元璋还是朱棣，都面临着如何解决经济中心与军事中心的南北分离问题。朱元璋的两都、三都制度，以及与此制度相辅相成的"藩王分封制"，其实就是想借历史上的"封建"以解决"分散—集中"的矛盾，平衡经济中心与军事中心分离造成的困境；而朱棣最后的迁都北京，则是决然以军事作为帝国的立国基础，沿着中央集权这一传统路径走向极端，以实现其一统华夷的天下主义梦想。

日本学者和田清说："明朝兴起取代元朝，这不只是汉族以反抗北方民族压迫的势力恢复了南宋时代所丧失的中原地方，而是扭转唐末以来汉族的被动地位，完全夺回汉、唐最盛时代直到北疆的一次巨大运动。"（和田清：《明初的蒙古经略——特别是它的地理研究》）

正是基于重建汉唐天下的帝国想象（自然不排除帝王个人的好大喜功与政治雄心），对于像阿鲁台这样已经失去力量的部落，朱棣仍一意孤行，无视大臣们的一致反对，冒着"兴无名之师"的指责，而于永乐二十一年、二十二年（1423、1424）两次出兵。其用意，不是因为阿鲁台威胁了大明帝国的安全，而是朱棣要置东蒙古地区于完全支配之下，以实现其"天下混一"的帝国构想。借日本学者檀上宽的说法就是："他所承担的使命并不是单纯的对北方边患的消极防御，而恰恰是积极完成中华与夷狄的统合。"

天下大势与本土话语

以上只是作为历史学家的现代人对于过去历史的现代解释，由于我们历史认知的现代化，这样的解释很可能反映的只是我们自己的理解，而非历史人物自身的处境及其认知。历史学强调以本土资源解释历史，以本土话语重述当时的历史环境及其认知，虽不无我族中心主义之嫌，但对于理解历史却不失为一种技术性的"同情"。

其实，如果穿越时空，以本土话语重述当时人对于自身处境的观察及其解释，可能会呈现出一种完全不同的历史场景——帝国不仅有着自己独特的思想资源，也有着自己独立的话语体系。

郑晓（嘉靖时进士）对于明廷弃南京而迁北京这一重大历史事件做出过自己的解释，他说，南京城"非体国经野辨方正位之意"，而且"大内又迫东城，且偏坡卑洼，太子、太孙宜皆不禄"；再加上"江流去而不留，山形散而不聚，恐非帝王都也。以故孝陵（朱元璋）欲徙大梁、关中，长陵（朱棣）竟迁北平"。依据这一本土话语，不仅太子朱标的早夭有了解释，且朱棣定都北京也有了落脚——定都问题绝非简单的权力算术，而与天运风水、王气命数等等有关。

针对那些主张以"天下之中"为建都之地的言论，郑晓等反驳道：虽然周代时期是以洛阳为天下之中，但"今天下之势，则似荆襄为正中"，因为幅员广狭已经不同于周秦时代了。当时之所以取"天下之中"为都城，是因为便于"朝会"，而现在如果再采用"天下之中"，则如"元首在腹，何以据重驭轻哉"？

> 燕山建都，自古未尝有此议也，岂以其地逼近边塞耶……且京师建极，如人之元首然，后须枕藉而前须绵远。自燕而南，直抵徐淮，沃野千里，齐晋为肩，吴楚为腹，闽广为足，浙海东环，滇蜀西抱，真所谓扼天下之吭而拊其背者也。且其气势之雄大，规摹之弘远，视之建康偏安之地，固已天渊矣。

建都问题，不仅是针对北方游牧民族的攻守战防，更涉及皇权的安全、稳固与合法性，涉及帝国对天下的控制及皇权至高无上地位的维护，尤其重要的是，"王气"之永续与巩固，绵延远长，传之万代，才是建都的根本考量。在这种本土话语中，首都有如元首，天下只不过是天子身体的外延，天子一人，天下为其拱卫——这是一种将天下当作天子身体的帝国想象，一种经典的中国政治学本土资源与本土话语。

传统政治话语中的"元首比喻"与"风水学说"流传至远，是本土思想中最为隐秘也最为根蒂深固的文化资源，将两者结合起来的是"龙脉""结穴"学说，它对帝国的天下建构以及帝皇的政治决策有着决定性的影响。据历史地理学家们的说法，这一学说起自唐代僧人一行，《新唐书》中说："一行以为，天下山河之象存乎两戒"，两戒学说"最得天象之正"，也就是说，"两戒"学说最能解释中国之气运变化。《新唐书》对"两戒"（即"龙脉"说法的"学说"版）描述如下：

> 北戒自积石、终南，负地络之阴，东及太华，逾河，并雷首、砥柱、王屋、太行，北抵常山之右，乃东循塞垣，至秽貊、朝鲜，是谓北戒，所以限戎狄也。南戒自岷山、嶓冢，负地络之阳，东及太华，连商山、熊耳、外方、桐柏，逾江、汉、荆山，至于衡阳，乃东循岭徼，达于瓯闽，是谓南纪，所以限蛮夷也。此天下之大势也。

现代学界一般将南北两戒解释为界限之界、疆界之界（《新唐书》引《星传》，说"北戒"为"胡门"，"南戒"为"越门"），认为"两戒说"不仅是对天下山河的一种学术建构，同时也是华夷秩序的人文解释，是区分华夏夷狄的地理学基础，两戒即华夏夷狄的地理界限（参见唐晓峰：《从混沌到秩序：中国上古地理思想史述论》）。

尽管两戒说流传至广，但毕竟年代久远，无法解释新的事实，尤其是有明一代承袭元朝疆域及其开疆拓土这一新的事实。明代著名地理学家王士性（1547—1598）在实地考察的基础上，不仅对流传至广的"两戒说"持批判态度，且对朱熹等"三条山系说"的错误也加以纠正（传统地理学中的"三条四列"学说从《禹贡》发源，详情参见《中国古代地理学史》等著作），认为宋儒的失误在于，"盖宋划大渡河为守，而弃滇云，当时士大夫游辙未至，故不知而臆度之也"。

在《五岳游草》中，王士性提出了自己的创造性见解"三龙说"：

> 自昔以雍、冀、洛、河为中国，楚、吴、越为夷，今声名文物，反以东南为盛，大河南北不无少让，何？客有云：此天运循环，地脉移动，彼此乘除之理。余谓是则然矣。要知天地之所以乘除何以故？自昔堪舆家皆云天下山川起昆仑，分三龙入中国，然不言三龙盛衰之故……昆仑据地之中，四傍山麓，各入大荒外。入中国者，一东南支也。其支又于塞外分三支：左支环房庭阴山、贺兰，入山西，起太行数千里，出为医巫闾，度辽海而止，为北龙。中循西蕃，入趋岷山，……为中龙；右支出吐蕃之西，下丽江，趋云南，……总为南龙。

依据这一龙脉理论，王士性对于天下大势的变化做出了新解释，他说：古今王气，中龙最先发达，最盛而长；北龙次之；南龙则一向未发，自宋室南渡才开始。"发而久者，宜其少间歇，其新发者其当喷涌何疑？"方今大明混一天下，正应了南龙蓬勃而起的王气发动，因此，大明帝国当有盛世天命。

在文章的结尾，王士性对此再做解释，认为大明气运非前代可比："前代龙气王一支，至于我圣朝凤、泗祖陵，既钟灵于中龙之汇，留都王业又一统于南龙之委，今在长安宫阙陵寝，又孕育于北龙之跗，兼三大龙而有之，安得不万斯年也。"

王士性《五岳游草》成书于万历十九年（1591），书中的明朝王气"万年"预言也在不到五十年的时间里就破灭了，但其三龙风水说却影响至今，尽管现代地理学早已为我们所熟悉。究其原因，在于他的"学术创新"配合了大明帝国的三都制度，一定程度上完成了替帝国的天下主义做出"学术"注脚这一任务，或者说，完成了对帝国扩张这一政治事实的知识性调整。帝国意识的知识化得到安置——在此之前，华夷秩序的学术依据是"天限两戒"，但在王士性时代，这一"本土化"的知识形态显然已经无法容纳本土的变迁，"三龙"理论的建构，为大明帝国的天下想象提供了一个更具包容性的知识框架，从而在一定程度上化解了帝国"消化不良"的困境——当然只可能是话语上与心理上的——而这其实已经达到了当时知识创新的极限，"本土化理论"的功能本来就仅限于此。

"忽必烈的未竟事业"

综而言之，大明帝国的定都之困，反映的是其战略重心的游离，而这一游离，并不仅仅是那些决策者的短视或错误，在他们的时代及其知识环境中，他们的决策或许具有某种合理性。他们时代的知识并未为他们解决其历史使命提供更多的可能，甚至连认知这一历史使命的思想资源都付之阙如，遑论解决如此巨大的问题。

日本学者檀上宽称这一问题为"忽必烈的未竟事业"，他说，由于元朝统治时间过短，并未完成中华一体化的制度与知识建构，未完成帝国的政治整合任务，从而给后继者留下了一个巨大而复杂的难题——如何整合一个由元代遗留下来的超大规模的政治实体，以实现天下一体化、华夷秩序一体化，或者说实现帝国的南北大一统。

可以说，帝国政治的困境，就是无法从制度上"消化"这个"忽必烈的遗产"。明清两代政治的重心，也就注定要纠结于如何完成这个"忽必烈的未竟事业"。

下　篇

陆地的冲撞

俄罗斯对西伯利亚的征服改变了世界格局

沙皇虽自称罗马共和国恺撒的后裔，俄罗斯却要直到15世纪末16世纪初才告一统。这个帝国崛起的历史虽短虽新，其改变人类历史的幅度却至巨至深。可以说，直至今天，全球历史仍旧处其阴影之中。而这种影响力的获得，其实也就在16世纪后20年至17世纪前40年这一甲子之内底定，这是人类历史上的一个关键时段。如果需要举出一个明确的时间坐标，则非1581年莫属。这一年，俄罗斯人越过乌拉尔山口，开启了西伯利亚征服的大业。

叶尔马克的远征

1574年，巨商斯特罗加诺夫家族获得沙皇的殖民特许，1579年，以叶尔马克为首的一伙里海海盗来投，540名哥萨克人被重新武装起来，于1581年越过乌拉尔山，历史从此启幕。

这队哥萨克人中间，此后又加入了斯特罗加诺夫家族的私兵以及一些德国人、立陶宛人、俄罗斯人和鞑靼人，人数增加到840人，这是"一伙不怕死的"冒险家和征服者。他们携带精良的装备迅速越过乌拉尔山，到达今天秋明这个地方。1582年冬在图拉河畔度过，翌年开春沿着图拉河下游继续远征。

沿河两岸并非真空地带，当地土著激烈抵制他们的入侵，有时还发动大规模的进攻，叶尔马克略有损失，但并未影响其决心。9月，他们到达额尔齐斯河，占领了左岸的一些高地。10月23日，叶尔马克率领队伍猛扑对岸的一座要塞，将其占领。三天后，库臣汗部落放弃了伊斯克（或称西比尔），向上游额尔齐斯河逃去，哥萨克人决定在这里过冬。当地一些较小的部落屈服，表示愿意向俄罗斯纳贡，缴纳实物税。叶尔马克此时便派遣一个使团回莫斯科，带去丰厚的皮毛贡物谒见沙皇，报告占领西比尔（据说西伯利亚的得名起源于此），沙皇伊凡四世十分高兴，不仅赦免了他的罪过，而且给予嘉奖，并赐给斯特罗加诺夫家族土地，以酬报他们的功劳。

1583—1584年冬天，叶尔马克的队伍在托博尔河口的窝棚里度过，土著则远远监视着，准备伺机进攻，其中一次杀了20个还在熟睡的哥萨克人；哥萨克人同样四出掠杀，2月间曾突袭额尔齐斯河上游一带的土著，杀了不少人。另一支强大的哥萨克队伍则乘坐雪橇向北推进，直到鄂毕河，降服了当地人，并从他们那里得到了粮食和补给，于5月底满载而归。

当时的西伯利亚土著并非都是这等弱小，成吉思汗的直系后裔库臣汗就拥有一个强大的帝国，他率领蒙古部落在西伯利亚远略近攻，其领地在今托博尔斯克省西南部，从额尔齐斯河与鄂毕河沿岸一直延伸到托博尔河与图拉河的两岸，西比尔即其首府。据俄方文献载，库臣汗曾暗地里煽动大批鞑靼人侵入楚索瓦雅河的俄罗斯人拓居点，并派其堂兄向那里的居民发动战争。当叶尔马克进入其领地时，能征善战的库臣汗率领部众严阵以待、誓死抵抗，突击队连番向叶尔马克发起进攻，库臣汗则亲自坐镇指挥。不过装备滑膛枪的哥萨克人火力太猛，突击队伤亡惨重，被迫撤回。叶尔马克步步为营，打退了库臣汗的进攻，最后推进到库臣汗领土的腹地。

后来的额尔齐斯河决战中，库臣汗一败涂地，战场上尸横遍野，库臣汗本人好不容易才逃脱出去。

不过这还不算定局，失败了的库臣汗不久又东山再起，在一次库尔拉拉要塞的反包围战中，库臣汗英勇抵抗，终于挫败了叶尔马克的进攻。当叶尔马克回师西比尔时，库臣汗则神不知鬼不觉地远远尾随着，准备出其不意攻其不备。时机终于来了，一个夜晚，阴雨蒙蒙，精疲力竭的哥萨克人在额尔齐斯河两条支流汇合处的一座小岛上宿营。半夜，库臣汗率一支精兵悄悄渡河，以迅雷不及掩耳之势扑向熟睡中的哥萨克人，杀死了 300 名哥萨克人。据说，只有 1 人侥幸逃脱，回去报告。叶尔马克本人则在重围中杀出一条血路，向额尔齐斯河岸奔去。不过，当他试图上船逃生时，盔甲太重，落水淹死了。那一天，是 1585 年 8 月 6 日。

一听到叶尔马克死耗，残余的 150 名哥萨克人立即撤出西伯利亚，俄罗斯帝国的东进计划暂时受挫。

然而，历史的进展总会在一些关节点上留下令人莫解的神秘。叶尔马克死了，但死了的叶尔马克反倒力量无穷；活着的叶尔马克或许只是一个哥萨克海盗、无所顾忌的冒险家与残酷坚韧的征服者，死了的叶尔马克反倒成了俄罗斯的英雄；他开创的远征事业不仅没有终结，其影响反而越来越深远。在他发现并开辟的新道路上，一波一波哥萨克冒险家接踵而来，那些被他征服的部落，则纷纷向沙皇效忠输诚，归属俄罗斯的统治。

叶尔马克成为俄罗斯人的英雄也许理所当然、势所必然，但奇怪的是，他还成了鞑靼人和蒙古人的圣人。更为奇怪的是，那些被他及他的伙伴征服了的土著——奥斯第雅克人和其他野蛮部落，甚至将他奉为神明。他们像对待熊图腾一样对待叶尔马克。在打捞出叶尔马克的尸体后，他们满怀敬畏地把他埋葬在一棵松树下，并且宣誓，无论什么情况，绝不把他的葬地向俄罗斯人泄露。此后很久，土著们守护着这处墓地，直到手中的火把变成遥远的磷火，树下的墓地变成他们心中的圣地。很久以后，墓地上的泥土还被认为具有灵异，能治疗疾病，并保佑他们战无不胜（参见乔治·亚历山大·伦森编：《俄罗斯向东方的扩张》）。对此，历史学家解释说，是土著的迷信，造就了叶尔马克传奇。也正是借助这种游牧民族强力崇拜的迷信，俄罗斯人得以轻易取得了西伯利亚的征服。这种征服首先是心理上的，然后才是人口与土地的占有。

此后的西伯利亚征服史，乃是步叶尔马克后尘，继续推进。1586年，俄罗斯人修建了乌拉尔山以东的第一个殖民据点秋明；1587年，又修建托博尔斯克（后为俄罗斯西伯利亚总督驻地）；1619年，进驻叶尼塞河流域；1632年，在勒拿河岸修建了雅库茨克（Yakutsk）；1639年，哥萨克人抵达鄂霍次克海海岸，完成横跨西伯利亚的远征。从1581年至1639年，时间跨度近六十年。

如果大清占领了西伯利亚

借助西伯利亚的征服，俄罗斯帝国迅速崛起，成为唯一横跨欧亚大陆、连接太平洋与大西洋的帝国。从此以后，整个世界都在其影响之下。旧世界的政治势力，经受着俄罗斯帝国的挑战，新国际力量的出现，也将面临"北极熊"的威胁。在东北亚、中亚、西亚，形成一种以俄罗斯为一方，以其他国家为另一方的合纵连横之局势。东北亚的朝鲜半岛，成为此后日俄、中俄、美俄、英俄、德俄折冲之地，远东地区最大的火药桶；在中亚，以土耳其为舞台，英俄、法俄之间也是硝烟弥漫，争斗不已；在近东一带，俄罗斯更是控制波兰、克罗地亚等枢纽，与法国、德国、英国直接对撞。

近代世界史，可以说是随着俄罗斯帝国崛起而来的英俄争霸、德俄冲突、俄日决战、俄美较量的历史。而西伯利亚的征服，俄罗斯帝国完成了对大清帝国的战略包抄，自此以后，原来孤立于国际政治之外的天朝上国，其举手投足，已然形格势禁，受制于人而不能制人。事实上，从这时起，中华帝国就被纳入国际政治的角逐之中，纳入世界近代史的急速变迁进程，"闭关自守"的局面早已残破，只是当时及此后的国人，都还在睡梦之中，尚未醒来而已。中华帝国错失平等折冲的机会，欲置身事外而不能，只能任由这些霸权帝国在中华大地上田猎驰骋。

这是力量不够吗？

在近代世界格局的形成之初，与其说中华帝国地位弱小无以平等参与，毋宁说其力量实足以翻云覆雨、底定乾坤、担当连轴大戏的炫耀主角更为恰当。如果，它对于发生在北边的这一幕有着足够的认识；如果，西伯利亚成为中华帝国的版图组成；再如果，此后的雅克萨战役中康熙略微修正自己的战略构想……历史是否有另一种可能？历史有另一种可能！

西伯利亚归属俄罗斯是事实，然而却非历史的必然。无论是从历史因缘还是从自然地理角度看，西伯利亚地区都应该是亚洲国家的领土，中华帝国最有可能成为它的主人或实际控制者，作为欧洲国家的俄罗斯本来只是客体，一个侵入体。

从地理大势看，横亘整个亚洲大陆直至太平洋的西伯利亚广袤土地，其地势呈现南高北低、向北极下倾趋势，其与亚洲大陆的地势分际，东以外兴安岭、西以东西萨彦岭—贝加尔湖为分水。后两条分水岭，传统上均在中华帝国的版图之内（元代实际控制整个西伯利亚，贝加尔湖地区明清两朝实际上由蒙古族控制，外兴安岭在大明帝国时期由女真即后来的满族控制，自然也是此后清代的实际控制线）。而且，翻过外兴安岭，沿勒拿河而下，一路俯冲，即能直抵北冰洋；从贝加尔湖乘船，沿叶尼塞河水系也可以顺水下驶至北冰洋。从军事地理看，凡占据这种俯冲地势上游的即具有控制下游的区位优势，尤其是对于骁勇善战的游猎、骑马民族而言，这种优势在冷兵器时代更是无敌天下。就算在热兵器时代，哥萨克人的优良装备也并未构成绝对威胁。

西伯利亚地区土著统称通古斯—蒙古人，从种族角度讲，他们与蒙古和满族有着更为接近的血缘，有着更为密切的历史亲和性，有着更大的中华向心力。

纯从技术角度看，这些未开发民族给征服者提供的"可乘之机"，至少是同等的。而大清帝国的军事力量，并不逊于当时的俄罗斯帝国。在最近的"新清史"研究者眼中，大清帝国的国力，据说足以令俄罗斯帝国瞠目结舌。

而重心远处欧洲的俄罗斯帝国，要完成对西伯利亚的有效占领，其困难之巨，仅从必须连续横跨三条大河这一点就能够看出。从西西伯利亚进入东西伯利亚，必须连续穿越鄂毕河、叶尼塞河、勒拿河，以当时的交通技术与运输工具言，这些河流的中下游根本无法横跨，需要沿河上溯至上游支流，寻找狭窄的渡口，过河后又必须改走陆路（哥萨克人的实际东进路线，就是这样走的），这种水陆联运，费时费力，艰苦备尝。军役后勤固然无以保障，就算政府官员的出巡、使节的派遣，也要费尽周折。更何况，这种横向切断的水脉布局，从军要地理看，是难守易攻的，它没有天然屏障，这就使得任何占领者都会处在四面受敌的处境，除非四面布防，控制全领域的所有要隘。这对于一个刚刚兴起的帝国来说，是经受不起的沉重负担。

然而，应然与实然总是相悖，结局是这样的吊诡！历史转折的关键何在？

哥萨克闯到了大清国的门口

占领西伯利亚的俄罗斯帝国，也将自己带入一种没有天然屏障、位处四战之地的尴尬状态。正如罗斯托夫斯基亲王在《俄罗斯与亚洲》一书中所说，这种状态会从两方面发生作用：没有屏障保护一个弱小的俄罗斯，同样也不会有障碍阻止一个强大的俄罗斯。"生存竞争使俄罗斯不得不做好行动的准备，倾向于不断向外扩张。"这是自辩，也是事实。紧接西伯利亚征服之后的，必是黑龙江流域的侵入。不仅是貂皮猎取的贪婪，也不仅是获取出海口的国家战略，更因为，西伯利亚是整个的，要么全有，要么全无。

1632年，俄罗斯人在勒拿中游河畔建立了雅库茨克，并以此为据点南下，进入他们所称的阿穆尔河（中方叫黑龙江）流域。当时进入这一区域有两条路线：一是沿勒拿河支流阿尔丹河上溯，翻越外兴安岭，到达黑龙江支流结雅河（中方称精奇里江）上流；二是沿勒拿河另一支流奥廖克马河上溯，过分水岭进入黑龙江支流石勒喀河上游。此外，沿勒拿河主干一直上溯，则可以进入蒙古人所在的贝加尔湖地区。

哥萨克来了，就在大清入关的那一年。这，或许只是一个纯粹的偶然事件、一个巧合，但它却是一个需要高度重视的象征性事件。两个帝国的初次碰面，仿佛特意"安排"了这个重要时刻。而接触的双方，却一个"有事于中原"，挥师南下、无暇回顾；另一个正处在欧洲"最困难的时期"，也无力分心于这个重大的"发现"，两大帝国就是以这种漫不经心的步履，走到一起，又都是以其"尾闾"之力在远东这块地方角逐。战争还是和平？对话还是对抗？共处共存还是你死我活？不管何种方式，冲突已无法避免。

阿穆尔神话

如黄金的发现吸引了冒险家们对墨西哥的殖民，白银的传闻曾在17 世纪 30 年代将一波一波的哥萨克人引向阿穆尔河流域。

俄罗斯人最初听闻白银的消息似乎是从鄂温克人口中得到的。1636 年，托木斯克总管科佩洛夫从他扣留的人质 —— 一个鄂温克酋长那里听到有一座银山，酋长说，他多次到过那里，亲眼所见。于是总管派出以莫斯克维京为首的侦察队前去寻找，其任务还包括使当地居民归顺俄罗斯。

1638 年，这个由 30 人组成的侦察队出发，年底，他们到达离鄂霍次克海不远处的一处河口建立过冬营地。当地的鄂温克人拒绝归顺，冲突中哥萨克还死伤了 9 人。1639 年春，他们沿着海岸线南下，看见库页岛上"炊烟四起",却不敢登岸,因为岛上居民多,而哥萨克人"为饥饿所迫,已开始以草充饥了"。他们不得不返航,途中抓捕了几个鄂温克人,从他们口中得知阿穆尔河入海口方位和阿穆尔河流域居民的情况——那些"定居的基里亚克人"和"满脸胡须的达斡尔人"。据说,这些人"筑室而居,耕种庄稼,畜养马、牛、猪、鸡,并会酿酒,同俄罗斯人一样编织织物",当然,也打探到传说中的银矿所在地。

报告中还说,在俄罗斯人到达之前,满面胡须的达斡尔人曾乘坐平底木船到过乌第河口,"以狡计"杀死了500名基里亚克人。他们是由妇女们划桨,男人们则以每100人或80人为一队,藏匿于妇女身后,等船靠近基里亚克人时,男人们就从背后冲出,将基里亚克人杀害。

叶尼塞河流域的俄罗斯人同样得到过黑龙江流域富藏银矿的消息。据《阿穆尔边区史》记载,1636年,在叶尼塞河的俄罗斯人中间,第一次流传开了"马穆河"(阿穆尔河)两岸蕴藏着银矿的传闻。为了寻找这块"新土地",叶尼塞斯克的殖民当局于1638年派出以佩尔菲利耶夫为首的一支36人的侦察队,他们抓获了一些通古斯人做人质,从他们口中得知达斡尔部落酋长拉凯夫的消息。据说在他领地石勒喀河、乌拉河河口的一座乌鲁思(村寨)附近的山中有银矿,银矿很丰富。达斡尔酋长从银矿中提炼白银,他们用白银换取貂皮,而中国人则在石勒喀河上用绸缎和各种商品购买他们的貂皮,石勒喀河河畔还有很多铜矿和铅矿,从铜矿到河口乘船下行得走五六天。

雅库茨克督军彼得·戈洛文接到报告,对于黑龙江流域的丰富资源极感兴趣,"寻找未纳税的通古斯人的新土地"于是成了这些殖民官员的梦想。1641年,戈洛文派遣以奥西波夫为首的10人侦察队,去寻找通古斯人，征收了"两张猞猁皮、三张带肚脐和尾巴的貂皮"。戈洛文在给沙皇的报告中写道："陛下，他们再多也拿不出来了，因为他们已无貂皮。""贡物"虽少，却从通古斯人口中"证实"了达斡尔酋长拉凯夫的领地里有白银矿的消息。

就在奥西波夫返回不久，戈洛文再次派遣他的文书官巴赫捷亚罗夫带领 50 人的队伍出发，寻找"新土地"。戈洛文指示他们到拉凯夫领地，号召他归顺沙皇，并向"我皇陛下缴纳自己和所属乌鲁思人众的实物税"，命令他们"在其驻地不声不响地趁机抓若干贵人作为人质，或者召其来见，扣留之。此外，可在银矿附近建造一堡"，并绘制河流、矿藏、道路、图表等等。

这支队伍并没有进入石勒喀河，而是在维季姆河上活动了两年多，带着实物税和维季姆河的地图回到雅库茨克。

1641 年 6 月，戈洛文再次下令，让五十人长马尔丁·瓦西列夫率人前往勒拿河流域继续打探黑龙江消息，指示很详细，要求他们"应该先用酒诱惑布里亚特人和通古斯人，向他们打听拉马河、通古斯卡河的河源和蒙古人的情况，打听拉马河一带住着什么人、人口多不多…… 人们由哪一条河到中国，乘船或从陆地到中国城市要走多久，石勒喀河离中国城市有多远，石勒喀河畔的拉凯夫酋长住在离中国城市多远的地方，石勒喀河的银矿和铜矿离拉凯夫的乌鲁思有多远？"

瓦西列夫同样没有到达达斡尔地区，阿穆尔仍旧处在神秘之中。但他们却在库连加河口建立了上勒拿斯克小城堡，它只有 20 米长，10 米宽，然而，这座小堡却奠定了哥萨克从雅库茨克向南侦察的基础。

那是地理大发现的时代，是追逐财富的时代，也是帝国扩张的时代。人类历史上，似乎还没有一种力量能够阻止对财富的贪恋与对知识的追求（不过我们却可以成功地蔑视这种事实）。于是，地理发现与财富的追逐乃成为帝国扩张的前驱。财富、知识、强权总是先后相继，完美结合，这种结合既膨胀了人类的欲望偏执，也扩展了人类的视野与胸襟。在这种扩张中，原来独处的部落之间有了新的接触，有了相互打探的好奇，有了对那些陌生对手的想象，也有了征服与抵抗、屈服与灭绝、和解与战争，自然，也有了进一步了解的需要、可能与规则的制定。

黑龙江"探险"

17 世纪 40 年代，俄罗斯人正式侵入黑龙江流域。波雅科夫、哈巴罗夫、罗斯托夫斯基和切尔尼戈夫斯基远征队前后相继。中方史料开始有了"罗刹"的记载，无法回避的碰撞就此拉开帷幕。

1643 年 7 月 15 日，一支由 130 名哥萨克人组成的远征队由波雅科夫带领，从雅库茨克出发了。他们越过分水岭进入结雅河，上行入黑龙江，再沿黑龙江下行至松花江。沿途所遇是通古斯人、达斡尔人、女真人和阿枪人（即赫哲人）。起初，双方相处尚安。但哥萨克人并不准备购买粮食，而是强迫土著归顺沙皇，交纳贡物，否则就抓捕头领做人质，勒索粮食，抢劫貂皮。土著起而抵抗，冲突四起。哥萨克毕竟人少地生，20 多人被杀，逃亡中将近 50 人饿死。饥寒交迫的波雅科夫曾下令烤尸体活命——自己同胞的、土著的——结果，落下了"吃人恶魔"的野蛮形象。

远征队无法立足，决定沿黑龙江下行，在江口安营过冬，再取海道北返。三年后，回到雅库茨克时，远征队只剩下 40 多人。

尽管远征并没有获得预先的结果，但波雅科夫在报告中却大肆宣扬达斡尔地区"人烟稠密，盛产粮谷、貂皮，河里鱼类丰富""要什么就有什么"等耸人听闻的说法，还提出只要300人就足以征服这个地区，建议在达斡尔人和女真人中间建立三座城堡以便控制。远征队成功归来的消息刺激着那些聚集在雅库茨克的冒险家们，他们越过乌拉尔山以东，本来就是为了猎取梦想中的滚滚财富。

日后成为俄罗斯民族英雄的哈巴罗夫（伯力，即哈巴罗夫斯克，就是纪念哈巴罗夫的"丰功伟绩"的），就是这群冒险家中的一员。这位盐商出身于乌斯丘克一个农村家庭，却天生就有着追求财富的冒险精神。17世纪20年代，西伯利亚的狩猎正处在繁荣时期，紫貂等珍贵毛皮"整袋整袋"（一袋貂皮40张，够缝制一件大衣）远销欧洲市场。哈巴罗夫在这一波毛皮生意中大发其财，彼得·戈洛文组建考察队时，就从他那里无偿征收过3000普特的粮食。

1649年，弗兰茨别科夫出任新的雅库茨克统领之职，这是一个有着"宏图大略""富于进取心"且"善于巧妙地把个人利益与国家利益结合起来"的德意志人。哈巴罗夫抓住机会，将自费组建远征队的设想告知这位新上任的统领。新任统领从国库中拨出一笔巨款，借给他官家的武器弹药和农具，并以政府的名义从其他商人那里替他强征粮食和船只。统领甚至将个人的资产也投资给哈巴罗夫。

这样，一个半官方半民间的远征队组成了。1649年秋，70人的远征队正式登程，它得到的"政府指令"是：尽力使达斡尔人头领拉凯夫臣服，让他"归依国君最高统领之下"。远征队还负有寻找金银矿的任务，因为传闻达斡尔地方盛产金银。同时，指令还要他们于"适当地方修筑堡寨"，以及"凡所经河流，皆须绘制成图，记上当地居住的民族"。

远征队走的是新路，他们沿着勒拿河支流奥廖克马河上溯，于

1649 年入冬前抵达通吉尔河口，并在那里过冬。1650 年春，他们溯通吉尔河，越外兴安岭，进入黑龙江支流鄂尔河谷地及往下的黑龙江沿岸地方，这里是达斡尔人居住的地区。

当地共有 5 座达斡尔城寨，归头人拉凯夫管辖。听说"吃人"的哥萨克恶魔到来，达斡尔人逃亡一空。哈巴罗夫只抓到一个老年妇女，"给她上刑，用火烧她"，得到了清廷在这一带收贡、有强大的军队、使用火枪等等情报。哈巴罗夫意识到，单凭区区 70 人的队伍想要占领达斡尔地区是不可能的，于是决定再招募一批人员。5 月底，他留下 50 人，自己回雅库茨克汇报。他到处宣扬达斡尔地方有"广阔的田野、牧场和大森林，农牧发达，盛产毛皮兽"，"比整个西伯利亚还要美丽富饶"，许多志愿者投身其中。这回新招了 117 人，并从雅库茨克统领那里得到 21 人组成的军队和 3 门大炮。

在哈巴罗夫回雅库茨克期间，留下的哥萨克人先后 12 次进攻拉凯夫弟弟的领地。1651 年春，当他带领新组建的队伍回到达斡尔时，他的人马正在围攻雅克萨，因为酋长阿尔巴西拒绝向俄罗斯人纳贡。达斡尔人从四郊纷纷赶来救援，将俄罗斯人击退，杀死了 4 个人。哈巴罗夫赶到后，组织强攻。达斡尔人当时只有弓箭等武器，自然无法抵抗俄罗斯人的强大火力。他们弃城转移，哈巴罗夫于是占领了雅克萨，新修建了一些堡寨，加固了工事。他用头人阿尔巴西的名字，给雅克萨取名为阿尔巴津。

哥萨克以阿尔巴津为据点，四出掠夺，对达斡尔部族横征暴敛，任意砍杀，其残忍连当时的俄罗斯史学家都无法回避，说他们"没有任何道德基础"。有一回，哈巴罗夫下令将全部男性俘虏淹死，将他们的妻子儿女和财产按哥萨克式的风俗"披分"；攻占古伊古达尔城（这座城寨是由 3 座土城连接起来的，周边的达斡尔人在听到哥萨克人的消息后，全部聚集在里边躲难）时，屠杀了661个男人，掠走妇女243人、儿童118人、马237匹，还有113头牛和许多谷物。远征队的足迹并不局限在达斡尔人地区，还到达过松花江口，闯入杜切尔人（女真）领地，再进入黑龙江下游，占领阿枪人所在的乌札拉村，建立冬营，命名"阿枪斯克"。

两个帝国的初次碰撞

达斡尔、阿枪、女真部落向他们的保护者大清军队求助。宁古塔章京海色组织了一支2000多人的骑兵队伍，于1652年3月24日（俄历）黎明、哥萨克人正在睡梦之时突袭阿枪斯克。说是"突袭"，清军却在攻城之前放枪示威，让哥萨克人有了足够的准备。尽管如此，在战争初期，清军依然占据绝对优势，哥萨克人几乎快要丧失抵抗力了。清军本可一鼓作气拿下寨堡，奇怪的是，清军指挥官却突然命令要全部活捉哥萨克，不许杀人。哥萨克人得知这一情报，组织反冲锋，结局因此逆转，海色不仅没有成功，反倒损失600多人和800多匹马（清方记载简略，《清世祖实录》载"率兵往黑龙江，与罗刹战，败绩，海塞伏诛"等，《平定罗刹方略》记"罗刹每横肆杀掠，纳我逋逃，为边境患。顺治九年，驻防宁古塔章京海色率所部击之，战于乌拉村，稍失利"），俄罗斯人略有损失（死10人，伤70人），却占住了阿枪斯克。

顺治九年（1652）这一战，是俄罗斯与大清正规军队最早的较量。从这次较量中可以看出此后两个帝国的对撞方式：俄方军队为土匪性质的哥萨克，而清方却为正规军制；清方人数差不多是俄方的10倍，且得到土著的支持；俄方不仅人少，而且据客方地位，准备不够，又无后方救援。结果差不多也都是：即使大清军事占据优势，甚至将俄罗斯力量暂时驱逐，但似乎没有要彻底根除"俄患"的意思，也没有将俄罗斯人逐出黑龙江流域的意志。哈佛大学曼考尔教授评论说，由于清朝军官"既不了解敌人的性质，也不懂得这场斗争并不是简单的边境骚扰，而是俄罗斯殖民主义的有组织的前锋"，结果转胜为败。

大清军队当然不可能"了解"或"懂得"这次冲突的性质，不仅是这首次冲突，在此后的近三百年中，大清也不见得能全部理解中西冲突的性质。因此，我们要考察的不仅是这种不理解，而是何以不理解。我们或许还要追问：在大清帝国的眼中，"罗刹"究竟是什么？"罗刹"的到来，究竟意味着什么？其应对政策，又是根据什么原则制定的？

黑龙江的争夺

大清帝国与"新满洲"

　　1583年夏，清朝的奠基者努尔哈赤（太祖）开始其统一建州女真部落的伟大事业。至1588年，努尔哈赤周围各部皆被削平，"国势日盛"。1593年，其北邻叶赫部为首，组织辉发等共9个部落3万余人进攻努尔哈赤，直入建州女真腹地，史称"九国之战"。努尔哈赤以奇制胜，以少胜多，海西女真诸部为其并吞。此后，东海瓦尔喀部、虎尔哈部、萨哈连部、窝集部等，或被兼并，或"举国来投"。大约在17世纪前30年，辽河流域为努尔哈赤所征服。

　　黑龙江上游土著为索伦诸部（包括达斡尔、鄂伦春、鄂温克），"素称骁勇"，能征善战，其领地自贝加尔湖以东，外兴安岭以南，石勒喀河、额尔古纳河、精奇里江一带。元明称之为"生女真"，清初则称之为"索伦"。三部中最强的达斡尔于 1634 年归顺，贡献貂皮，且与大清皇族通婚。

博木博果为索伦部鄂温克首领，江岸诸部落多有依附，声势浩大，崇德二年（1637），博木博果朝贡清廷，第二年又献貂皮。但同时他也占据雅克萨以下 5 城，树党集众，相互呼应，对抗清廷的部落民达 10 余屯之多。崇德四年（1639）十一月，太宗皇太极命索海、萨木喀等八大将领，率兵征讨，五年（1640）三月，攻雅克萨等 4 座城池，城坚难摧，梅勒章京乃放火焚烧雅克萨，始陷之。清廷再围铎陈，博木博果率 6000 兵来援，清兵乃解围退往尼尔苏屯，博木博果部落在追索途中，遭索海埋伏，大败，被俘虏 6600 多人，诸屯望风而降。是年七月，太宗再遣重兵征讨博木博果，博木博果奔蒙古，为清兵追至，又俘其家口 1000 余人，于是索伦部落全归清廷。

崇德七年（1642）三月，皇太极命众征讨混同江之呼尔喀、取博和里等 3 屯，俘虏 2700 余口，八年（1643）十一月，复派梅勒章京鄂罗塞臣等攻呼尔勒。顺治元年（1644）正月，世祖再派兵征讨，五月班师。于是黑龙江全境悉归清廷，朝贡不绝。清廷收其俘虏，分隶八旗，称征服之地为"新满洲"。清太祖太宗东征北伐，所至与明朝控制范围相当，其实际控制线，北部地区大约在黑龙江与精奇里江，东至库页岛。但满族人对土著部落的征服，只是将其中少数人编入八旗，大多数仍居住在原地，按期朝贡，全部地域归宁古塔将军管辖，但这却要等到清廷取得中央政权之后才设置。故外交史家蒋廷黻在《最近三百年东北外患史》中说，大清"并不在其地面驻军设官进行治理"。

1642 年，皇太极昭告天下："予缵承皇考太祖皇帝之业……自东北海滨，迄西北海滨，其间使犬、使鹿之邦，及产黑狐、黑貂之地，不事耕种，渔猎为生之俗，厄鲁特部落，以至斡难河源，远迄诸国，在在臣服。"在此，领土、人口、物产、荣耀等等无非祖业，无非帝皇个人之产业，无非帝国之花息。这段诏告，大约可以算作大清帝国对其统治地域的认知，不过，其意义是模糊的。

"第一个理解黑龙江重要性的是俄罗斯人"

意义的清晰彰显需要对照，俄罗斯人的到来，正好提供了这样的框架。

俄罗斯人占领西伯利亚的兴趣是依靠寻找贸易的机会来维持和刺激的，这种机会很快就扩大了。黄金、白银曾在墨西哥和秘鲁刺激起西班牙探险家的欲望，而散布在辽阔荒原上长着贵重皮毛的兽类刺激起俄罗斯人的贪心。

正如德国作家米勒所说，黑貂促进了俄罗斯人对西伯利亚的开发和征服，而且用它的皮子支付了开发和征服的大部分费用。欧洲市场开始走红的貂皮制品，是俄罗斯人东进黑龙江最主要的动力。当然，传说中海量的金银矿储备也刺激着俄罗斯商人、政府官员以及哥萨克冒险家们。当然，为沙皇陛下征服野蛮人的雄心，也在鼓舞着汹涌而至的俄罗斯人。

财富的追求没有止境，权力的追求同样没有止境，知识亦然。自然地理的限制，在人类意志与技术迅速扩展面前，已经难以构成绝对障碍。以雅库茨克城为中心，哥萨克人到处掠夺贡物、征服土著；商人们寻找皮货、土产；政府官员派遣各种探测队、武装力量、使节，试图劝服土著部落归顺；农人们也在寻找传说中的富饶土地与土地上蜜一样流淌的财富；还有教士们，他们也加入了探险行列，在俄罗斯人集中之处宣扬上帝的教诲与荣耀，建筑教堂，在新的土地上为俄罗斯人提供心灵的归宿。

《俄罗斯人在黑龙江》的作者拉文斯坦做了一个大胆判断，说黑龙江在世界历史上还没有起到按它的大小应起的那种作用，它的重要性只对一个在亚洲北部中央地带占有领土而又企图通过江口的商埠与海外各国保持来往的强国才能彰显，而对于远古以来就居住在这里的游牧民族或半开发部落，是没有这种需要的。这些部落宁愿去征服南方，而不愿靠自己的力量，在满洲建立一个独立的帝国。因此，满洲的命运总是和中国的命运连结在一起，而"第一个理解黑龙江重要性的是俄罗斯人"。

从感情上讲，我们自然无法接受这个"结论"。但是当哥萨克人站在外兴安岭分水岭上，放眼东方广袤大地向远方倾斜铺展，无边无际的太平洋就在天际，只要沿着脚下的阿穆尔河顺流而下，就可以抵达梦境般的未知世界。市场远景、财富想象、探险精神、知识兴趣、权力冲动、帝国宏图，结合在一起，构成俄罗斯人认知黑龙江的意义框架，阿穆尔河的价值，从此由神话走向现实。在这种意义上，黑龙江的重要性，确实是俄罗斯人的发现。

土著视角下的强势帝国

以这个切口来理解这个时期的黑龙江流域史，或许能开启一些新视角。比如，我们至少可以问：对于那些世代居住其地的土著部落而言，黑龙江的意义是什么？为什么其重要性需要他人发现？再比如，对于宣称拥有其主权的大清帝国而言，黑龙江的意义是什么？为什么这个领域的统治者不能发现其重要性？大清帝国与沙俄帝国各自又是如何认知他们在黑龙江流域的角逐的？这场冲突对近代历史的影响，又在何处？

遗憾的是，我们发现土著部落自己留下的文献太少，无法通过这些文献建构一种以他们自己的眼光来观察的历史进程，也无法建构一种以他们自己的理解及语言所表述的历史。文字，以及由文字构造的历史，对于处在半开发状态的渔猎部落而言，或许确实有些奢侈，历史确实也只能是文明人的标志，是政治民族的统治工具，通过它，人类活动才被赋予了所谓的意义。那些没有意识到或者意识到而无力建构自身历史的，也就注定其臣服或附庸身份，注定了其被他者发现与被历史写作的历史状态。他们虽然是其所居土地的"主人"，但却是他人所写历史中的"客体"，是主流历史中的边缘者。

当然，历史学家可以建构某种模拟状态，试图以他们的眼光，观看这些被裹入主流历史进程的人民。我们可以采纳土著的视角以理解这种处境，以建立一种"被叙述者"的"主体史学"。如此，则我们至少能提出一种新视角——以土著自己的眼光看，俄罗斯之于黑龙江固然是侵入者，清廷之于黑龙江其实也是新来者，他们只比哥萨克人先行一步到达黑龙江流域。对土著而言，无论是谁，他们都是强势者，是索要实物税的征服者，是他们必须向其输诚的主人。他们，以及他们赖以生存的山河大地的价值，取决于它在帝国征服中的定位，而不取决于他们自己的判断。或者，当大清帝国与沙俄帝国在黑龙江构成对决之势时，其地位，则取决于它在两者之间的依违向背。

当时黑龙江流域的土著，西人通称之为通古斯人，汉籍依据其日常御使的动物；分别称之为使犬部、使鹿部、使马部和鱼皮部。使犬部包括呼尔喀、满珲，黑龙江下游之鄂伦春；使鹿部包括费雅（飞牙）喀、奇勒尔，上游鄂伦春之在东部；使马部则包括上游西部之鄂伦春；鱼皮部则包括呼尔喀之赫哲喀喇屯，因其人民以鱼皮为衣故称之，又称"鱼皮鞑子"。他们大多是"逐水而居"的渔猎部落。大明王朝的部民，在大清隆兴后，他们沦为女真人的纳贡者，自然，哥萨克来了后，他们又得向沙皇缴纳实物税，不管是否归属或臣服。

黑龙江问题列入俄罗斯的国家战略

黑龙江与阿穆尔河缠绕在一起，正如历史自身的重叠。只有把握住这种缠绕，才能理解这段历史。然而，两个猛然相撞的巨大帝国，是否真的理解了他们正在创造的历史呢？他们又是以何种方式创造着这种历史呢？

哥萨克占住了阿枪斯克后，哈巴罗夫提议俄皇派遣军队征服黑龙江地区，他认为只要6000人便足以抵挡4万个满人。不过，西伯利亚政府并没有这样的实力，地方长官为此派人到莫斯科要求支援，征服黑龙江问题便列入俄罗斯的国家战略。一支由罗斯托夫斯基亲王率领的3000人远征队组成了，先遣队由西莫菲奥夫率领，于1652年3月离开莫斯科。

1653年春，先遣队到达勒拿河。西莫菲奥夫收集一些流窜的哥萨克，交给斯杰潘诺夫统一指挥；命令哈巴罗夫与他一起回莫斯科亲自汇报，并派遣由4人组成的使节前往北京（这队使节在路上被女真族向导杀了，没能抵达北京；罗斯托夫斯基远征队后来也因西伯利亚发生动乱而取消；而哈巴罗夫从此再也没能回到黑龙江，莫斯科封他为军役贵族，封地为勒拿河沿河全部村落，但莫斯科政府却禁止他继续参与远征事业，因为他的烧杀抢掠影响了俄罗斯政府的声誉。不过他最终还是成了俄罗斯民族英雄，如前所述，俄罗斯人以他的名字命名了伯力——哈巴罗夫斯克，以纪念他的"丰功伟绩"）。

在斯杰潘诺夫统一指挥下，俄罗斯人再次侵入黑龙江流域，抢夺粮食、收缴貂皮、征收贡物、修筑堡垒。1654 年至 1655 年间，他们在呼玛尔河口过冬，修筑呼玛尔斯克堡；新堡由土墙围绕，还有 4 堵胸墙，双层栅栏，四周是一道 6 尺深、12 尺宽的壕沟。

1655 年春，顺治帝派遣轻车都尉明安达礼统兵自京师率兵进抵呼玛尔斯克堡（呼玛尔寨），俄方记载这支围城部队有 1 万多人，带有 15 尊大炮，以及许多火药枪。攻城之前，清军将领似乎依照惯例进行劝降，一首广为流传的哥萨克民歌中唱道：

博格德的将领（俄方称大清皇帝为博格德汗）
跨上他的骏马
绕着库玛拉堡驰骋
有如乌鸦在飞行

他大声宣称：
我要赏赐你们金银
还有温柔的姑娘
美貌的女人

哥萨克拒不投降，回答如下：
哥萨克守在城堡里

不会屈膝投降

他们高声大喊：

博格德将领们转回去

从库玛拉城堡快撤离

清军先是进行密集炮轰，并发射火药箭，炮击持续了一天一夜。3月24日，地面部队发起强攻，哥萨克人从城墙上和胸墙上以铜炮和火枪集中火力还击（他们只有3门铜炮），压制清军的进攻，趁清军变换战术之际，冲出堡垒，组织反击，与清军肉搏整整一夜，最后将清军逼退。清军乃采取长期围困策略，不过，三周之后，清军自动撤围了。（《平定罗刹方略》记载："攻其城，颇有斩获，旋以饷匮班师。"）

满洲士兵的撤退，对哥萨克人来说真是咄咄怪事。斯杰潘诺夫报告说："博格德人看见上帝降凡，因此感到恐怖和战栗啊！"哥萨克民歌描述："博格德将领，离开城堡，逃之夭夭。"

这一仗又是奇怪地结束了，但冲突并没有停息。1657年至1658年冬（顺治十五年），清军将领沙尔呼达率领一支45条战船的队伍包围呼玛尔斯克堡，当时斯捷潘诺夫手下大约500人，战斗开始前有180人离开，一些人投靠了清军，斯杰潘诺夫在此役中战死，呼玛尔寨攻克。1660年（顺治十七年），镇守宁古塔章京巴海率部设伏，围歼一队残余的哥萨克人。《清世祖实录》记载："贼弃舟登岸败走，斩首六十余级，淹死者甚众。获妇女四十七口，并火炮、盔甲、器械等物。招抚费牙喀部落一十五村，一百二十余户。"

切尔尼戈夫斯基远征队（1665—1682）

斯杰潘诺夫死后七年，黑龙江又冒出一队哥萨克，为首的是流放到西伯利亚的波兰战俘切尔尼戈夫斯基。他本来在西伯利亚服役，因杀死伊利姆斯基督军而逃亡黑龙江。在逃亡中，他一路招集流窜的哥萨克，队伍扩充至84人。1665年，切尔尼戈夫斯基占领被清军夷为废墟的雅克萨，将其修复为一座坚固的堡寨。到1670年，城内人数已经到101人，还有一部分农户从尼布楚来到这里垦殖。

同年夏，哥萨克人为引起政府注意，散布谣言，说有一支清军兵临城下，请求政府援助；1671年，切尔尼戈夫斯基发动100多人签名，请求政府赦免。莫斯科政府最初似乎颇为难：一方面，切尔尼戈夫斯基犯有谋杀罪，理应治罪；另一方面，恢复雅克萨并重新进据黑龙江又该得到褒奖。最后的解决办法是：颁布上谕，将切尔尼戈夫斯基等16名同谋犯判处死刑，其余人等判处鞭笞和砍手等惩罚；一天后，上谕又以纪念沙皇命名日的名义，特赦切尔尼戈夫斯基，且任命他为阿尔巴津总管，并予2000卢布的薪饷。

在切尔尼戈夫斯基的征服过程中，一些原来向大清纳贡的土著开始投向哥萨克，一部分通古斯部落臣服俄罗斯。阿尔巴津居民迅速增长起来，垦殖的农民在周边定居，村庄和修道院也建立起来了，结雅河及其支流也新建了几座堡寨，驻扎着哥萨克人。到1680年代中叶，阿尔巴津的农民已经达到300多人，2700多英亩新开垦的土地上已经种植了庄稼。俄罗斯商人和猎人也迅速聚集到阿尔巴津，收集貂皮等土产。城内修建了药铺和货栈，城防部队也扩充了，甚至有一名受洗的中国人加入哥萨克。

雅克萨再度繁荣起来了。它成为哥萨克人侵入黑龙江流域的据点，以此为中心，在黑龙江流域上游各支流建立了许多居住点。到 1682 年，俄罗斯人占据了黑龙江流域以及额尔古纳河东岸。"阿穆尔河"至此已经在俄罗斯语言中稳固扎根，与"黑龙江"并存。

点燃战火的那根导线

　　17 世纪 60 至 80 年代，清政府正全力以赴于国内事务，在明朝政权的废墟上重建大清的中央政权：绥服汉人的不满、征服反叛的西南藩王（三藩之乱至 1681 年即康熙二十年才告平定，汉族地区至此才全部纳入清廷的控制之下）、平定郑成功在台湾的抵抗（施琅直到 1683 年才攻占台湾），此时的清廷极需北部边疆的安定，并不具备以战争方式对抗俄罗斯的力量与情势。

　　1644 年，大清挥师入关，同一年哥萨克人也开始进入黑龙江，这种时间巧合需要作为一种"历史象征"来解读，有些"偶然因素"往往具有决定性的影响。俄罗斯帝国逐步南下，得以在黑龙江流域一带迅速扩张，且与清廷不断发生小规模冲突。即便如此，沙俄帝国也无意于在远东与一个大国正面发生战争。

　　然而，事与愿违，战争却恰恰在一步步逼近。其中根源，尽管错综复杂，但根特木尔事件无疑是点燃战火的那根导线。

真空状态："内迁"与"焦土政策"

1644 年，大清力征中原、全师南进时，当年那些被征服而编入八旗的土著，绝大部分随清军南下，能拿起武器的居民几乎全部撤出满洲地区。八旗军及其随军家属和奴隶一起迁移，留下的部落民也要承担着频繁而巨额的各种战争派捐——这一政策甚至到 1682 年康熙视察辽东时还能清楚看到其后果。随行的耶稣会士南怀仁在当年写的《鞑靼旅行记》中有记载：

> 在辽东，村镇全已荒废。残垣断壁，瓦砾狼藉，连续不断。废墟上所建筑的房屋，毫无次序，有的是泥土夯筑，有的是石块堆砌，大多是草苫的，瓦顶的、木板圈房缘的极罕见到。
>
> 战争前的许多村镇，其遗迹早已消失。所以如此，是因为鞑靼王以微小的兵力起事，迅速地大规模地从一切城镇中强募军队，为了使士兵失去回到家乡的一切希望，把这些村镇完全破坏了事。

这种"举全国之力"以征服中原的宏图，虽奠定了此后满族统治中国近三百年的宏业，但也留下了永久的祸根——满族的龙兴之地、满洲地区的武装真空状态，以及这一地区经济生活的急剧衰落——

东北三百年外患史，几乎都与这一祸根相关。

所以，1644 年，当波雅科夫带领的哥萨克远征队来到黑龙江时，自然就认为土著都是独立的部落，其报告中写道：他们不向任何人缴纳实物贡，经过基里亚克人住居地区，航行到大海历时两礼拜，沿阿穆尔河（黑龙江）两岸一直到海边都有定居的基里亚克人的乌鲁思（村寨）。就是在海上各岛屿和海湾的地方，也有很多定居的基里亚克人的乌鲁思。他们靠捕鱼为生。他们基里亚克人不向汗缴纳实物贡。

但这还仅仅是一个低调的前奏，往后大清的举措则进一步强化了这一主题。

17 世纪 50 年代至 60 年代，中俄冲突越来越频繁，清廷当时陷于"内部事务"——要平定汉族区域的抵抗力量和重建中央政权——无力派遣足够的军队和输送足够的军需，于是采取"焦土政策"，试图切断哥萨克人的供给，阻止其前进。他们毁坏土著的谷物，放火烧坏其家乡，迫使他们离开自己的土地，强制"内迁"，由黑龙江左岸迁移到右岸（其中部分索伦、达斡尔人南徙到嫩江，女真人则从黑龙江和松花江下游迁移到牡丹江和松花江上游），"坚壁清野"以待来寇。

这种强制移民政策产生了"效果"：俄罗斯人初到黑龙江时，土著们都种地和养牛，十年之后再来，田野都已荒芜，这个过去输出粮食的地区甚至无法养活人口大减的本地居民。这确实制约了俄罗斯人的扩张，使他们难以弄到粮食、无法立足，但也造成了黑龙江左岸的真空状态。

根特木尔问题，即起源于此。

根特木尔"叛逃"

据《黑龙江志稿》记述："根特木尔，索伦部酋长，本居尼尔涅河（尼布楚城西），顺治十年，避俄将哈巴罗夫之难，徙居黑龙江南，依诺敏河以居……受清佐领，官居十五年，诱于俄，偕二佐领逸去，雅克萨城既下，俄请和，清责以归我逋逃，而根特木尔三佐领卒，留俄未遣。"

关于清廷强迁土著以及根特木尔动向，俄方文献远为详细。彼得堡藏档中有一份文献，是1656年到达阿穆尔河的军役人员向雅库茨克军政长官的报告。报告说，阿穆尔河一带到松花江没有发现久切尔人（俄罗斯对黑龙江、精奇里江与乌苏里江一带通古斯人的称呼），只在阿穆尔河发现很少几个久切尔人，"据说是博格德汗命令他们这些异族久切尔人从阿穆尔大河、从松花江下游迁移到博格德国（清廷）库尔加河，博格德皇帝的酋长谢尔古达伊溯松花江而上，烧了他们的东西和帐篷，使他们彻底破产"。松花江一带所有的异族人都迁移了，原来的村寨空无一人，都被烧光了，"没有庄稼，任何地方都没有种庄稼"。

据此，俄方历史学家认为："清朝当局企图把居住在阿穆尔河沿岸地区的当地部落驱往满洲的内地。这就引起了当地部落的反抗，其中有些部落，例如鄂温克酋长根特木尔的氏族便从满洲迁来，置于俄罗斯城寨的保护下并加入了俄罗斯国籍。"俄方档案显示，沙皇批准根特木尔入籍后，他们每年每人交纳3张貂皮的实物税，所交貂皮质量是最好的，根特木尔也与哥萨克人建立了很好的友谊（此后，1684年，根特木尔和他13个儿子中的卡坦乃一起受洗加入俄罗斯东正教，根特木尔随后应召前往莫斯科，死于途中。卡坦乃被封为莫斯科贵族，统治纳实物税的归顺部落）。

西伯利亚事务衙门档案（第 1355 卷）记载，根特木尔统治着许多达斡尔种田人，他们向他缴纳毛皮实物税，为他耕种土地；他曾出任过清廷职官，有自己的军队，被编入正红旗，领都统军衔，曾率队赴呼玛尔斯克堡同俄罗斯人作战。俄方史学家的说法是，当他驻扎在呼玛尔斯克堡时，"看到俄罗斯人的美好生活，极为羡慕"，希望自己也能为俄罗斯大君主效劳，故并未同俄罗斯人作战。当满族军队撤退时，他就脱离了清廷，率全族 500 多人迁移到尼布楚，投奔俄罗斯（《俄中两国外交文献汇编（1619—1792）》）。如果此说属实，则时间当在 1655 年前后，而非中方文献所说的"官居十五年"之后的 1667年（不过也有俄方史学者认为他 1667 年才正式摆脱满人控制，携带家人和整个部族投奔俄罗斯，并在阿穆尔河畔安顿下来）。当然，也可能是，在 1655 年至 1667 年间，他仍旧保持清廷职官身份，未正式加入俄罗斯国籍。

至于逃亡原因，日人稻叶君山在《清代全史》中说"根特木尔不满意于清国之待遇"。但俄方文献记载是，他被清廷授予四品官，每年向中央政府领取 1200 两白银的俸禄，还有黄金 3 盒，似乎待遇问题并非主要原因。造成根特木尔"叛逃"的原因，表面看是俄罗斯人的诱惑，实质却是大清"强迁"土著这一政策造成的后果，以及由这一后果造成的连锁反应——帝国的征战使地方人民流离失所、背井离乡，但不管这些土地归属何方，依赖土地为生的土著还是渴望回到自己的故土、乡邦。或许，从帝国角度看，这是背叛。然而，从生于斯长于斯的土著居民的角度看，这不过就是一趟"漂泊"与"回家"之旅。根特木尔自己就曾向俄方大使斯帕法里表示（斯帕法里出使时路过尼布楚），即使沙皇将他送交清廷，"他宁肯自尽也决不会活着到北京去，因为他和他的双亲都出生在涅尔查"。

交涉：一封国书的三个文本

得知根特木尔率众逃回当时已经由俄罗斯人占据的尼布楚，清廷下令追讨，当时还是扎尔固齐（办事员）的马喇率领一支 6000 人的队伍，携带 10 门大炮去讨伐根特木尔。先行派遣一个达斡尔人到尼布楚打探消息，根特木尔抓获此人，告诉他自己属于沙皇的臣民，遵照他的意旨建造了尼布楚和阿尔巴津两座城堡，并告知大君主希望两国间友好相处，希望贸易往来。

达斡尔人回来报告，马喇当即派人回奏，建议与沙皇的人友好相处。钦令马喇派人前往尼布楚，最好带几个俄方军役人员回京，以便写一份国书给沙皇，并了解事情真相。尼布楚为此派遣了十多人随同马喇回京，这些军役人员回尼布楚时，清廷派遣使者随同并带回国书。

据俄方文献记载，清廷这次派遣使者，在 1669 年 12 月 20 日，俄方报告称博格德皇帝使者沙拉岱一行 4 人到尼布楚，控告俄罗斯哥萨克的强盗行为，说他们"进行征伐，洗劫达斡尔人、久切尔人，在两国之间挑起争端，希望大君主照顾博格德人，禁止阿尔巴津寨人员进行征伐并侵犯他们"。尼布楚军政长官阿尔申斯基还询问过他们为什么不再到尼布楚做生意，沙拉岱回答说，他们不敢，因前些年（1665），博格德皇帝使者切普切乌尔酋长曾来此地，被当时的督军托尔布津扣留三个月，并给他戴上镣铐。尼布楚军政长官阿尔申斯基为此向阿尔巴津下令，禁止征伐，不得在两国间滋生事端。

1670 年 4 月 25 日，沙拉岱第二次到尼布楚，这次带有一封文书。俄方收下后，请通古斯译员翻译，随后将国书连同译文一起送交莫斯科。阿尔申斯基为此报告说："这份国书译得准确与否，臣仆我确实不知道。因为在涅尔琴斯克寨没有俄罗斯通译，没有人能确切翻译这份国书。"现存俄罗斯档案中收有这封国书，是由理藩院用康熙名义写的。国书中表示，沙拉岱是由"博格德小王公梅康季"派遣的，梅康季再回报博格德皇帝，博格德就根特木尔事询问梅康季："他原向何人纳贡？是向大君主还是向朕？"梅康季表示，无法确知他原来向谁纳贡。"根特木尔儿媳曾住博格德国，他们之间曾有诉讼。但长官未能据实判决，于是根特木尔愤而离开博格德国。现根特木尔在涅尔琴斯克寨哥萨克处向大君主缴纳实物贡。"国书中还表示，今后"如有事需告我方，望你等派使前来，可同我等面商"，并希望根特木尔自己或派遣他人前来面谈，保证其安全。

为此，阿尔申斯基派遣米诺瓦洛夫随同沙拉岱前往北京。难以确定他的使命是否仅仅为交涉根特木尔，不过训令有明确指示，如果清廷询问，则应回答："没有君主的谕旨，军政长官不敢把根特木尔遣返，因为根特木尔年老多病。但军政长官已向莫斯科大君主、沙皇陛下奏报此事，如大君主谕令遣返根特木尔，军政长官当即遵照大君主谕旨，把根特木尔送回。"不过此使团为尼布楚地方当局违制派遣，阿尔申斯基为此遭撤职处理。

当米诺瓦洛夫离开时，清廷派遣官员孟额德护送至尼布楚，并携带康熙致沙皇的国书，国书是用满文写的，汉译文本如下：

抚御寰区、人间圣主皇帝陛下晓谕察罕汗。尔国人达尼拉奏达朕听：尔亦愿和好，根特木尔事，彼已奏请尔旨，旨到，即行遣还，但求约束相邻之朱尔奇，勿相侵扰。曩者，我捕貂人等奏称，黑水河即石勒喀一带有罗刹不法宵小欺凌我朱尔奇、达卡尔等，劫夺彼之貂品，并有根特木尔仗恃贼势，逃奔罗刹，奏请擒戮不法罗刹等情。朕乃寰

区人主，闻罗刹者乃尔之属民……今尔愿和睦相处，则
应归还叛逃之根特木尔。此后，亦勿启边衅。果如是，则
可安宁。特此致书。

这封国书后来竟然成为双方争执的焦点之一，可见语言问题在外
交中的重要（其实，米诺瓦洛夫携带的俄文文件清廷也无人能识，张
玉书《外国记》说："俄罗斯遣使奉表投诚，表文字尽不可识，字体自
下而上，类道家符箓，因招其来使译文以进。"见《昭代丛书》）。国
书送达时，由于俄方无人懂满文，就由当地通译口述大意，笔录为俄
文，连同原来的满文送达莫斯科。因此，清方认为，沙皇已经正式收
到这封国书。但莫斯科政府还是无人认识满文，对于通译的俄文翻译
也不敢确认（没有法律效力，而且事后发现，通译曾擅自加上了大君
主的称号，并把一些粗暴的语词译成温和的文句）。故斯帕法里出使
时，就把这封国书（还包括明朝时的两封国书）一起带到北京，请耶
稣会教士南怀仁重译，于是有了互有出入的三个文本。

南怀仁译本为：

皇帝致尔察罕汗：尔之达尼洛向朕呈文一件，谓尔亦
愿两国和好；又谓，彼——达尼洛已就根特木尔一事向
尔陈奏，如尔谕令将根特木尔遣回，彼自当立即将其遣回，
但望距彼不远处居住之久切尔人切勿为害彼等，云云……
我国猎貂之民及其他人等向朕禀报，居于黑色河流（可能
指石勒喀河）一带之人，乃"罗刹"也。"罗刹"屡屡欺
凌我国之久切尔人及达斡尔人，并在彼等所居地区猎貂。
关于根特木尔，上述我国猎貂之民等禀报，该根特木尔欲

托庇于"罗刹",投奔彼等,且已信奉其教。上述我国属民奏请剿灭此等"罗刹"。朕今复闻,此等"罗刹"乃尔之臣民,朕为此已派员前往查明真伪。该达尼洛遣伊格纳季等十名使者前来,声称,尔曾言,"罗刹"乃尔之属民,朕信其所言。今尔既愿与朕和好相处,则应将逃人根特木尔交还。愿今后两国边界勿启争端。若照此行事,则和平可保,特此函达。

1670年至1672年间,副都统孟额德接连三次去尼布楚,催问俄方是否已经对此国书做出答复,但似乎没有结果。对此,俄罗斯历史学界的解释是,"这些信件有些是从来就没有送达目的地,要不就是几年以后才送到莫斯科官廷"。他也曾劝根特木尔前往北京,以皇帝的名义赏赐他绣金的袍子,一条武将的腰带和腰刀,还有黄金和白银。但根特木尔拒绝了,都统为此以战争相威胁,根特木尔却支持俄罗斯人,表示为保护尼布楚的俄罗斯人,不惜与大清一战。

不过,俄方认为,孟额德并非纯粹为外交使命而来。1672年他到尼布楚附近时,是跟随部队一同来的。俄方文献记载,他"把涅尔琴斯克寨附近那些大君主的异族贡民召到自己跟前,威胁说:如果他们这些异族贡民不老老实实地到他们博格德人那里去,那末,今年草生后他们就要派出大军进攻涅尔琴斯克寨,夷平这个城寨,并把这些异族贡民通通抓走"。(《十七世纪俄中关系(1608—1683年)》)

就此,根特木尔事件一再发酵,两个帝国的战争也在一步步逼近。

大清国的心魔

表面看来，"根特木尔事件"是个简单的国际"引渡"问题，其实质却要比我们想象的远为复杂。清军挥兵南下，一个弱小民族征服一个偌大的王朝，统治着广土众民的汉人地区，汉人的反抗及其他部族的觊觎，引起大清的焦虑，尤其是在其统治尚未巩固的情势之下。

因此，部民的忠诚，对于以弱小民族而统御强大中国的满族人而言，确实至关重要。而"根特木尔事件"中土著的离心，恰恰刺中了一个弱小民族统治者的心理阴影，这是清廷一个无法说出也不敢面对的心魔，也正是这种心魔一步步把中俄两国引向战争。

斯帕法里使团与根特木尔引渡问题

1675 年，沙皇任命尼古拉·斯帕法里为全权外交使团团长，任务是试探两国之间能否建立友好和平交往。斯帕法里是俄罗斯著名外交家、外务衙门的翻译官。出使之前，使团以整整两年时间做准备工作，他研究了历次出使和旅游中国的案卷，并且搜集了莫斯科和托博尔斯克所存的有关到大清帝国首都的各条路线的情报，外务部门还为他准备了一份关于中国的情报摘录，材料取自耶稣会教士的著述和那些探险家、征服者的报告。

使团于1676年2月5日抵达卜奎（现在的齐齐哈尔）附近，受到卜奎首领的远迎。清政府得到俄方出使通报后，特地派礼部右侍郎、暂署理藩院侍郎事务的马喇前往卜奎迎接。3月7日，马喇一行抵达卜奎，3月13日，双方见面。第一次见面时，马喇遵照康熙皇帝的谕旨，详细询问了斯帕法里的使命、国书的内容等。但斯帕法里遵照沙皇的训令，拒绝出示国书，也不同意将口述的内容行之于文字。第二天，再次见面时，马喇对其多有抱怨。对此，斯帕法里的报告做了生动的记载，他说：清廷无法弄明白他的使命，哥萨克人在进攻，使臣却说是为了友谊，"究竟使臣是奉派前来打仗的，还是来宣战的，还是来向博格德汗收贡税的，还是要使臣前来进行要挟的？"斯帕法里在报告中一再强调"他们不能相信我们"，所以紧急派人前来询问。清廷为什么不能相信俄罗斯使者呢？马喇抱怨说，他们说的是一套，做的又是一套。"一方面派使团前来，一方面却在进犯，这样哪里会有什么友谊与和平呢？进行战争的时候有什么贸易可言？"（《十七世纪俄中关系（1608—1683年）》）

3月15、17日再次接触，斯帕法里简要告知国书内容。马喇则认为，如此，则其使命仅仅为互相和好，不断派使而已，并没有涉及根特木尔引渡问题，而这却是两国修好、遣使交易的前提。斯帕法里告知马喇说，沙皇并不知道根特木尔之事，因莫斯科无人能翻译清廷的国书。马喇报告康熙后，康熙令王大臣会议具奏。4月3日，议政王等上奏，认为俄罗斯使臣本应明确答复根特木尔事件的处理意见，却借口不通文书，试图搪塞。由此看来，他们"虽有修好之意，亦不可信"。但既然来探寻建交情形并进献方物，清廷"则应表彰圣主柔远之至意"，准其乘驿进京。

1676年5月15日，斯帕法里抵达北京。就根特木尔问题，理藩院决定由尚书阿穆瑚琅同马喇与斯帕法里交涉，双方就此谈判。理藩院在7月28日给康熙的报告中断定斯帕法里所说"俱不可信"，"因此，似应毋庸遣使"。斯帕法里要求清廷回复国书，清廷阁老一再表示，并非不发给国书，我们本来早就决定要写国书给你们的大君主，但国书内容，除了引渡根特木尔之外，别无他事。因为在你国大君主引渡根特木尔之前，任何别的事情都不可能办成。

自然，俄罗斯使者要求清廷就沙皇训令做出答复的事，也被搁置起来了。因为根特木尔问题没有解决，内阁会议决定不予使团以书面答复。斯帕法里在报告中写道：大臣们认为引渡根特木尔是两国建交的前提，如果不答应，则不仅不会回答，甚至此后连俄罗斯使臣、商人都不接待；如果能满足此条件，则"不要说十二条，就是一百二十条，汗也会接受"。

按俄方的记载，斯帕法里最后几乎是被"逐出"北京的。在斯帕法里回国前，理藩院通知他：今后必须遵守三个条件，大清政府才能接受俄罗斯的使节、来信或商人：一是根特木尔必须引渡，并由一位使臣伴送来京；二是俄罗斯使臣必须遵守大清礼仪；三是沿边的俄人应停止扰乱治安。斯帕法里再次请求大清就俄训令中提出的十二点希望做出回应，但康熙予以拒绝。返程时，斯帕法里绕道尼布楚，劝说该地和雅克萨的俄罗斯人，在黑龙江沿岸不要做出任何强暴行为。

大约在 1678 年，他才回到莫斯科。

为何清廷坚持要引渡根特木尔

斯帕法里返程前，曾向耶稣会教士打探清廷何以如此高度重视根特木尔的引渡。耶稣会教士告知，根特木尔是全体异族人的首领，如果沙皇交出他，则其余的异族人就会跟他走，或者逃散。如此，则沙皇没有在边境驻军的理由，冲突也就化解了。耶稣会教士告知说，根特木尔事件还与满族的民族隔离政策相关，满族人担心汉人造反和背叛，甚至把汉人迁出北京，"他们还担心住在长城外边的蒙古人以及卡尔梅克人，因为蒙古人和卡尔梅克人嫉妒他们这样小的民族竟然统治这样大的国家"。

一些耶稣会教士提醒斯帕法里，如果俄方不交出根特木尔，清廷就会攻打阿尔巴津和尼布楚。清廷之所以要引渡根特木尔，正是因为他们知道你们不会把他交出来，于是他们就可以找到一个借口，似乎他们是为正义而战，从而可以把尼布楚和雅克萨两处地方夷平。还说，他们甚至会以武力把根特木尔抓回去，但并非为了根特木尔，而是想赶在俄罗斯军队增加之前先发制人，控制尼布楚和雅克萨。因此，应派遣一些军队去防守，否则会引起中国人的轻视；他们还说，希望俄罗斯大君主派军队攻打一下这些高傲的中国人，使他们认识一下沙皇陛下是什么人，他们自己又是什么人——"他们把自己的博格德汗称为地皇和天下主宰，而认为其他君主都不过是他的奴仆而已"，认为"世界上所有的人都只用一只眼睛看东西，而他们中国人才是用两只眼睛看"。耶稣会教士在告知这些时解释说，他们"乐于替大君主服务"，"因为他们不喜欢满洲人，他们喜欢汉人，他们在汉人时代生活得更好"。(《十七世纪俄中关系（1608—1683年）》)

斯帕法里由此认定，清廷抛出根特木尔，乃是掩盖战争的烟幕，为战争准备拖延时间。

斯帕法里回程时路过尼布楚，特意会见了根特木尔。在给沙皇的报告中，他写道："这个根特木尔是大君主的通古斯贡民中最杰出的人物，他是一个非常勇猛的堂堂男子汉，好像是个巨人。他有九个老婆，三十多个子女，除了女儿以外，全都英勇善战。他的部族有三百多人，全都配备着盔甲和戈矛。臣仆听说，他们之所以如此迫切要求遣返根特木尔，是因为他们知道他和他的部族都是一些最英勇善战的人，而他是住在靠近边境的涅尔琴斯克寨。他们害怕他会诱使大君主的军役人员攻打他们，因为他在那一带住过，一切情况都非常了解。"

确实有如斯帕法里的报告所说，根特木尔"叛逃"的影响太大，他在尼布楚定居后，自己曾多次参加对大清的远征，他还写信劝一位亲戚带领自己的部族离开卜奎投奔俄罗斯。通过他的号召，越来越多的蒙古人和通古斯人归顺俄罗斯并向俄罗斯交纳实物税。不引渡他归国，大清对当地土著的统治就不免堪忧。

作为大清心魔的"根特木尔问题"

按理，夹在两个帝国之间的土著部落，"逋逃"之类乃是最正常不过的事。根特木尔问题何以会成为中俄外交的死结，清廷甚至为此不惜一战？

康熙的一段话，可以为我们了解这段史实提供帮助：

向部民征收一二貂皮，此尚不足使朕与大君主反目相
　　向，你等亦宜三思。你等如系大君主之臣民，理当受有君
　　主旨意，若你等大君主纳贡臣属叛逃而去，可因事过十年、
　　二十年或百年而不予追究乎？但即使如此，如根特木尔携
　　一哥萨克前来商谈一切，如根特木尔前来见朕，朕虽不屑
　　同他面谈，亦可确保二人安全，否则，何谈统辖四方。

　　引发战争的是主权纠纷吗？当然，有主权纠纷在，引渡是主权之
一，征税亦为主权之象征，但其重要性只在民族国家的视野中才能清
晰呈现，而非帝国关注的重点，如康熙上段话中所揭橥的。部民的忠
诚，对于以弱小民族而统御强大中国的满族人而言，确实至关重要。
这一点，就连当时作为客卿的耶稣会教士都能看出。

　　然而，即使触及这一点，根特木尔问题的复杂度仍然超出我们的
想象。事件确乎是由俄罗斯帝国入侵引发的，但其根子却埋在大清帝
国应对入侵的国策中，根源于那种强制内迁而不是就地保护土著的政
策之中。由此，可以说，大清帝国与俄罗斯帝国的边界纠纷、外交冲
突，以及由此引发的系列战争，表面看是俄罗斯与大清之间的主权冲
突，是侵略与反侵略之间的问题，但究其实，却是大清自己与自己的
战争，是一场注定无法胜利的心战。正因为这种自己与自己的争战，
也就注定了其进退失据的结局——没有一个人可以打败自己，除非
他能认识到，这场自我争战的实质所在。

战争为何会成为帝国的对话方式

中俄两大帝国之间存在着一个辽阔的区域，为游牧半游牧部落占据。在根特木尔叛逃事件之前，大清帝国对俄罗斯既没有知识兴趣，也没有资源交流的需求，更无权力扩张之类的欲望，邻国存在与否似乎无关紧要。

相反，自17世纪始，俄罗斯对中国的了解虽也充满疑虑、误解重重，但一直在加深理解。西伯利亚的征服与阿穆尔河的殖民是俄罗斯帝国试图与大清帝国建立外交关系的主因，但并非全部，知识的兴趣、贸易的扩展、国际竞争的促迫、帝国自身的成长等，均在其中。尤其是，随着17世纪下半叶俄罗斯对外关系的全面活跃，扩大同东方各国的贸易和为俄罗斯商人开辟新市场的需求，更使得俄罗斯对东方邻国产生浓厚的兴趣。

17世纪初的俄罗斯，认为中国是在鄂毕河发源地附近。1608年，俄罗斯人从蒙古部落那里了解到其背后有一个强大的中华帝国，曾派遣以别洛戈洛夫为首的哥萨克去探寻，因蒙古部落争战，未能实现。1615—1617年，英国对俄罗斯施加外交压力，其外交使臣托马斯·史密斯公爵要求通过西伯利亚探寻通往中国的道路，为莫斯科拒绝。俄罗斯人自然不会允许外人通过本国领土与东方国家，特别是中国，进行贸易。

也正是基于英国的压力，莫斯科政府决定派遣自己的使团前往中国。1618年5月，沙皇派出伊凡·彼特林使团，使团于9月1日抵达北京——大明帝国的首都。彼特林在北京逗留四天，大明帝国视其为贡使，但他并未携带"贡品"，故并未见到万历皇帝，但还是得到了以皇帝名义起草的国书。这封国书当时俄罗斯还没有人能够读懂，因此，它连同此后崇祯皇帝的一封国书，都被束之高阁了（崇祯帝的国书是1641—1642年哥萨克骑兵随土尔扈特贸易团队带去的）。

随着俄罗斯对西伯利亚地区的征服，两个帝国之间有了经常性的接触，建立外交关系的需求就更为迫切。派往大清帝国的第一个使团，领队选择的是商人费奥多尔·巴伊科夫，也就不难理解（同时派出的还有赴印度使团）。

俄罗斯的外交攻势

（一）巴伊科夫使团

大清帝国建立后，沙皇任命商人费奥多尔·巴伊科夫领团往使中国。巴伊科夫于1654年2月2日正式接到训令，11日奉到国书。这份由财务衙门拟定的训令长达97页，详细列举了使团必须遵循的各项礼仪、任务、应对，包括欢迎大清使臣或商人到莫斯科，收集情报的具体指示，以及如何应对一些诸如"中国的博格德汗皇帝已经去世，或者已经被人用某种手段废黜"等可能出现的意外情况。不过，最详尽的还是外交礼仪的严格规定，从大君主的称谓，到递交国书的程序，与觐见皇帝的礼仪，一再强调必须亲自将国书递交给皇帝本人，并对陛下本人致辞，但拒绝叩头或做任何降低沙皇地位与尊严的行为，对大臣等只允许鞠躬，不允许向官廷、任何一道门槛鞠躬，"绝对不能吻皇帝的脚"，但可以亲吻他的手等等。

奉到国书后，巴伊科夫立即派出一个由阿勃林率领的商队前往北京通知大清朝廷，他本人也于1656年3月3日到达北京。但双方因提交国书的程式争执达四个月之久，最后，清廷妥协，允许巴伊科夫亲自将国书交给清帝。但在递交国书时，再次发生礼仪冲突，据《清世祖实录》记载，俄罗斯使臣"虽具表文，但行其国礼，立而授表，不跪拜。于是部议，来使不谙朝礼，不宜令朝见，却其贡物，遣之还"。

巴伊科夫使团到达北京时，满洲军队与哥萨克正在黑龙江流域发生冲突。清朝官员就此质询巴伊科夫，为何"大君主一方面派自己的使臣觐见他的中国皇帝，而另一方面又派人攻打他中国的领土"？其实，巴伊科夫使团的任务是贸易，并未受令处理阿穆尔河流域的冲突问题。训令里明确规定，如果问起君主本训令中没有写上的其他事情，他必须酌情做出回答。但说话要谨慎，以维护君主的尊严。如果有人问起重大的事情，不论是他不知道的，还是他知道的，都要推说他以前没有听说过。于是，巴伊科夫声称哥萨克是"不受约束的人"，其行为未经政府批准。清廷官员自然不信。

1656年9月4日，巴伊科夫因此种种，奉命离开北京，使团未能完成任务。离开之后，9月13日，他又派人回北京，表示"希望贵国皇帝惠予照顾，准许我携带君主的国书和财物返回汗八里（北京），我准备完全听从贵国皇帝的旨意"。清廷为此派人到巴伊科夫滞留之地询问他本人，是否接受跪拜等大清礼仪，巴伊科夫表示愿意"完全听从贵国皇帝的旨意，尽量使他满意"。清廷官员答应回京复命请旨，但得到的答复是，"我国皇帝不准带你回到他那里，因为你已离开你原来派人到汗八里去的那个地方，走出了最后一个城市"。中方的说法是，巴伊科夫擅自离开哨卡，进行各种"非法"活动，然而，并未指明何种具体行径。

（二）阿勃林使团

巴伊科夫往返历时三年之久，在此期间，与莫斯科无法通信。1657 年 5 月，莫斯科政府听到谣传，说因哥萨克进军阿穆尔，他被留在北京，为"救出"巴伊科夫，俄罗斯外务部门决定采取紧急措施。1657 年 10 月，派遣信使（急使）谢·阿勃林和伊·佩尔菲利耶夫携带国书前往北京，国书承认哥萨克进攻中国皇帝的达斡尔臣民是寻衅滋事，哥萨克不知道他们是大清的臣民，沙皇陛下以后不许自己的军队再到达斡尔地区去，命令他们与当地和睦相处等。但急使尚未出发，就得到巴伊科夫返回的确实消息，于是莫斯科政府收回上述国书，下达新的训令，新国书不再采用"妥协"语词，同时还调换了正副使的位置，使团的任务改为与大清建立商贸关系。

阿勃林抵京后，清廷认为俄罗斯国书内容矜夸疏狂，"表内不遵正朔""语多不顺"，诸王大臣会议，决定"逐其使，却其贡物品"，将俄罗斯使者驱逐回国。但顺治帝以体念"鄂罗斯远处西陲，未沾教化，乃能遣使奉表而来"，足见其"外邦从化"，"慕义之忱"，谕令礼部设宴招待，"贡物察收，察罕汗及其使，量加恩赏，但不必遣使报书"。(《清世祖实录》)使团于 1662 年离开。

此后，1668 年 7 月，阿勃林再次率一支庞大的商队来京贸易，商队于 1670 年 6 月抵京，据俄方文献，这支商队在与大清的易货贸易中共获得超过 1.4 万卢布的利润。

（三）斯帕法里使团

1675 年，沙皇任命尼古拉·斯帕法里为使团全权团长出使中国。出使前，沙皇发布训令，斯帕法里到达北京后，曾应清廷要求摘抄了这些训令，概括为 12 条：

一、请把以前的中国文书翻译出来（他确实随身带来了包括明朝两个皇帝的国书等外交文献，由清廷翻译，后存入档案。这也说明清廷此前发送俄罗斯的外交文书，莫斯科政府无人能够解读）。

二、今后应以何种文字书写并互通信件。

三、双方应照标准写法书写大君主沙皇陛下和汗陛下的名字和衔称。

四、希望汗派遣自己的儿子与使者一同前去。

五、希望允许双方商人自由往来。

六、如有俄罗斯俘虏希予释放。

七、每年从中国运 40 俄磅银子到莫斯科换取他们适用的俄罗斯货。

八、如有宝石，也希望运去交换他们适应的货物。

九、希望派遣造桥工匠。

十、请允许用所带货物自由交换适应货物，请予收税。

十一、希望划定一条比较近便的路线，最好是海路和水路，让使者经那条路回去。

十二、希望对上述各项以友好亲善的态度接受，因为沙皇陛下一向希望同汗陛下友好亲善。

当然还有更为详细的秘密训示，尤其是情报收集，细致到要求使者在北京逗留期间："必须设酒宴款待陪同官员或其他一些当地人，使他们能够以诚相见，吐露实情，为此可赠送适当礼物，千方百计地、极端秘密地向他们打听清楚：博格德汗对大君主的态度怎么样，是否友善……今后是否愿与大君主友爱相处，互相往来？"对刚刚采纳近代外交体制的俄罗斯来说，这一切都只是国际关系的常态，属于外交的日常工作。

斯帕法里抵达北京后，拒绝将国书和礼品交理藩院的要求，坚持直接向康熙递交国书。6月25日，觐见康熙时，拒绝叩头，次日康熙发布谕旨，有"俄罗斯国地处极边，欲求向化"等语。8月13日，接受康熙礼物时，再次拒绝下跪（俄方记载是觐见康熙时行了三跪九叩大礼，康熙还曾5次赐宴使臣，接受礼物时使臣虽争执了很久，最后还是冒雨在泥泞中跪了2个小时）。

斯帕法里要求清廷回复国书，议政王大臣与内阁研究了很久，决定先不向康熙汇报，而是要求使者先答应以"我国古已有之的礼仪"接受国书，再奏报康熙。为此，清廷通过耶稣会教士以拉丁语详细陈述了这种外交礼仪形式。惯例被归结为三条：一是任何一位到我们中国的使臣，都应自称是倾心悦服的下国来到上邦，而我们向博格德汗陛下奏报使臣或使者到达时也是说，某下国君主心悦诚服，现派使者前来御前叩请圣安；二是无论哪位君主派遣使臣赠送何种礼品给博格德汗陛下，我们在奏报时都不称之为礼物或赠品，而称之为贡品或方物，我们奏报时也如此说；三是博格德汗陛下给某位君主的回礼或赠品，不称作赠品，而称作博格德汗对某君主或某国的恩赏，以奖其劳。国书的写法也只有：一，圣上垂谕下邦；二，所献方物收到；三，回礼则写成对你国恩赏有加，以酬效劳。

斯帕法里表示，如果接受这种礼仪与国书，则无法维护本国的尊严，俄罗斯并非大清附庸，使者的到来是为了建立平等而友好的亲善关系。阁老回答，我们也知道，俄罗斯大君主不是博格德汗的臣民，但"自古以来，我们就立下了这种礼仪，说的、写的都是这样。无论对世界上哪个国家，我们都不能改变它"。对于斯帕法里要求皇帝以平等的方式撰写国书，"如同沙皇陛下按照你们的惯例致书博格德汗那样"，礼部侍郎表示，他同内阁已经商量过了，这种国书不但不能发，甚至连向皇上提出也不敢，因为已经明确宣布，博格德汗是人间天子，世界各国君主都随侍在侧，怎么可能以平等身份发送国书呢？

俄罗斯使臣当然无法接受这种侮辱，康熙也并未发给他国书。应他的强烈要求，理藩院抄给他一份上谕，其中宣称，因斯帕法里不懂礼节，又拒不从命，而且对大清前此提出的引渡根特木尔置之不理，所以拒绝给沙皇回信。理藩院大臣表示，皇帝也可以给俄罗斯大君主写信，但只会写上："自至高无上之御座谕于竭诚悦服之下邦曰：尔进之贡品或方物业已收纳，为此特给尔及尔全国以恩典和赏赐，以彰尔劳。"大臣们还劝导斯帕法里说，你不要对我国的礼仪感到惊讶，你回去转告你的大君主，正如天上只有一位上帝，地上也只有一位地皇，他居于大地中央，所有国君之间，所有国家都环绕在他周围，博格德汗是至高的。

耶稣会教士告知斯帕法里，如果他不接受这种礼仪与国书，就会被清廷命令离开。博格德汗本人喜欢荣耀，喜欢人家歌颂，而他的大臣们，"他们如此维护汗的荣誉，即使确切知道会因此而亡国，也不会对任何人让步。正如自古迄今从不让步一样，今后他们也不会让步，因为他们都是些野蛮人"。这样做与其说是惯例，不如说是一种炫耀或示威，是为了震慑尼堪人（汉人），"给那些敌对的尼堪人看"。

可见，清廷并非不知道平等外交的常识，而是在外交事务中，附加了太多的非外交因素。这是一个弱小民族统治大帝国的无法避免的心态，尤其是，当这种统治还没有巩固，还面临着内外挑战的时候，这种僵硬的"荣誉"就成为维护其权威之"皇帝的新衣"，而非"古已有之的礼仪"。

清廷为什么如此对待俄罗斯使团，使团人员也从耶稣会教士处得到了答案。他们告诉说，博格德人既高兴又不高兴，"他们高兴，是因为他们的对手尼堪人听说这样荣耀的君主派遣使团来表示伟大的友谊，会担心大君主要帮助博格德人。他们不高兴，是因为沙皇陛下的国境线确实已推进到他们的国境线附近，因此他们又很担心"。

截然不同的外交理解

如果仅从每次出使的目的、训令所下达的具体任务看，俄方的外交攻势几乎次次都以失败告终，但如果放宽历史的视野，则成就非凡，它不仅为此后双方正式缔约做好了铺垫，而且也为俄罗斯帝国的远东战略积累了充分的知识储备，而这乃是帝国战略最基本、最重要的内容。故，俄罗斯帝国高度重视各外交使团的报告，尽管外交使命失败了，但这些使团的北京之行，他们所带回的地理方面的信息，具有重大的科学意义，还引起了欧洲知识界的强烈兴趣。

相比俄罗斯帝国持续而坚韧的外交攻势，大清帝国的"外交"就显得迎拒失当。它对俄罗斯帝国既没有知识兴趣，也没有资源交流的需求，更无权力扩张之类的欲望，邻国存在与否似乎无关紧要。因此，可以说，对大清帝国而言，并无所谓的"外交"存在。

但双方冲突已经发生，大清帝国就算想"闭关自守"也无法做到，交往已无可避免。于是，就有了我们所看到的这种欲拒不能、欲罢还休、战和不定的"东方特色"外交形态。其实，这种外交形态的形成，只不过是清廷将外交当作一种暂时性、事务性、应对性的任务来看待的结果吧。

两个帝国对于外交性质的理解可谓截然不同：从俄罗斯帝国、从现代国际关系的常识看，与邻国建交乃是国际政治的一项常规任务，上述斯帕法里的使命也就是这种外交常态。但从大清帝国看，它以一种纯粹的事务性视角对待国际外交，则必然无法理解国际政治的多层次、多头绪的事实；无法理解国际政治可以是战争与和平共存、贸易与冲突共存的这种事实。从而在国际关系中，将自己逼入一种极为狭隘的对冲状态，造成针锋相对的紧张情势，帝国交往中必要的转圜空间与常规性接触渠道因而无法创造。两个帝国之间几乎无法沟通，冲突似乎必然发生。由此，战争就会成为唯一的对话方式了。

雅克萨，一场奇怪的围城战

雅克萨据黑龙江上游左岸，地当水陆要冲，此地原来是达斡尔人首领阿尔巴西的驻地，附近一条支流就叫阿尔巴西河（现名额穆尔河）。在女真语中，雅克萨的意思是"刷坍了的河湾子"。哥萨克人哈巴罗夫侵占后，以阿尔巴西的名字命名这座城堡，取名阿尔巴津（城池多次被毁并重建）。17世纪80年代，雅克萨成为中俄势力接触与冲突的前沿，1685—1686年间，一场大战降临这座小城，俄罗斯与大清帝国的武力对决终于爆发。

康熙的战前准备

康熙二十年（1681），平定了"三藩之乱"的康熙帝，得以腾出手来强化东北边防，满洲进入备战状态。

1682年5月12日，康熙借盛京谒陵之际出巡东北，视察盛京和吉林乌喇等地防务。9月，派副都统郎坦和一等公彭春率官兵往达呼尔索伦，以捕鹿为名，探察雅克萨、尼布楚周边情形，并调查自宁古塔到乌苏里江、黑龙江的水陆交通情况。康熙还特意提醒他们，如果俄人出战，不要与他们交锋。来年初，郎坦回报，说要攻取雅克萨诸城，非红衣大炮不可，建议先调用存放在奉天的20尊大炮运至吉林江口备用，趁地面结冰时送到湖勒还河口（今牡丹江）；从瑷珲到雅克萨马行需要两个半月，舟行逆水需要三个月，因此，粮草筹备运输最为关键，兵力则不需要太多，3000人足够。

听取郎坦的报告后，康熙调整了基本方略，鉴于前此海色、明安达里出兵失利的教训，康熙主张暂不进攻，先在瑷珲等地建城，囤积粮草，做好充分准备。

在郎坦回后不久，宁古塔将军巴海建议先修理战船。康熙下旨，说"宁古塔地方与罗刹甚近，战船关系紧要"，命户部尚书伊桑阿赴宁古塔督修；并且命令巴海砍伐修建100只战船的木料晒干备用（在此之前的1676年，康熙已经下令将宁古塔将军治所移到吉林，"建木为城，倚江而立"。治所统满兵2000名，迁移数千户流人居住。修造战舰40余艘，日习水战。1680年，康熙派遣250艘运输船到辽河、伊通河和松花江，为当地军队运输粮食；还派了130艘运输船到黑龙江）。

为确保水路运粮，康熙令内务府营造司以瀛台与通州之间的运米船先行试验，再命令盛京刑部侍郎噶尔图等人，自巨流河至等色屯分段测量辽河深浅、流量，看可以运行多大的船只。为加速粮食运输，同时开通连接辽河与松花江之间的运河，在辽河上游设立粮仓四处。

1683 年，哥萨克兵出掠，被清军截获，俘虏 30 多人，其余逃散。清军趁机溯结雅河而上，生擒新结雅斯克堡俄军，并平毁德隆斯克堡和昔林斯克堡。到年底，黑龙江中游、下游地区的俄军势力基本肃清，仅剩雅克萨这一据点。

同年，筑瑷珲城以为后路大本营，调黑龙江将军至瑷珲，任命萨布素为将军。确定瑷珲为大本营之后，需要打通瑷珲和吉林之间的交通线，户部提出翌年雪消之后派人勘探路线，准备设立 10 个驿站。1684 年 3 月 29 日，勘探人员出发，康熙亲自召见并详加指示。经反复测量，瑷珲至吉林之间路程 1340 里，需要设立 19 个驿站，康熙指示，每个驿站设壮丁并拨给什库 30 名，马 20 匹，牛 30 头。这样，水陆两条交通线就建立起来了。

1684 年，在瑷珲实行军屯制度，并禁止满洲粮食外运。

这一切准备妥当后，开始从科尔沁、锡伯、乌拉等官屯调运"可支三年"的军粮 1.2 万石；从各地征调军队：宁古塔征发 3000 人，北京调去旗兵 170 人，山东等省调去官 105 人、兵 395 人，此外还有福建的藤牌军 300 多名，索伦兵约 500 名，总兵力在 3000—5000 人。

为保证后路安全，清廷还联络了喀尔喀的车臣汗，敕令其断绝与俄罗斯人的贸易往来。

大清君主康熙亲自筹谋战略，运筹帷幄，点兵派将，谋而后动，这场战争对于大清来说，看来意义非同小可。

雅克萨第一战

1684 年，战前筹备基本停当，原计划于春季冰消之后乘船往雅克萨，先割取俄罗斯人沿黑龙江岸种植的庄稼，迫使俄罗斯人自行退却。但萨布素报告，军粮要直到六月十日才能启行，属于上水行船，加上正值雨季，江水泛滥，道路泥泞，即使急行军，也得一个月之久。如此，就算赶到雅克萨，俄罗斯人的庄稼也已经收割，徒然劳师动众，不如推迟到来年。

康熙虽痛斥萨布素"坐失机宜"，但也无可奈何，只好派都统瓦山等前往黑龙江会同萨布素商议第二年出师事宜（康熙为此撤了萨布素将军之职，由瓦山代替，但瓦山不幸去世，由彭春出任统辖黑龙江军务大臣）。

第二年，康熙下达作战命令。四月，清军自瑷珲出发，于六月二十三日抵达雅克萨。分水陆两军列营布阵，布置火炮，驻扎在雅克萨下游。

当时据守雅克萨的是俄军将领阿列克赛·托尔布津（6月份出任督军之职），所辖哥萨克士兵连同商人、猎人、农民及哥萨克部民总数350人，拥有300支滑膛枪和3门小炮。得到清军进攻的消息后，托尔布津下令从附近各个村子撤出（当时哥萨克人在雅克萨城周边已经垦殖了2700英亩土地），并把寨堡外的40所房屋烧掉。清军屯兵城下时，托尔布津派人向尼布楚求援，尼布楚自身力量不够，故向叶尼塞斯克督军紧急报告军情且请求支援。7月5日，尼布楚派出100人的增援部队前往雅克萨，留守尼布楚的只有221人，其中军役人员118人，分散驻扎在尼布楚所属各堡寨。

正式进攻前，彭春派人送达最后通牒，声言俄罗斯人不听劝阻，深入内地，掠侵民间子女，构乱不休，且盘踞雅克萨，因派遣大军进剿。敦劝俄军退回雅库，各自守护各自界限，不相侵夺，界上贸易也可以继续，彼此安居，兵戈不兴云云。托尔布津对通牒置若罔闻，并申明要誓死保卫雅克萨，直到流尽最后一滴血。

6月25日黎明，一队40多人的俄军增援部队乘筏下行，被林兴珠率领的藤牌军拦截。藤牌军都赤身裸体入水，将藤牌举在头顶之上，俄军枪矢不能入。藤牌军各抄长刀，从水中横扫俄军脚胫，俄军纷纷落水。"格杀三十余人，掠其子女十五人，牵筏而还。"（《八旗通志·郎坦传》）当晚，清军开始列阵，于城南进兵，施放弓箭；于城北设红衣大炮轰击，两翼则以神威将军炮夹攻。城东南的江面上也密布战舰，以防俄军从水路逃走。26日黎明，清军集中火力发炮，炮火持续到"次日日落"，城不下。

鉴于久攻不下，郎坦决定采用火攻，于是下令在城下三面堆积柴草，准备焚城。据清方报告，俄军一看到清军准备焚城，就出城投降。郎坦等鉴于皇上有好生之心，欲以德服人，遂受降，《八旗通志·郎坦传》描述："愿归者六百余人，并其器物悉与遣归"，罗刹等"稽首而去"。

俄方的记载是（托尔布津报告）：敌军人数约有1万人，攻城时使用了大炮200门，野战炮150门，攻城炮50门。清军自6月22日发起攻城，至7月2日，连续十天炮击雅克萨，将城墙、城内建筑物破坏无遗，商铺、粮仓、教堂连同钟楼都被发射的火药箭烧毁。俄军奋勇死战，但战100多人，本来不多的弹药库存也消耗殆尽。当清军焚城时，"城中一片火海，守城官兵的处境变得难以忍受"。修道院主持和教堂神父率全体居民请求献城投降，托尔布津不得不答应，派代表到清军驻地议降，并提出议和条件，要求允许雅克萨全体居民携带军器辎重撤出雅克萨，不扣留他们做俘虏。大清军队同意俄人撤出，但却"将卑职及其他人的全部财物劫掠一空，粮食及马匹牛羊也未留下"。大清将领们还将他们招到将军营帐中，试图"以高官厚禄及诸般赏赐"招抚他们为清帝效劳，但"卑职及军役人员和各色人员不忘东正教的信仰，不忘大君主的深恩厚泽，不忘对上帝及二陛下的神圣誓言，并未为其所动，也未为其官禄赏赐所惑，拒绝去为博格德皇帝效忠"。(《历史文献补编：17 世纪中俄关系文件选译》第 12 卷)

25 名哥萨克士兵留下投效清廷(清实录记载为 45 人，但依据户部档案，应该为 40 人，被归入上三旗)，托尔布津则带着其他人撤离，清军收复雅克萨城。

接到捷报的康熙，喜形于色，对大臣说，"今收复雅克萨地，得遂初心。至于抚绥外国，在使之心服，不在震之以威"，"以我兵马精壮，器械坚利，罗刹势不能敌，必献地归诚"。7 月 15 日，康熙下令大学士等，商议在雅克萨等地驻兵弹压等事宜。

不过，前方的将领却有自己的处置办法，当俄罗斯人撤出雅克萨时，彭春率部尾随并监视其行踪，直到额尔古纳河。返回雅克萨后，将城内房屋与军事要塞全部烧毁，城外四乡的禾苗却没有割去，就"班师"回瑷珲去了，留下一座雅克萨废墟，既不设防，也没有布置哨所。回到瑷珲后，又把原来在黑龙江左岸(北岸)的瑷珲城迁移到右岸下游 3 里处的托尔加村，留下 2000 多名驻军和 500 名军屯人员，主力撤往松花江，依康熙指示暂驻乌喇(吉林)；还准备将黑龙江将军衙门迁往墨尔根(嫩江)，在此大兴土木，将领们也回北京了，萨布素则到卜奎(齐齐哈尔)。这样，从雅克萨到瑷珲，沿黑龙江左岸就全部空置，黑龙江上流区域又恢复到战前的无主状态。

雅克萨第二战

在撤回尼布楚的路上，托尔布津碰上俄陆军大佐伯伊顿(Afanei Beiton)率领的哥萨克兵先遣队，因雅克萨已失，他们一起折回尼布楚，时间在 7 月 20 日。

7 月 25 日，尼布楚督军弗拉索夫派人前往雅克萨侦探，得到情报说清军在焚烧雅克萨之后，沿黑龙江河匆匆而下，只在瑷珲留下 500 名士兵防守。弗拉索夫十分高兴，立即派伯伊顿带领先遣部队轻装前往。

1685 年 9 月 6 日，哥萨克重新占领雅克萨，托尔布津再次出任督军。

此时进驻雅克萨的俄方军役、耕农及各色人等共 669 人，拥有 5 尊铜炮、3 尊铁炮和充足的军备（100 支火枪、850 支燧石枪）。

托尔布津一面下令收割四乡的粮食，一面重修防御工事。这次防御工事接受上次的教训，土墙加高增厚，底座 4 俄丈，高 1.5 俄丈，上面架设大炮；土墙四面修筑了突出的堡垒，墙外掘出壕沟；堡内还修筑了粮仓、火药库、军需库和近 10 所居民房，城防工事历时半年，于 1686 年完成。

俄军重占雅克萨半年之后，清廷才得到消息，决定再次征讨。康熙下令王大臣及先前参与战争的彭春、郎坦等人会商对策；3 月 6 日，萨布素传来雅克萨的侦探报告，康熙派人查证确实后，决定再次发动雅克萨之战。他下令萨布素"止率所部二千人，攻取雅克萨城"，福建藤牌兵 400 人也"令建义侯林兴珠率往"。又令郎坦、班达尔善、马喇等赴前线辅助萨布素。临行，康熙告诫郎坦，此行宜慎，如俄军不降，则尽行诛杀。到雅克萨后，即在那里过冬，"勿毁其城，亦勿损其田禾。俟禾熟，收为我饷"。

7 月 17 日，萨布素率所辖兵马进逼雅克萨，在其对面设置指挥所，河右岸的制高点上设置炮台，下方河口也构筑了工事，将雅克萨三面包围起来。

7月18日，清军攻城，遭俄军猛烈炮火还击，未能成功。城内守军组织反击，杀伤清军多人（*此时城内聚集 736 人，连同周围城寨一共 826 人，有大炮 11 门，火药 112 普特，炮弹和榴弹 175 发，载《历史文献补编：17 世纪中俄关系文件选译》*）。

7月20日，郎坦进军西岸，令水师占据上游；23日，郎坦在城北以红衣大炮轰击城内，班达尔善则从南城组织强攻，多次击退俄罗斯人的冲锋，但自夜至旦，城不能下。两军相抗，你进我退，战争呈拉锯胶着状态。

8月26日，城内守兵不再出城应战，清军乃水陆合围，又在城南城北两处垒筑高台，上架大炮，直指城内。

清军攻城期间，俄军死亡 110 多人，托尔布津在塔楼视察时，一发炮弹击中腿部，将右腿齐膝打断，四天后死去，俄军归伯伊顿指挥。至 10 月，哥萨克军仅剩 150 人。时已隆冬，萨布素乃决定长期围困，迫其降服。城内守兵因穴居在冰雪之中，饱患湿气之苦，仍不投降。其时，守城俄军因战死饿死和病死（坏血病），只剩下残兵 66 人，"已经根本谈不上继续实施抵抗"，城池旦夕可破。他们 3 次派人向尼布楚求援，但清军已严密封锁雅克萨，尼布楚援军无法接近，"无论用什么办法都难以偷袭"，只好返回尼布楚。而尼布楚正遭到蒙古各部落的围攻，自顾不暇，更不可能增援雅克萨了。

一场歼灭战看来是指日可待了。

此时的雅克萨，处在清军的重重包围中，清军在其东南北三面都筑有壕沟土垒，外设木桩鹿角，西边临小河，清军水师船只在此停泊把守。雅克萨城对面的岛上也筑起了清军的指挥部和过冬营寨，离城六七里的黑龙江上游港湾成了清军的过冬船坞。清军甚至还把一些赢弱的马匹送回瑷珲和墨尔根，又调来在墨尔根服役的 200 名筑城士兵，由副都统博定率来增援。

不过，清军似乎并不准备来一场痛快的歼灭战，而是采用围困战略，想逼迫俄军投降、自动撤退。

从秋天延伸到苦寒的冬季，2000 多清军就这样无所事事地将数十人的雅克萨团团围住，一围就是五个月，双方似乎不是在进行一场战争，而是在拼意志、赌国力……

不过，到十一月底，清军突然自动后撤 3 俄里，围城解除。哥萨克守军得以自由地到城外寻找食物，还与尼布楚取得了联系，得到援助。清军没有干涉，反而彬彬有礼，萨布素甚至还给他们派去医生，但伯伊顿拒绝了。作为回礼，他馈赠萨布素一个重达 1 普特的大蛋糕（1 普特等于 16.38 公斤），表示城内粮食充足。不过，他们承认，"粮食储备早已吃完了。被包围的人吃松树和草根"，"城堡堆满了尸体，没有人去掩埋他们"。

第二年，1687 年的 5 月 6 日，萨布素围城部队再次自动撤退 1 俄里，至 8 月 30 日，双方达成协议，清军正式撤围，全部回到瑷珲和齐齐哈尔，而俄罗斯人可以继续留在雅克萨。清军撤退后，俄罗斯援军与物资则源源到来，至 1688 年 8 月，雅克萨城内驻军又增加到 300 人，周边农庄也恢复起来了。

决定外贝加尔命运的战争

　　为雅克萨之战，康熙苦心焦虑、运筹备战三年之久，双方炮火对阵，死伤无数，城池眼看就要到手，却为一纸命令最后放弃，这场奇怪的围城战究竟是为了什么？

　　康熙自己的说法是因俄罗斯使者正在路上，解围是为和谈创造有利条件。这一说法自然有着史实的依据，然而，问题如果真这样简单，则这场战争根本就没有发生的必要。退一步说，就算发生了，也用不着采用这样的长期围困政策，因为俄罗斯信使在 1686 年 8 月到达边境，到 11 月时双方达成停战协议，而大清军队正式撤围却要拖到一年之后了。差不多一整年的围困，虽然几乎将雅克萨变成一座死城，但也把自己的有生力量耗在对抗的泥潭中，由主动变被动，从而导致在瞬息万变的国际关系中丧失了有利时机。

　　尽管从康熙的眼光看，雅克萨之战为此后的尼布楚谈判奠定了有利条件，但事实上，决定双边关系的，尤其是决定外贝加尔湖地区归属、从而底定整个亚洲政治格局的大决战，就是在这个空当之中发生。

由于这场战争的史料主要保存在俄方档案中，本文只能利用这种单方史料来重建这场意义重大却被严重忽视了的战争。

《戈洛文报告》

1686年2月5日，沙皇全权特使戈洛文从莫斯科启程，第二年9月到达外贝加尔湖地区的色楞格斯克（中方称楚库柏兴），此后驻扎在乌丁斯克（中文名乌的柏兴，今天的乌兰乌德）。奇怪的是，在此后的一年时间（至1688年夏），戈洛文似乎并不急于与大清谈判，而是一直停留在乌丁斯克与色楞格斯克之间。尽管莫斯科政府和清廷一再要求尽快进入谈判，但戈洛文却始终在拖延，甚至"往而复返"。对此"乌丁斯克停留"，此后的俄罗斯历史学者甚至都多有指责，认为它导致了俄罗斯在谈判中"失去了主动权"。

戈洛文究竟为什么在乌丁斯克长时间停留？这里利用戈洛文的出使报告，列出一个简单的日程表，即可以看出其"乌丁斯克停留"的内幕。

乌丁斯克俄蒙谈判

戈洛文使团的任务是与清廷达成和议并签订界约，但他却十分重视作为中俄之间的第三方即蒙古各部落的势力与倾向，从其参与西伯利亚外交活动时起，就重视处理与蒙古人的关系问题。17世纪晚期，东北亚蒙古各部落分为厄鲁特与喀尔喀两部分，厄鲁特领地在青海、新疆地区，分和硕特、准噶尔、杜尔伯特和土尔扈特四部；喀尔喀蒙古（外蒙古）由车臣汗、札萨克汗和土谢图汗统治。车臣汗领地分布在东部地区；土谢图汗居中，在外贝加尔湖一带；札萨克汗分布在西部，乌梁海一带，靠近俄罗斯。札萨克汗下还有一个被称作阿勒坦（金汗）的属地，与俄罗斯的关系最为密切。当时，三汗名义上与清廷结盟，但事实上处于自在状态，而其内部也并无统属关系，各自独立。

使团出发后，他首先派出斯捷潘·科罗文去色楞格斯克侦察蒙古诸王的消息，并挑选一名能干的信使瓦西里·佩尔菲利耶夫携带一封"殷勤"的信和一份"能表达友情"的丰厚礼物去见温都尔格根（哲布尊丹巴呼图克图，为蒙古地区宗教领袖），要求他"确切查明蒙古汗及呼图克图以及诸台吉是否与中国皇帝订立同盟"，并要求他通知蒙古人使团的到来。

随同戈洛文使团的军队达 2000 人之多，包括由 500 名莫斯科火枪手组成的费奥多尔团、1400 人的帕维尔"士兵团"和由西伯利亚各城军役人员组成的安东·别尔赫团。护送团训练有素、装备精良，在当时无疑是一支相当巨大的军事力量。当戈洛文使团到达属于喀尔喀蒙古人领地的外贝加尔湖一带时，引发了当地蒙古部落的高度紧张。

所以，1687 年 7 月，当戈洛文到达伊尔库次克时，喀尔喀车臣汗诺颜诸台吉就派出使者前来探询，使节送来的信建议双方"和睦相处"，希望保持友好关系并互派使者，双方还达成了通商互贸协议。

9 月，戈洛文进入乌丁斯克，喀尔喀蒙古领袖温都尔格根、土谢图汗（俄文史料又称斡齐尔赛音汗）和西第什里·巴图尔洪台吉（又称巴图尔·珲台吉，为土谢图汗弟弟）共同派出使者到乌丁斯克，探寻俄罗斯军队之目的。他们质问："全权大使率大批军人及携带军备意欲何为？"戈洛文解释说仅仅是护送使团。尽管使者们仍然担心，但他们还是表示，来此是"真心诚意表明心迹"，希望俄罗斯与蒙古"建立友谊"。

蒙古使节团向戈洛文提出归还原来属于蒙古部落的布里亚特，并询问戈洛文是否携带了沙皇致蒙古诸王的国书。戈洛文则列举了蒙古人在外贝加尔地区对俄罗斯人的"欺凌"作为回答；至于国书，他认为，土谢图汗和温都尔格根与大清皇帝之间关系密切，故隐瞒国书而没有交给他们。

但蒙古使节的到来还有贸易任务，所以戈洛文为他们举行了盛大的招待会，并赠送礼物。他们在乌丁斯克停留了将近一个月，同戈洛文商定了未来的"互惠贸易"。9月30日，使者回去。

按戈洛文的报告，使者刚刚回去，就发生了一系列蒙古人盗马事件，为此，他不得不停留下来处理盗马问题。11月，戈洛文到达色楞格斯克，在此停留长达半年之久，"几乎整个冬季他都在这里同蒙古台吉的使者就归还被赶走的牲畜及其他琐事进行谈判"。

1688年1月6日，温都尔格根和土谢图汗的使者格素尔再次来色楞格斯克。1月12日，土谢图汗使者亦来，送达康熙的信件，告知雅克萨撤军了，请戈洛文前往谈判；使者同时要求全权大使约束俄罗斯人，不要袭击蒙古人和掳掠人丁。戈洛文要求尽快放行滞留在库伦的科罗文等信使（1687年11月底派出，直到1688年3月才抵达北京），并对蒙古人盗取其1000多匹马、打死5名俄罗斯人提出抗议，要求温都尔格根约束自己的人马。格素尔表示那些蒙古人不归温都尔格根和土谢图汗管辖，他们有自己的汗，为此，戈洛文有了充足的借口攻击那些蒙古人。

戈洛文要求使者解释"汗王之弟西第什里正集结军队，驻扎在色楞格斯克附近之鄂尔浑河，目的何在"？使者解释说，他们并"无军事企图"，只是害怕俄罗斯人进犯。不过戈洛文并不相信这样的解释，他指责蒙古军队在靠他们如此之近的距离集结，显然是"心怀叵测，意就发动战争"，并表示希望蒙古人不要有任何疑虑，不要制造纠纷。

事实上，戈洛文担心得不错，此时，蒙古大军已经将色楞格斯克包围了，他与乌丁斯克团队的联系被切断，一场长达三个月之久的"围困战"在外贝加尔湖地区爆发。

乌丁斯克之战

依据戈洛文的出使报告，这场围困战自1687年12月开始，持续到1688年的头三个月，色楞格斯克被包围则是从1688年的1月26日起到3月25日止。指挥这支部队的是土谢图汗的弟弟西第什里，"七个台吉"的蒙古军队分布在色楞格斯克至乌丁斯克一带，蒙古诸王大约集结了8000人的军队，"并派遣两千名铠甲骑兵，各带两匹马"，将俄罗斯军队重重封锁起来。

17日，戈洛文派出侦探试图与乌丁斯克联系，但无法突破。情报显示："在色楞格斯克周围山岗上可见到很多蒙古军队，夜间，色楞格斯克周围灯火通明。"

自19日到23日，戈洛文每天夜里都派遣12名军役人员沿着色楞格斯克河而下，到蒙古营地周边侦探。

24日傍晚，派出1名大尉及军役人员100人，要求他们沿着色楞格河往上到楚库河河口，袭击蒙古人并抓舌头（探子），但发现楚库河驻扎着大量蒙古军队，已经有所戒备，不敢发动袭击。

1月25日，100名蒙古兵跑到城边，哨兵警告并发起射击，蒙古士兵撤走。

1月26日至2月4日，色楞格斯克附近有大批蒙古人集结连营结寨，袭击哥萨克的侦察部队，附近居民的干草和其他储备物资被焚毁殆尽。

　　2月4日，色楞格斯克军役人员200名与蒙古人发生小规模冲突，蒙古人撤退。

　　2月21日，戈洛文派出15名侦探部队，但刚出色楞格斯克，就遭到约500名蒙古军人的袭击，战斗持续至傍晚，蒙古人撤出战斗。

　　2月24日，俄军出击，与附近山上的蒙古军队对仗，但未突破包围。

　　2月29日夜，蒙古人从三面发动进攻，"向色楞格斯克城内放射带铜爆管的火箭，投掷一束束着火的芦苇"，战斗直到黎明。戈洛文报告说，他对蒙古人进攻早有准备，在色楞格斯克修筑了坚固的工事，所以，"当蒙古人企图攻占该城时，碰到了修筑良好的栅栏、高墙和炮塔"，无法攻破。翌日清晨，估计3000人的蒙古军队沿着色楞格河往上向鄂尔浑一带撤去，不过包围继续至3月25日，双方僵持在色楞格斯克—乌丁斯克一带。

　　由于连续三个月没有得到戈洛文的消息，乌丁斯克的俄罗斯火枪兵出动去拯救色楞格斯克。3月24日，俄军皇家军人费奥多尔·斯克里皮增上校等人率领1500名士兵增援，在接近色楞格斯克20俄里的索梁谷同蒙古军队遭遇，双方发生战斗。莫斯科和西伯利亚火枪兵被打死6人，3人负伤，俘虏了1名蒙古士兵。但蒙古兵被击败了，"由于死人过多，浴血战斗的低地被称为'死亡谷'"。

　　索梁谷战役是决定性的，蒙古军的围困失败了，色楞格斯克解围。

　　3月27日，戈洛文集合部队离开色楞格斯克前往乌丁斯克堡，留下240名军役人员驻守，并增加了武器弹药。4月1日，戈洛文到达乌丁斯克，周围一带已经没有蒙古兵了。

情报综合

在这场战争中，俄蒙双方的力量完全无法构成对等关系，但蒙古军队却在四个月之久的围困之后，以失败告终，原因何在？

处在包围之中的色楞格斯克城内防御力量是：一个射击连（98人），137名色楞格斯克哥萨克，49名市民和商人，10名书记官，共294人。驻扎在乌丁斯克的使团随团军役人员约1500人，这是当时俄方的基本军事力量。

蒙古军力如何呢？

由于关于此次战争的清方文献（蒙文、满文或汉文）极为稀少，这里只能通过戈洛文出使报告中所提供的情报进行综合，但这些情报的精确性值得存疑，只能提供部分事实真相。不过，这些信息却可以作为当时蒙古人处境与心态的素材进行研读，通过对情报的判读，我们还可以从中建构这场战争的大历史背景——俄罗斯与大清冲突过程中作为第三方势力的蒙古人的处境与心态，以及由俄罗斯、大清与蒙古各部族所构成的东北亚国际局势的发展趋向。

俄方情报

较早的情报是从中国回去的信使维钮科夫和法沃罗夫送达的，情报说，康熙曾致函蒙古各汗及台吉，请他们出兵援助对俄战争（雅克萨之战）。但温都尔格根不赞成军事计划，而土谢图汗因布里亚特人的关系有参战之意。戈洛文在得到这些信息后曾建议沙皇，如能找到逃亡的布里亚特人，可否将其归还土谢图汗？但随着戈洛文与蒙古各部落首领的接触，他判断，喀尔喀蒙古各部落之间各自为政，在外交上并无一致。在俄清之间，他们保持着骑墙的中立态度，试图与双方保持友好关系，且希望在双方的冲突中起调解作用，不希望战争发生。因此，戈洛文决定不必在布里亚特人问题上向蒙古人让步，其态度变得强硬。（在俄蒙关系史上，布里亚特人一直就是个棘手问题。1684年时，土谢图汗曾派专使到色楞格斯克，要求归还所有的布里亚特人，否则，"和平协议亦无和平可言"，他将把俄罗斯人驱逐出自己的领地，并摧毁其城池。同时还表示，蒙古汗与康熙有着密切的联系，他们是"协同一致"的。所以，当时俄罗斯人认为："强大的斡齐尔赛音汗和他的兄弟巴图尔·珲台吉是色楞格斯克哥萨克的主要敌人。从1678年起，他们经常威胁着色楞格斯克。"）

战争期间，往北京送信的科罗文曾派人送达情报，说蒙古人对于俄罗斯使团不放心，有派遣军队加害之意。车臣汗曾准备派遣2万人的部队到雅克萨、尼布楚及其他各寨堡附近，但被呼图克图禁止，原因之一是，呼图克图下令巴图尔洪台吉去援救被札萨克图汗打败了的土谢图汗。

5月，尼布楚将军伊凡·弗拉索夫来信，报告这次战争的大体情况：

蒙古这次征讨外贝加尔湖的计划相当庞大：一部分部队用于围攻并打垮色楞格斯克的戈洛文部队；另一部分则攻打乌丁斯克堡；第三部分前往外贝加尔湖并征服住在该地的布里亚特人。西第什里·巴图尔洪台吉在色楞格斯克附近布好阵地后，就派遣2000多人的军队北上攻打乌丁斯克，但色楞格斯克的城防部队拖住了蒙古主力，驻扎在乌丁斯克的部队又成功地阻止了北进的蒙古军队，结果其整个计划以失败告终。

蒙古俘虏口供

从捕获的俘虏口中所得到的情报要准确得多。1688年3月24日，俄方对一名蒙古俘虏进行审讯，得知以下情报：

西第什里挑选了3000名精锐铠甲兵，派他们越过乌丁斯克和伊利英村去进攻布里亚特人（在乌丁斯克附近，蒙古军与300名哥萨克军人发生冲突，被打死300人，蒙古军撤退，向西第什里报告说，无法通过乌丁斯克前往海边，但他们仍旧被命令向海边进发），这支3000人队伍的首领是墨尔根岱青台吉、达什巴图尔台吉和额尔罕洪台吉。他们同俄罗斯人遭遇，作战三日，便向巴图尔洪台吉方向退却，墨尔根岱青台吉负伤战死。索梁谷战役前十天，当巴图尔洪台吉得知俄罗斯兵向色楞格斯克出击时，内部出现分歧，一些人表示"不需要进攻俄罗斯人"，但巴图尔洪台吉强行把他们派往索梁谷，结果失败。由于没有征服布里亚特人，一些蒙古人退回自己的部落。

在希洛克河和楚库河沿岸离色楞格斯克不远的地方，另一支由卡坦巴图尔台吉率领的约2000人的军队开往乌丁斯克附近，准备向海（贝加尔湖）的方向进发，去进攻布里亚特人。

西第什里本人则率领全军驻扎在色楞格斯克周围，实施围困。

然而，这种长期围困的战略，使蒙古人遭遇和清廷雅克萨战争一样的困境，不仅在战场上失去主动，而且时机拖延，蒙古内部的局势发生巨变，当其力量集结在外贝加尔湖一带而与俄罗斯僵持时，厄鲁特蒙古部落领袖噶尔丹率军3万趁机向喀尔喀蒙古发动进攻，喀尔喀部落立即抽调色楞格斯克—乌丁斯克的围困部队，在图拉河与噶尔丹大战三日，土谢图汗失败。整个喀尔喀被噶尔丹占领，喀尔喀蒙古溃散，一部分向大清边境撤退。

戈洛文不仅解围，而且趁机强化外贝加尔湖地区的防御设施，对散布在这一地区的蒙古牧民进行征服，成功控制了整个外贝加尔湖地区。

国际关系中的谣言与战争

　　前篇文章提及的乌丁斯克战争，究竟是大清与俄罗斯的战争、蒙古各部落只是在履行清廷的战略决策，还是纯粹为一场蒙古人与俄罗斯之间的战争、清廷其实并没有介入？在这场战争中，俄罗斯与大清双方究竟如何认识这场冲突的性质？如何判断战争阵线的构成？为什么在两个准备缔结和约、建立正式外交关系的帝国之间，战争的阴云总是挥之不去？

谣言充斥外贝加尔湖

　　战前，使节们已经在通往和谈的路上。

　　1687 年 11 月，戈洛文曾派出两队使者分别往清廷和蒙古。由斯捷潘·科罗文率领的使节前往北京（1688年三月下旬至北京），以伊凡·卡恰诺夫为首的使节团则赴乌尔嘎（库伦）哲布尊丹巴呼图克图处。色楞格斯克围城结束后，1688年6月，科罗文从北京返回，报告清廷和谈意向。但他也了解到，倘和谈不成，清廷便准备用兵，"中国并已出兵向阿尔巴津进发"。同时，清廷也组成由索额图为首的庞大使团，于1688年5月30日（康熙二十七年五月初二）离京，6月15日抵达归化城（今呼和浩特），七月下旬进入克鲁伦河附近。由于厄鲁特与喀尔喀蒙古战争的爆发，使团被阻。使团翻译、耶稣会教士徐日升写道："我们的钦差大臣们，经过一番匆忙而不是慎重的商量后，转身折回。几天以后，我们的皇帝没有得到可靠的情报，就批准了这个决定。"（《耶稣会士徐日升关于中俄尼布楚谈判的日记》）使团沿原路返回北京，另派轻骑通知戈洛文，约定改期会商。

大清使节团临时改变行程，令戈洛文无法判断清廷的实际意图，加上才结束的蒙古围城以及随之发生的蒙古内战，外贝加尔湖地区情势瞬息万变，莫斯科的训令自然无法遵循，戈洛文需要在混乱中判断自己所处的情境，并独立做出决定。首先要弄清的是，蒙古各部落与大清是否正式结盟，在乌丁斯克战争中，清廷究竟有没有介入？

早先的俄罗斯情报认为，大清与喀尔喀蒙古之间有着密切的盟友关系。

早在1676年，清廷的使节就带着丰厚的礼物去土谢图汗、巴图尔洪台吉和格根呼图克图等处，使节团争取到与喀尔喀诸汗结成反俄军事联盟。1684年雅克萨围城时，康熙的使节团再次来到喀尔喀，进一步巩固和明确了军事同盟关系和相应条款。双方约定，一旦俄军进攻达斡尔地区，蒙古军队则进攻乌丁斯克堡和色楞格斯克堡，并扣留俄罗斯人质和纳实物税的归顺俄罗斯的臣民。

1684 年，外贝加尔湖地区的蒙古人来到色楞格斯克，赶走牲畜，攻打俄罗斯人。蒙古领袖土谢图汗派遣使臣到来，要求俄军撤出，释放人质，并警告俄罗斯人："你们别想霸占我们的国土，你们的那个城堡不能再存在，"并说，"我们的斡齐尔赛音汗（土谢图汗）同大清皇帝一致行动"。

1687 年春，派往北京的信使魏牛高、法沃罗夫回到雷宾斯克堡，带来的消息是，大清皇帝多次派遣使臣游说蒙古诸汗，劝说他们参加清俄战争。暂派给魏牛高的蒙古监管员格素尔告知："中国的博格德汗已致函蒙古诸汗及台吉，请他们出兵援助中国人，这些汗和台吉都跃跃欲试。"虽然，蒙古内部有着争议。

乌丁斯克战争前后，通过与蒙古使者的交谈，以及对俘虏的审讯，戈洛文更加确信，蒙古与清廷之间有着直接的军事同盟关系。

尼布楚军政长官弗拉索夫在审讯蒙古俘虏后提交给戈洛文的报告中警告，蒙古台吉们将率领大军向尼布楚进攻，而中国人则带着大炮随同他们前来。俘虏交代说，1686 年春，康熙曾派遣一名卡拉扎尔固齐去见全体蒙古台吉，商议攻打色楞格斯克和尼布楚事宜。蒙古各台吉同意了，大批人马定于秋天集结，往色楞格斯克城下。每 100 人中抽 20 人，军粮则全部由蒙古人供应，发给军人们每人 5 头羊和 1 头牛。达赛珲台吉的人马由达杨宰桑带领，目标是色楞格斯克。1687 年 3 月末，又从每个乌鲁思抽调 20 人，每人征 2 头羊作军粮，以补充围攻色楞格斯克中丧失的军力。阿海岱青和达尔罕珲台吉则率部进兵尼布楚，也约定在 3 月底会合，要求他们待到清廷军队及其火器到来后再发起总攻。"中国部队什么时候携带大炮到达蒙古，蒙古人便什么时候向涅尔琴斯克诸寨进发。他们商定要夺寨杀人。"（弗拉索夫报告，见《十七世纪俄中关系（1686—1691 年）》）

蒙古俘虏交代，在围攻乌丁斯克的队伍里有大炮两门和许多轻武器，是从大清运来的，还有一些是木制的大炮，轻武器的弹药也是从大清运来的。

6月，格根呼图克图的使者巴尔丹乌真到色楞格斯克，说大清的使臣分两路前来：一路向尼布楚，一路向色楞格斯克，还派了4名长官随同使臣，这些军队长官率领5万官兵到尼布楚城下，另外还有同样数目的官兵到色楞格斯克城下。巴尔丹乌真表示这些消息都是从库伦的蒙古商人那里听来的，大清军人向他们购买大量马匹，告诉了他们这些情况。但当戈洛文追问大清军队究竟要到哪里去、有多少人时，他表示只听说他们有约6万人，别的无法确定。

当时即便是一支数千人的军队也足称之为大军了，清廷如此庞大的军队向俄军集结，令戈洛文十分紧张，他进一步追问康熙究竟是准备和谈还是战争？但巴尔丹乌真拒绝说更多，因为，他说他并没有受命谈任何别的事情。

巴尔丹乌真刚离开，戈洛文就向驻扎色楞格斯克等城堡的各上校发出书面指令，加强城防，拆除城堡附近的房屋。他则在乌丁斯克建筑城堡以及从城堡到河边的秘密取水道，在乌丁斯克建成了四堵墙的木城，每堵墙高3俄丈、长23俄丈，另外还加修了5座塔楼，宽3俄丈，高3俄丈，其中一座六角炮楼，宽6俄丈，高3.5俄丈；还在城中修建了一座火药窖，上面建仓库；城厢周围加设了316俄丈的大型三重拦马栅，并令军役人员处于警戒状态，还在伊利英村居民区四周建设寨墙，周长230俄丈，并修筑炮眼，运去4门大炮和16普特火药。

战争阴云再次笼罩在外贝加尔上空……

布洛克河战争

1688 年 8 月 29 日，戈洛文在 1160 名莫斯科和西伯利亚火枪兵护送下，从乌丁斯克出发前往会谈地点尼布楚，期间突然改变了计划，原路折回乌丁斯克。他在给莫斯科的报告中写道："臣仆等 9 月 16 日（公历 9 月 26 日）启程前往蒙古乌鲁思，以便根据西伯利亚事务衙门发给臣仆之训令，促其归顺。"

整个秋天，蒙古地区谣言充塞。一些消息说，满洲使臣带领一支庞大的军队（据说有 6 万人）向尼布楚前进；雅克萨送来的报告说，清廷使者乘坐 106 艘船，带有 41 门大炮，"割尽烧光了沿途所有的粮草"；色楞格斯克也传来消息，说大批喀尔喀蒙古人因逃避卫拉特人而迁往外贝加尔湖。他还从归附俄罗斯的蒙古人那里得到消息，说土谢图汗、格根呼图克图以及其他归顺大清的蒙古诸汗正养精蓄锐，准备借清廷的军事援助返回自己领土，预料他们将进攻俄罗斯城堡。

他还听到康熙"命令把他的大批军队集中起来，做好在春天开往俄罗斯的边区城市色楞格斯克和尼布楚的一切准备。同时命令他们的中国大使们要带着大批军队和武器弹药前往参加使节会议，只是分两路前往，一路去色楞格斯克，一路去尼布楚"。

戈洛文担心中了康熙的计谋，他担心满洲军队与蒙古人联合起来同时从两面向俄罗斯进攻，而以当时戈洛文能调动的力量，根本不可能双线作战。因此，他派出伊万·洛基诺夫前往北京，虽然交给他三种条约方案以备万一，但主要目的还是探听情报，"主要应探明康熙的意图和计划以及他的军事力量"。

担心后方空虚，担心蒙古领主乘他赴尼布楚谈判期间集结军队前来贝加尔湖一带征讨布里亚特人，戈洛文推迟前往尼布楚的行程，半路折回乌丁斯克。

9月底，当戈洛文发现希洛克河对岸"果然"冒出了许多蒙古人（其实是蒙古塔邦古特部的策棱·佐库莱台吉所属牧民）时，决定先发制人，肃清外贝加尔地区的蒙古势力，他下令归顺俄罗斯的布里亚特人和鄂温克人加入作战行列。

10月10日，戈洛文命令军役人员制作木筏，选好渡口，等到夜间时，俄军开到希洛克河，约500名军役人员以及约300名布里亚特人、通古斯人首先渡河，攻打蒙古乌鲁思。其他军役人员由军官带领，连同辎重、粮食、大炮等留在渡口。

当夜，在离渡口15俄里的地方对蒙古人发起进攻，引发一场恶战，戈洛文的报告中称："战争十分激烈……击毙约二百名蒙古人，俘虏多人，缴获大批马匹牛羊。"

但蒙古力量并不弱，迅速集合人马，追踪俄罗斯军队，俄军且战且走，退到希洛克河口。

10月20日，戈洛文侦知另一蒙古部落正在泽德河口渡河，他率领部队袭击对岸的蒙古诸台吉，蒙古人仓皇逃跑，沿途扔下了沉重的蒙古包和毡子，还有走不动的牛羊马匹。

11月13日，又袭击了色楞格斯克河附近的22座蒙古帐篷，打死蒙古人30名，俘虏其妻女，缴获马匹牛羊和帐幕等。

1688年秋季至冬季间，戈洛文在色楞格斯克、上乌丁斯克和伊利英村附近连续发动三次战争，基本将在这一带游牧的蒙古人驱赶出境。在俄军强大的军事压力下，一些蒙古部落表示臣服。10月1日，塔布努特扎布额尔德尼的达尔罕巴图尔宰桑等人前来驻地，表示其下蒙古部落归顺俄罗斯，他们同意承担实物税，被安排于色楞格斯克和乌丁斯克之间定居。

戈洛文报告说，当时归顺的共有60多个宰桑、2个达尔噶、13个舒林佳、1个喇嘛和1200名乌鲁思，连同妇女儿童共约3000人，外贝加尔地区基本被戈洛文控制。

蒙古人要求以臣服清廷的方式，只在名义上承认俄罗斯的宗主权，但戈洛文坚持要他们宣誓"永世臣服"沙皇，并签订条约，条约包括"永世臣服沙皇陛下的崇高专制统治，永纳实物贡，并愿为沙皇陛下尽忠效劳，永世不移"；"如遇沙皇陛下皇家部队因某种需要向达斡尔诸寨或其他地方调动，台吉们应尽最大努力，提供尽可能多的差马骆驼，予以支援"，以及对于沙皇陛下的臣民，不得有任何侵害等十条，这些条款后来被纳入俄罗斯的《法律大全》。

俄罗斯—厄鲁特联盟？

俄方固然无法判断清廷与蒙古之间的确切关系，清廷也同样无法正确判断俄罗斯与蒙古之间的关系，尤其是在厄鲁特——喀尔喀战争期间，厄鲁特背后究竟有没有俄罗斯在唆使撑腰？厄鲁特发起对喀尔喀的战争是否是俄军"围魏救赵"之计？

17世纪初，俄罗斯就开始与蒙古发生关系。当时俄罗斯人称蒙古人为萌加人或蒙加人，最初关系是建立在贸易互市的基础上，蒙古人与俄罗斯人保持着马匹和牲畜的贸易往来，他们要求开设类似明朝在中国边境为他们建设的那种马市。俄罗斯人除了贸易外，还希望通过蒙古探明去中国的道路，并与中国建立通商关系。故17世纪俄蒙之间频繁地互派使团，至1690年喀尔喀归附大清之前，俄罗斯与蒙古的关系在整个17世纪一直在加强，用俄罗斯的档案资料来说，就是蒙古人关心同俄罗斯建立"友好往来"，发展商品贸易。俄罗斯也一样，原因在于，俄罗斯新占领的西伯利亚地区与蒙古有着长达2000公里的边境接壤，正式的政治经济关系的建立势在必行。尤其是，喀尔喀蒙古部落中的阿勒坦汗（金汗）因其靠近俄罗斯边境，不仅很早就与俄建立外交关系，而且曾经向俄罗斯提出建立了军事同盟的设想，尤其是其受到其他蒙古部落的威胁时，阿勒坦汗甚至有宣誓效忠沙皇的表示。

因此，当17世纪下半期中俄冲突发生时，蒙古部落与俄罗斯的关系就引起清廷的高度重视。但处在两大强势力量之间的蒙古各王公并不会简单地依附某一力量，一些酋长向俄罗斯人寻求支持以反对满人对其独立的侵犯，一些酋长则依靠满洲政府并开始反对俄罗斯在外贝加尔地区加强势力。究竟倾向哪一方，不仅取决于蒙古诸王公自身利益的考量，往往也取决于俄中双方力量对比，取决于双方对蒙政策的具体情势。对大清而言，这是一个变数极大且难以确证的问题。

厄鲁特—喀尔喀战争发生前后，噶尔丹（其部落一般称卡尔梅克人）与俄罗斯的关系就更令大清担心。尽管噶尔丹并未否认对清廷的臣服关系，但也与俄罗斯保持着密切往来，在1674年至1681年间曾连续派遣多个使团前往俄罗斯，其武器也大多由俄罗斯供应。1683年，噶尔丹还派遣了一个70多人的使团前往伊尔库次克，而当时正是大清与俄罗斯在黑龙江对峙之时。戈洛文出使期间，又曾提出与噶尔丹结成"俄罗斯—厄鲁特联盟"的设想，故当喀尔喀蒙古围困乌丁斯克时期，噶尔丹发起对喀尔喀的战争，就被认为是"俄厄"联盟的联合军事行动。在希洛克河战役中归顺俄罗斯的蒙古人告知俄人，战时，蒙古领主们得到消息说，"卡尔梅克博硕克图汗是根据陛下（沙皇）的谕旨发动战事的，有大批俄罗斯军队，并有大量火器大炮协同他作战"。战场上相遇时，卡尔梅克人就以皇家部队（俄军）的名义来恫吓他们。呼图克图的属员商卓特巴也向俄罗斯使者斯捷潘·科罗文抱怨说："卡尔梅克之博硕克图汗进攻蒙古地区是同沙皇陛下的军队联合行动的。"

噶尔丹确实也利用了这一点，他致书土谢图汗和哲布尊丹巴，说"沙皇已经派出了五千名使者"，已经到了达昂嘎拉对岸，以此向土谢图汗和清廷施加压力；还广布流言，说已经同俄罗斯结成联盟，有俄罗斯的军队和武器援助（瓦西里耶夫：《中国的发现》）。土谢图汗则为了得到清廷的援助和干预，频频向康熙报告这些未经证实的信息，甚至夸大噶尔丹与俄罗斯结盟的事实，为自己发动战争制造舆论并争取康熙的支持（黑龙：《准噶尔蒙古与清朝关系史研究（1672—1697）》）。尽管清廷前往色楞格斯克会谈的使臣证实了噶尔丹放出的是假信息，但康熙还是担心噶尔丹与俄罗斯合力对付大清，为此，通过逗留北京的莫斯科使臣罗基诺夫，要求俄方不要与噶尔丹结盟。

厄俄结盟的传闻直接影响到此后清廷尼布楚谈判时的决策，为准备与噶尔丹作战，在与俄罗斯尽早达成和议的问题上，康熙不得不争取主动，做出让步。

国际关系中的谣言与战争

基于历史学的"后见之明"，可以推断：在雅克萨至乌丁斯克、希洛克河这一系列战争中，并不存在满蒙军事同盟，也不存在所谓的俄厄同盟。戈洛文报告中的所载情报，其实大都是谣言，部分基于传闻，部分基于蒙古诸部落的有意制造。

在中俄的早期外交接触中，尽管双方一再表示不以战争处理两国关系，但事实上，双方都极端不相信对方。由于两国之间并没有建立正式外交关系，这种不信任，就必然导致猜疑与算计、误解与冲突，谣言于是就成为处理双方关系的主要依据。国家利益之间的纠结、国家意志之间的冲突，夹杂着扑朔迷离的谣言的拨弄，两个帝国之间的对话就很难建立在理性与和平的基础上。

在这种情势下，可以说，是谣言机制在主导着国际关系中战争与和平的进程。

外贝加尔的争夺

雅克萨围城、乌丁斯克围城以及希洛克河之战，发生在中俄外交接触期间的这三场战争，基本上奠定了此后中俄关系的格局，此后的尼布楚谈判只不过是以法律的形式将战争结果固定下来而已。

17 世纪晚期俄中两国冲突的重点，聚焦在外贝加尔地区。

外贝加尔局势

17 世纪晚期的外贝加尔地区人烟稀少，原住民主要是通古斯部落民。蒙古人在鄂嫩河、色楞格河、额尔古纳河以及楚库河的上游游牧，布里亚特人则在楚库河的下游游牧，流动的通古斯人（牧鹿的鄂伦春人）在北方沿着维季姆河游牧。牧马的通古斯人则沿着石勒喀河一带游牧。在叶拉夫纳湖和色楞格河之间的整个地区以及往南到克鲁伦河，有2000名牧马的布里亚特人（霍林斯克的布里亚特人）住在那里，把外贝加尔东部地区的俄罗斯和外贝加尔西部地区的居民分隔开来。

俄罗斯的薄弱环节

在17世纪晚期的远东，俄罗斯在西伯利亚势力的布局是由雅克萨—尼布楚—叶尼塞斯克三个战略据点构成的一道攻防线。进，则可以沿着阿穆尔河直达太平洋出海口，控制蒙古高原；退，亦可以驻守叶尼塞河以西的西西伯利亚根据地，利用其资源足以据守任何强大力量的进攻。而这道攻防线的核心，也是其最弱的节点，是外贝加尔地区。

只要对俄罗斯在整个远东地区的扩张过程做一简单考察，就能发现这一节点的存在。

俄罗斯人从叶尼塞河进据到太平洋海岸，横贯整个西伯利亚竟然只花了不到五十年时间。叶尼塞河流域自下而上，俄罗斯人在17世纪先后修筑了曼加泽亚（1601）、图鲁汉斯克（1609）、叶尼塞斯克（1619）、上游克拉斯诺亚尔斯克（1628）、伊尔库次克（1652），而伊尔库次克是进入贝加尔湖地区最初的战略据点。在1601年至1628年不到三十年时间内，俄罗斯人由下游进入上游；在1628年至1652年间，以二十四年的时间完成对外贝加尔湖地区的占据；然而，位于贝加尔湖之南的恰克图则要等到1720年才建成，它的建成标志着俄罗斯人完成了对整个贝加尔湖区域的战略包围。至此，外贝加尔地区四面已经处在俄罗斯人的控制中。但其对南部区域的控制，从1652年至1720年，用了整整六十八年时间，也就是说，在这一区域，俄罗斯人面对着强有力的抵制,这种抵制力量来自背靠大清帝国的蒙古人。如果当时大清真的与蒙古部落结成抗俄军事同盟,这一地区根本就不可能落入俄罗斯之手,上述所及的三次战役的结局也会完全改观。

战时军力布局

莫斯科当局因担心整个西伯利亚成为战场,对这一地区的兵力情况进行过统计,结果如下:全部达斡尔地区有军役人员约 2000 名,大炮 21 门,火绳枪 485 支,铅 143 普特;全西伯利亚共有军役人员约 4000 至 5000 名,预计从耕农中可以动员民兵约 2.5 万至 3 万。从总力对比而言,俄军显然处于不利地位,再加上是远距离客位作战,难以指望俄罗斯腹地,所以,一旦两个帝国之间发生总力战,俄罗斯胜算的可能性就很小,更何况当时的俄罗斯正处在克里米亚战争之中,欧洲部分需要全力投入。

俄罗斯阿穆尔区域军力情况

	哥萨克渔民猎人总数(男人)	大炮(门)	火药(普特)	铅弹(普特)	炮弹和榴弹(发)
尼布楚(包括所有各城堡)	394	7	66	77	不详
雅克萨(包括所有各城堡)	826	11	112	69	175
总计	1220	18	178	146	—

(《历史文献补编:17 世纪中俄关系文件选译》第 10 卷)

其实，这种弱点，在雅克萨战争时就已暴露无遗了。而尼布楚的防守更是空虚，远在西部的叶尼塞其实也只能自保，接踵而来的乌丁斯克围城战，就几乎将俄罗斯逼入绝境。

康熙的部落本位主义

在俄罗斯远东"雅克萨—尼布楚—乌丁斯克"防线中，雅克萨只是其势力东进的前哨，关键在尼布楚和乌丁斯克，它是俄罗斯势力最后巩固因此也是最为薄弱的环节。大清与俄罗斯两大帝国冲突升级的时间段也正好集中在 17 世纪后半期，即俄罗斯强化对这一地区控制的时间段。如果从战略上把握住贝加尔湖这一关节点，将重心指向"尼布楚—乌丁斯克"这一控制贝加尔湖区域的薄弱环节，而不是将焦点锁定在雅克萨并胶结在此尾梢，则整个俄罗斯远东扩张的布局就将改观，大清北部边疆及其势力范围就能形成一个战略整体，不仅足以构成对俄罗斯的巨大威胁，且一旦清廷掌控了楔入外贝加尔湖区域的这一军事要地，就构成阻止俄罗斯东扩的致命障碍。一旦掌控了这一楔入地，则大清可以沿着勒拿河顺流而下，携势俯冲，足以拦腰切断俄罗斯整个西伯利亚的军事布局，中断俄罗斯的远东扩张进程，这种格局一旦形成，横跨欧亚大陆的俄罗斯帝国也就只能是一场梦想了。

但康熙似乎目力未到。

雅克萨之战中，清方的情报来源主要是马喇，康熙的战略思想部分也来自马喇。马喇报告康熙的是，俄军在尼布楚、雅克萨地方的兵力（战前，1684 年 6 月）各只有 500 至 600 人，他们赖以对抗大清的是依靠十数处耕作居民点提供的粮食。报告说，在"额尔古纳河河口至阿尔巴津一带之十数居民点，自阿尔巴津至布尔马夫河河口亦有十数处居民点。俄人在此筑舍居住，以耕种为生"。因此，马喇建议"作攻取雅克萨状"，"取其田禾，则罗刹不久自困，而伊属索伦、俄乐春诸姓人，亦难以窃据，再处量遣轻骑，剿灭似易"。并提出饬令尼布楚附近至喀尔喀车臣汗，"收其所部附近尼布潮者，兼禁止交易"。(《平定罗刹方略》)

这个建议似乎有与蒙古部落结成军事互动的设想，但此后的雅克萨之战，大清数万军队却胶结一处。冬季到来，粮食匮乏，疾病流行，人困马乏，"佯攻"变成了"死守"，完全失去战略主动。

对尼布楚，康熙一直有着明确的主权主张。在给雅克萨俄军的最后通牒中，康熙就表示过："尔等据我雅克萨、尼布潮，多历年所，屡令撤还"；《清圣祖实录》中有关尼布楚主权主张的记载更多，如第124卷"盖以尼布潮地画为疆索，使鄂罗斯不得越尼布潮界，界外听其捕牲也"。在第二次雅克萨战前，康熙训令："若得雅克萨城，即往尼布潮。事毕，还驻兵于雅克萨过冬"等。

在黑龙江流域的中俄分界，康熙的设想似乎准备定位在雅库茨克。在王大臣会议中，康熙主张的就是雅库茨克，而在给都统彭春致雅克萨俄军咨文中，康熙也明确表示以雅库茨克为界，咨文说有"尔等若撤至雅库地方，以雅库为界，于该处地捕貂纳税，不入我界"等语。康熙二十五年（1686），兵部行文亦有"令尔迅速撤回住雅克萨之人，以雅库某地为界居住。各于界内打牲，互相和睦相处"等语。

康熙的战略关注重点在雅克萨，主要是受其满族部落本位主义的制约。他在接到雅克萨捷报时曾对大臣们表示："今征罗刹之役，似非甚要，然所关最钜。罗刹扰我黑龙江、松花江一带，三十余年，其所窃据，距我朝发祥之地甚近。不速加剪除，恐边缴之民，不获宁息。"这段话正可以作为其部落本位主义思路的证词。可以说，终清一朝近三百年，这种满族本位主义思路始终阴魂不散，它不仅制约着清廷的对外政策，也严重影响了满汉关系、满蒙关系的正常发展。

在这种部落本位主义视野中，俄蒙关系其实并未纳入康熙的战略重点中，可以说基本上是被忽略的。

从清方档案、史料看，在乌丁斯克战争前后，清廷虽然与蒙古喀尔喀部落有过接触，或许也有军事同盟的设想，但并无正式的军事结盟。蒙古各部落虽然与清廷有着盟约关系，但这种关系大多是象征性的、礼节性的，并无约束力。清廷不能直接控制蒙古各部落，自然也无法出动军事力量介入俄蒙冲突。喀尔喀蒙古诸部落其实也不能真正得到康熙的支持，故他们围困俄军的行动，只好算作自发行动了。

俄罗斯对外贝加尔地区的经略

事实上，当时驻守"雅克萨—尼布楚"的俄军只能自求多福。戈洛文已经放弃了增援计划，转而全力经营他的临时驻节地——以乌丁斯克为中心的外贝加尔地区。

外贝加尔地区的核心所在，即乌丁斯克。所以戈洛文不仅长期驻节此地，而且在防御上也以此地为重心，而蒙古人发动战争的重心也在乌丁斯克。

当时的乌丁斯克是一个纯粹的战略据点，在城里，既没有城关居民和农民，也没有纳实物税的人。它每年的收入只有 4 卢布 20 戈比，用于城市非薪给的开支，总共是 30 卢布 80 戈比。在将乌丁斯克提升为一座战略城池上，戈洛文充分显示了他的军事才华和战略家眼光。当时的乌丁斯克城堡又小又旧，在给沙皇和索菲亚公主的报告中，戈洛文写道，乌丁斯克经常有大批皇家财务要运送到尼布楚诸寨去。"粮食、船舶、军队和商人也都常常由乌丁斯克寨转到涅尔琴斯克和色楞格斯克去，加上对敌军侵袭陛下在海边（贝加尔湖）的布里亚特纳贡居民和村落需要加倍防范，因此，陛下，乌丁斯克没有坚固的城堡是绝对不行的。"报告中还提及，由于乌丁斯克处在沙土地带，附近也取不到草皮，所以没有办法建造土城。也因此，戈洛文将"乌丁斯克—色楞格斯克"和伊利英村作为一个防御整体加以巩固。

在 1690 年尼布楚条约签订之后，戈洛文再次把乌丁斯克升级为城市，并将色楞格斯克和卡班斯克城堡划归其管辖。在上乌丁斯克，戈洛文留下 150 名射击兵和 50 名骑兵哥萨克，色楞格斯克驻防军也补充到 150 名哥萨克。这样，俄罗斯在外贝加尔地区最薄弱的环节得到巩固，从而为此后其他条约的签订奠定了基础。

乌丁斯克城市的修筑，足以显示俄罗斯人控制西伯利亚地区的基本特征。只有了解这一模式，我们才能明白，为什么俄罗斯人能够有效控制整个西伯利亚地区，而大清不能。

在帝国时代，要侵占一个未开发区并不难，但要有效控制却不容易。俄罗斯人在占领、征服并有效控制外贝加尔地区、西伯利亚地区时，创造了一套以战略城池为中心的"军事—税收"体系，即沿着交通要道建立的城堡体系。这一体系结合自由民的耕种与神职人员的服务，将占领地区稳固地纳入版图。

对于通古斯—蒙古游牧民族来说，他们过着"逐水草而居"的流动生活，很难建立稳固的中央集权国家，其经济生活也不需要建设完整的交通体系。但他们一般沿着河谷居住，哥萨克发现了这一点，

"为了降服他们，需要在他们的交通中心建立城堡"，为此，哥萨克们选择驻扎在河流的中游，在某一条支流的汇合处，或者是在两条河流的水系之间以及水陆交汇处。城堡一旦建立起来，哥萨克就能牢固地控制这些河流的管辖权，控制各条水陆交通，其结果，也就控制住了那些纳实物税的当地土著。

将不同流域之间的城堡连接起来，构成一个城堡链，通过这种兼具攻防与税收双重功能的城堡系统，俄罗斯仅凭一小股哥萨克的力量就成功地控制了整个西伯利亚地区。

尼布楚城下之盟

双方派遣外交谈判使团

俄方使团

俄罗斯使团以费多尔·阿列克谢耶维奇·戈洛文为全权大使，副大使为尼布楚督军伊凡·弗拉索夫和秘书官谢苗·科尔尼茨基。使团成员中还包括侍臣、官廷护卫、译员、书吏、上校军官等，随行军队包括莫斯科火枪兵和炮兵506人，以及西伯利亚各地抽调的军役人员等共1938人。

清方使团

最初清廷的使团为内大臣索额图、都统公国舅佟国纲、尚书阿尔尼、左都御史马齐、护军统领马喇、督捕理事官张鹏翮、通译官徐日升和张诚。1689年会议地点改为尼布楚后，仍由索额图领衔，撤阿尔尼、马齐，代之以黑龙江将军萨布素、都统郎坦、都统班达尔善和理藩院侍郎温达。所带护兵为驻京八旗2000，黑龙江兵1500，加上官员夫役等总数约8000至1万。尼布楚将军飞书拒绝，清廷置之不理，黑龙江兵先行抵达，即将尼布楚包围，陆路士兵随使团抵达后，亦列阵于什耳喀河，大军驻扎尼布楚城外，造成兵临城下的威胁态势，予俄方高压。

尼布楚守城将领遣使抗议，并依据国际法及此前双方约定（魏牛高出使北京时约定双方以500护军为准），要求清方遵守约定，清方才移舟远师，表示不以战争相加。8月18日，俄方使节抵达，双方约定于8月22日正式会谈。

双方谈判预案

清方预案

1688年，索额图拟定的交涉大纲为：尼布楚、雅克萨原非罗刹所有，也非两国界隙地，黑龙江又最为扼要，未可忽视。康熙认可并表示，尼布楚、雅克萨、黑龙江上下及通江的一河一溪，皆我所属之地，不可弃之于俄罗斯。

1689年，索额图临行请训时表示："尼布潮、雅克萨既系我属所居地，臣等请如前议，以尼布潮为界，此内诸地，皆归我朝。"康熙有所变更，谕旨为："今以尼布潮为界，则鄂罗斯遣使贸易，无栖托之所，势难相通。尔等初议时，仍当以尼布潮为界，彼使者若恳求尼布潮，可即以额尔古纳为界。"

俄方预案

沙皇给全权大使戈洛文的训令主要有：

（1）以阿穆尔河划界，若中国人不愿以阿穆尔河为界，则以到阿穆尔河支流贝斯特拉亚河或结雅河为止的阿穆尔河为界；如果这一方案也被拒，迫不得已时，才能以阿尔巴津为界，但在阿穆尔河及贝斯特拉亚河与结雅河沿岸应保留渔猎场。如果对方仍不同意此条件，则可以付诸军事手段。

（2）要让中国使臣认识到，达斡尔地区从来未属中国管辖，居住在该地区的是向俄罗斯纳实物税的人，虽然他们古时候曾向中国人纳过实物税，但那是被迫的。且要求中方赔偿俄方所遭受的损失及被毁坏的堡寨，或者为表示大君主与博格德汗的友谊，予以让步，不加追索。

戈洛文启程后，莫斯科第二批训令送达，指示如果能获得通商便利，则全黑龙江流域（包括雅克萨）可认为是中国领土；除非万不得已，绝不可引起战争；倘涉失败，可向中国提议双方再派使者重新协议，但在此期间，应允许双方属民继续渔猎，不得禁止。

1688 年 7 月间，莫斯科外交事务衙门派遣秘书官罗基诺夫抵达乌丁斯克，下达第三批训令。此时俄罗斯远征克里米亚失败，政局不稳，故希望早日与清廷缔结和约。训令指示，如果清廷不愿在边界谈判，则授权罗基诺夫前往北京订立条约。莫斯科政府拟定了 4 个条约方案，指示必须按顺序先后提出，只有在清廷拒绝上一个方案时，才能出示下一份方案。第一方案（永久和约）为，边界沿黑龙江至松花江为止；第二方案（和约），以雅克萨为界，雅克萨归俄；第三方案（和约），以雅克萨为界，但雅克萨拆毁；第四草案，俄撤出达斡尔地区。戈洛文将前三个方案交给罗基诺夫带往北京，当他得到清廷决定派遣使团赴边境会谈时，依照训令，没有向清廷出示上述草案。

第一、二轮会谈

第一轮会谈（1689 年 8 月 22 日）

在仪式性地确认双方使团的全权身份后，开始各自申诉自己的主张。戈洛文指责清廷不宣而战，致使俄方遭受重大损失，要求停止一切边界纠纷，归还逋逃和财产并赔偿损失；清方则予以反驳，指责哥萨克人非法侵入大清领土，非法修筑城池，表示整个达斡尔地区自古以来就是大清的土地。

这样的争论自然不会有结果，于是戈洛文将谈判议程转移至比较具体的缔结和约和边界划定上。他提议以黑龙江直到滨海为界，其左侧归俄罗斯，右侧归中国。索额图断然拒绝，指出：里雅那江（勒拿河）原系我疆界，黑龙江流域以及外贝加尔湖以东从来就是中国的领土，他提出以勒拿河和贝加尔湖作为中俄边界的对案。

谈判陷入僵局，只好散会。

第二轮会谈（1689 年 8 月 23 日）

戈洛文要求清方提出一个具体的划界方案，清方表示维持昨日方案不变。俄方表示不能接受，再次回到以黑龙江为界的划界方案，理由是："沙皇陛下方面在这条河沿岸的许多地方建立了城堡，多年以来，这条河流就是由沙皇陛下占有的。"但清方坚持整个达斡尔地区属于大清，边界只能划在此区域之外，如果俄方不能接受，则不必再谈，让沙皇派其他使节去北京解决。

双方不肯让步，会谈再次僵持。

为打破冷场，戈洛文让步，提出另一个划界方案，提出以贝斯特拉亚河（中国称牛满河，即今俄境内布列亚河）为界，同时要求清廷赔偿雅克萨以及其他城堡俄罗斯居民的损失。索额图则抛出第二方案：以尼布楚为界，左面，沿黑龙江往南至尼布楚属于沙皇；右面，沿黑龙江至鄂嫩河以及鄂嫩河至发源于筏场的音果达河一带，归中国皇帝。

戈洛文提出第三方案，申明不能再改：以结雅河（精奇里江）为界，黑龙江左面至该河属于俄罗斯，右面归大清。清方拒绝接受，并亮出自己的底牌：除了尼布楚以外，再无别的边界可以接受。

会议没有达成协议，天晚散会。

当天晚上，清方将帐篷从会议地点拆走，当俄方质询时，他们表示，因为俄方不同意以尼布楚为界的方案，清方不再考虑与俄方会谈。但也表示，如果俄方有新的想法，则可以以函件的方式提交我方，我方乐意回答。

1689 年 8 月 24 日至 9 月 7 日的两个星期间，双方使节团没有正式会见，而是通过各自的译员进行磋商，俄方为安德烈·别洛鲍茨基及几名文书，清方为耶稣会教士张诚和徐日升。

城下之盟

8 月 27 日，清使召集随行官员、水陆将校，开使团会议，决定围困尼布楚城，如俄方强硬，则"一举而陷尼布楚"。

《八旗通志·郎坦传》记载：第三日，郎坦见戈洛文语意不逊，乃密向诸大臣说："临行时，有密旨令相机而动。今观罗刹非以兵威勒之不可。今夜我潜率八旗与宁古塔劲兵渡江，设伏于其城近林谷中。天明，诸公试往讲之。从则已。设再不从，以兵威惧之，事可济也。"当夜，清兵渡河，埋伏在林中。第二天早晨，诸大臣仍旧至幕所，与俄罗斯使者谈判至中午，无果。"郎坦因将上赐八龙蠡，给八旗护军等执之，督众旌旗于周林谷中出入，以张声势。"

张诚日记记载，使团会议决定渡河，布置军队做封锁尼布楚城状，同时立即召集所有对俄罗斯人虐待不满、寻求摆脱俄罗斯人统治和归附皇帝的鞑靼人，并下达了当夜运送军队过河的命令。一百人奉令急速乘船去雅克萨，命令他们与留在附近的四五百人一起毁掉田禾，不准放任何人进城。

戈洛文在出使报告中记载，清军将尼布楚包围起来了，周边的布里亚特人和温科特人及舒林加人约 2000 名蒙古人参加了围城。尼布楚城内顿时恐慌起来，因为当时的尼布楚城中军职人员、居民只有1450 人，清方的军役人员达 1.5 万人。

面对清方的军事压力，戈洛文当晚派翻译别洛鲍茨基赶赴清营，质询何以包围尼布楚、中断谈判。但清方表示并不妨碍谈判继续，"设置岗哨是为了自己的安全"，并不限制俄方自由，但"夜间除外"。

28 日，戈洛文再次派遣翻译别洛鲍茨基，告知愿以额尔古纳河为界，让出雅克萨，但希望清廷不得再筑城。但清方不理，于当天渡什耳格河，布阵于靠近尼布楚东边的山头，并将司令部设置在山坡上，船队也奉命分别停泊在两岸，士兵则靠近船队沿岸扎营。全部军队向前推进，直到可以望见尼布楚为止。军队分营布阵，占据了萨哈连乌喇和尼布楚之间的全部阵地，切断了俄罗斯人与外界的联系。

俄方见清方战意颇决，一方面加紧备战，连夜修筑三层拦马栅，在拦马栅之外挖掘战壕，布置大炮；另一方面，动员归顺俄罗斯的根特木尔率领队伍加入军事示威，《外贝加尔的哥萨克（史纲）》写道："决定外贝加尔地区命运的时刻到来了。忠实于俄罗斯人的根特木尔王爷武装了他的所有的通古斯人来增援我方队伍。俄罗斯人出疑兵以迷惑中国人：在涅尔琴斯克东北面的山上出现了俄罗斯步兵和骑兵，向中国人表示俄罗斯的增援部队已经到来。"不过，戈洛文毕竟没有能力对付清方强大的军事压力，而且训令也是必须尽快达成和谈。尽管双方已经进入军事对峙，但谈判的大门是敞开的，所以，他再次派遣别洛鲍茨基前往清方营地，表示：凡清方要求，均将听允，唯希望先有一个大约条款，请清方派译者传送。清方因担心俄人使诈，坚拒，经俄方再三敦请，才决定派张诚一人前往。

29 日，俄方送来条约草案，主要内容是：

> 以格尔必齐河及其河源至第一道石头山为界。俄方拆毁阿尔巴津城，双方不得再在此处建立居民点和寨堡，但双方可在此不受干扰进行渔猎。又自额尔古纳河上行至河源为界，俄罗斯在此所筑寨堡移入俄罗斯境内。

> 嗣后自清国致帝俄之文书，必记载俄帝尊号之全文，即或不然，亦宜记载其略号，且文中不可使用表示两国皇帝尊卑不同之文字。

> 双方互换使节，以增进两国间的相互了解；接待对方使节，"按外交惯例，以礼相待"，其所持国书，宜亲手捧呈于皇帝，在其所居住之处及朝廷中应享有充分自由。

> 两国之间的贸易应完全自由，两国臣民经其所属政府允准可随意去往各地，并一切商业，均得自由。

清使一一加以驳覆，并表示，在划界谈判中论及商业之类"尤属不伦"。当时，又一批喀尔喀人率部投清，清军力量大增，俄方不敢再辩，遂依清廷方案，回去准备条约文本。

8月30日至9月7日，双方各自准备并交换条约文本，就一些实质问题进行艰苦而复杂的谈判磋商，最后达成协议，签订了此后影响中俄关系达两百余年之久的《中俄尼布楚条约》。

大清是如何错过国际法的

初次接触国际法

从大清角度看，尼布楚条约的签订只是帝国实力原则的成功运用，但在近代中国的对外关系史上，却是首次接触国际法的原则与实践。因此，这一事件具有特别的历史意义。

事实上，在整个谈判过程中，俄罗斯使臣一直以国际法为依据，试图约束大清的谈判过程。大清使团的两个随行翻译——耶稣会教士徐日升和张诚也一直对钦差大臣们解释着国际法原则及其运用，并多次化解两者的冲突，成功地协调了大清与俄罗斯使团之间的关系。

当大清水陆两路进驻尼布楚城下、造成"围城"攻势时，尚在路上的戈洛文曾数次派遣使者并依据国际法原则提出抗议，要求大清军队撤离至相当距离。其中，8 月 13 日由瓦西里·卢托维诺夫送达的

信件措辞严厉:

> 然而我等愿意奉告诸位,在周围诸国从来没有为进行使臣会谈,平息已有纠纷,永息兵戈,而兵临异域城下之先例。

> 在贵方行动中我等虽然尚未发现贵方军队对和议有何抵触,但其行径无疑是违反国际法的,何况许多坏事可能由此产生,或者使我们提心吊胆。

《张诚日记》对此事也有记载,其中包括俄罗斯使臣对于中国使团参加和谈竟率如此多的人马,并逼近城堡等事表示诧异,指出这违反国际法原则,中国人理应后撤少许。

在前两次会谈失败、清军准备军事行动之后的第二天,俄罗斯派遣翻译到清方使团驻地,宣称,俄方希望举行第三次会晤,因为这符合国际法——按国际法,第一次会晤旨在互相问候,第二次则是提出提案,第三次才是签署条约。

从张诚和徐日升的日记看,俄罗斯使团在整个谈判过程中,多次援引国际法原则,迫使大清使团接受。而作为随行翻译的两个耶稣会士,确实是了解并熟悉国际法原则与条文的,并在协助大清使团与俄罗斯的谈判中多有运用。在他们的记载中,大清的钦差大臣们虽然完全缺乏国际法知识,但经过解释,却并非不能理解。

比如国际交往中的信任原则,钦差大臣们就毫无概念。当索额图等对于俄罗斯是否会遵守条约表示焦虑时,张诚劝道:"否定一切民族皆应具有信任,是不应该的……只有对谈判对方怀有信任,才能使协议生效,我们不应因不肯信任他们而使一切功败垂成。"在日记中，张诚写道：我们的钦差大臣们是从来没有与任何别的国家进行过缔和谈判的，他们不敢相信俄罗斯人太深，只愿保障自己免遭任何意外。而且他们对于国际公法完全陌生，不懂得特命使节的性质可以使他的人身成为不可侵犯的……

徐日升日记也多次提及国际法的一些基本原则如平等和互惠、在国际事务中的诚信、正义和非正义战争的观念等，以及谈判进行的方式、条约的订立（会谈、会议、签字、宣誓等）。

国际法在大清的传播

自 1625 年格老秀斯《战争与和平法》出版以来，国际法在西方世界得到广泛传播，俄罗斯尽管要稍后才受其影响，但到 17 世纪最后二十五年，也已经熟悉了国际法原则和程序。那么，在《尼布楚条约》签订的 17 世纪最后二十年间，清廷对于国际法知识究竟有没有接触和理解？华盛顿大学教授约瑟夫·塞比斯在《耶稣会士徐日升关于尼布楚谈判的日记》中认为，康熙是了解国际法的。他认为，康熙派遣徐日升、张诚等耶稣会教士为随使，其公开身份虽是翻译，却带有康熙私人代表的身份，履行监督之责，康熙看重的正是他们的国际法知识。他考证，1648 年，耶稣会教士马丁·马提尼神甫将国际法学家苏阿瑞兹的著作翻译成中文，这是国际法在中文世界中的第一部译作。

由于目前尚未查到约瑟夫提及的中文文本，其结论还有待进一步证实。但可以推测，在尼布楚条约签订之前，在清廷，至少在那些与耶稣会教士有所接触的士人、官员中，国际法有过一定程度的传播。

以好学为尚、拜耶稣会教士为师的康熙对于国际法应是不陌生的。

然而，正如国际法学者早就指出过的，中国正式接受国际法的影响，还得等到一个半世纪之后。尼布楚谈判中的国际法运用，对于大清前期一百多年的国际关系史来说，只是一个"孤例"，并不具有普遍意义。

我们要追问的是：它为什么会是一个孤例，而没有发生连锁反应？作为一个影响深远的重大事件，国际法为什么没有随之产生相应的影响？如果说，17世纪末的大清官僚阶层已经接触到国际法原则与实践，为何并没有在此后的国际交往中留下痕迹？是什么因素阻止国际法在中国的传播？

封锁国际法的机制

这些问题其实早在约瑟夫·塞比斯的著作中已经提出。他发现，这样一个重大的历史事件以前从来没有得到详细的研究，甚至连官方史料都没提及条约文本，《清圣祖实录》中也只收有不完整的中方碑文。对此，他提出了一个有趣的假说：是康熙本人对国际法实施了封锁政策。

这一假说真是一语道破天机，然而其说过于简单，需要略做铺陈，以展现这一历史事件更为深远的背景。

其一，康熙确实具有封锁此次事件及国际法影响的企图

对此，约瑟夫·塞比斯还提出了别的理由，比如康熙之所以选择"境外"的尼布楚作为谈判地点，"其原因也说明了他不愿这个条约在

中国受到注意"，他不想创立一个中国对外国人的新态度的先例。

这一说法得到了后续史实的证实。此后俄清通商，清廷曾两次派遣正式使节出使俄罗斯，但理藩院在对俄与对内的文件中却一再声明，这只是基于保持双方友好关系的特例，不得援引。

从《尼布楚条约》文本的传播看，确能证实康熙乃至其后的雍正、乾隆都在有意压制这一事件的影响。目前留存的《尼布楚条约》共有8个文本（其中3个文本载于私人著作中，不论），其中拉丁文本的出现本身就代表着双方对国际法的遵循——依据国际法，拉丁文本是具有法律效力的正式文本。

除拉丁文本，还有满文本、俄文本，这三种为官方文本，但从未正式出版。还有两种准官方文本：一是《清圣祖实录》所录的汉文本，汉文本依据官方满文本译出；二是徐元文文本，为大学士徐元文撰写的碑文。这一碑文是在条约签订后的第二年，由清政府单方面用汉、满、拉丁、俄、蒙五种文字在边界树立的界碑上刻写的，文本依据《清圣祖实录》，但有重大变异。此后的官方文献如《清朝通志》《皇清经世文编》《大清一统志》《中俄约章会要》等所载均为徐元文文本，私人著述如《平定罗刹方略》所载也是以此本为依据。这就说明，大清官员和士人很难见到《尼布楚条约》的正式文本，遑论全本，能够见到的只是经过重大修饰的单方简本。

对于大清而言，《尼布楚条约》所涉及的内容并非是对俄罗斯的让步，反而是一个重大胜利。首席大臣索额图在当时的报告中就向康熙表功，有"东北数千里归入我国版图"的说法，此说在魏源《圣武记》中亦保留着（"于是东北数千里化外不毛之地尽隶版图"），因此很难说是因为"耻辱"而对内隐瞒。这样一个重大的外交胜利，对于一向好大喜功且正需要声望以向汉人示威的康熙来说，难道会让它湮没无闻？

这些现象，确实能说明康熙（及其继承人）具有某种封锁谈判消息的意图。

其二，话语过滤在谈判期间就已经开始

读谈判期间的相关史料，我们可以看到戈洛文报告，以及徐日升、张诚日记中多次提及的国际法原则及其运用，但是在索额图向康熙的报告中，却只字不提这些，也找不到一个涉及国际法原则与运用的相关词汇，这是为什么？

显然，外交谈判实践与外交话语是两个截然不同的层面，尽管在外交实践中，大清使臣不得不按照国际法原则及其具体运作方式行事，但对于国际法原则及其实践的理解、解释，却完全可以有另一套话语，完全可以按照大清自己的传统。这样，在谈判过程中，国际法是处理相应问题的原则，但在向康熙的报告中，却可以完全以另一套话语——一套更为传统因此也更熟悉的话语陈述。通过对索额图报告的比较阅读，我们可以推测，国际法话语也许根本没有进入索额图的视野，他受到某种意识形态防火墙的控制，其思想中所固有的那套传统话语体系会自动地将陌生话语拒之门外。这样，无论索额图是有意还是无意，从一开始，作为一种异类话语的国际法，在索额图向康熙的报告中就被清除得干干净净，消灭于无形了。

或许，这也正是康熙所要的效果。

其三，天下主义话语的覆盖性

历史事件在发生的同时也在自我书写，也就是说，事件与话语是同步产生的。然而，事件与话语从来不是同一个东西，各自所处的语

境与表达的意义也会不同。尤其是，那些被认为具有重大意义的历史事件，与之同步生产出来的文献，从一开始就在表述它的重大性。这些文献就不仅是在记载事件的原始本末，更是对于事件本身的解释——事件本身已经结束、无迹可寻，但事件的影响却在持续，它的意义仍在流传。传播此影响与意义的，不是事件本身，而是这些同步生产的文献，是历史话语。因此，阅读历史文献，需要通过这样的话语分析，从而切入更深层的历史真相。

我们试看尼布楚谈判期间及其后留下的两个文献。

签约之时，索额图向康熙同步报告："俄罗斯国倾心感戴皇上普天鸿恩，致使疆域勘界直至东北海岸，并拆毁雅克萨等处城垣，撤回多年驻军，将东北数千里归入我国版图，此皆我皇上施以仁德，示以忠信，而使其外国人倾心向化，凡事皆照皇上睿算而定。"

签约之后，清政府在边界所立的纪念碑（徐元文碑文）：

> 皇帝抚有天下，殊方重译，罔不宾服。师武既扬，文教亦讫，荡荡巍巍，以成大一统之治。惟鄂罗斯国在黑龙江西北陲，夙尝通使效贡，后其边人弗戢，潜入雅克萨筑城以处，扰我属部猎户，使我猎户弗宁厥居。于是庙谟柔远，先之以文告。既不共命，则移偏师攻其城，克之。惟皇帝德并天覆，神武不杀，所获之俘，悉纵悉遣。且资之舟车糇粮，俾返其所。王旅既旋，抄略未已，用兴师复围其城，彼乃遣使讲好，请定疆域。康熙二十有八年夏，皇帝遣领侍卫内大臣索额图等至于尼布潮之地，宣布德意，鄂罗斯国使者费岳多罗额里克谢等皆悦服。相与画疆定界，使我边人与其国人分境捕猎，期永永辑睦，无相侵轶。约

既定，勒之贞石，以昭大信，垂诸久远。

从索额图报告和徐元文的碑文中，我们看到的难道不是天下共主、柔远外夷这种"华夏中心主义"原则的宣扬？

国际法并未通过尼布楚谈判与条约的签订在大清域内得到传播，反而是，传统中国政治中的那种大一统、天下主义的原则得到强化。如果说索额图的报告从一开始就彻底清除了国际法向国内传播的可能，那么树立在中俄边界的这些界碑，则是向外界宣告天下主义原则的胜利。

这是一场"话语的胜利"。

社会变革是政治实践与文化价值双重变迁的产物，如果说政治变革需要一场重大的危机才能推动，则文化价值的变迁就更需要一场深刻的思想启蒙，需要话语的重塑。历史事件的作用，有时并不取决于事件本身的分量，而是取决于事件的影响，话语的传播于是就成为关键因素。国际法被"成功地"封锁在尼布楚，以至于我们与之错过了一个半世纪，得益于约瑟夫·塞比斯所说的这种话语封锁的"文字之防"，而这种"文字之防"，"在雍正和乾隆朝时代，不是放松而是加紧了"。

从这一点看，话语封锁是清帝国维持其统治的关键技术，但如果放宽历史的视野，也可以说，这是其在国际战略中处处被动、屡遭打击、最后辱身失国的总根源。

大清在中亚的争战

对 17 世纪大清帝国对外战略的认知，如果放在全球史视角看，大清与俄罗斯的双边关系无疑是重要的。如果将视角转向内亚，当时的国际关系格局则远为复杂——历史研究的责任就在重建这种复杂关系——过分简化的历史解读无异于智力犯罪。

多边关系中的内亚三角

事实上，17 世纪大清在北部疆域所面临的局势，绝非与俄罗斯的双边关系，而是一种"双重三角"的多边关系——这里所说的"双重三角"，包括"内""外"两重框架——其外三角，为俄罗斯—大清—蒙古；其内三角则是以蒙古为轴心，为准噶尔—喀尔喀—漠南蒙古的内部关系。内三角局势的变化，不仅直接影响着大清与俄罗斯之间的外交折冲，制约着大清的国家战略，甚至还影响着17世纪后半期至18世纪前半期大清帝国的统治与整个中亚的局势。

这里所谓的内亚，指的是夹在大清与俄罗斯帝国之间的蒙古诸部落。自元帝国崩溃后，蒙古诸部处在一种各自为政、割据称雄的无政府状态。依其地理分布，大约分为漠南、漠北与漠西三部分。漠西蒙古称卫拉特，以准噶尔为中心，西方学界一般称之为厄鲁特或卡尔梅克；漠北蒙古即喀尔喀部落，分左右两翼，他们散布在鄂毕河和叶尼塞河一带；外贝加尔地区则是漠南蒙古，他们的势力范围一直向东延伸至辽河流域。

漠西蒙古

分为四部，包括准噶尔、土尔扈特、杜尔伯特与和硕特。其中土尔扈特部最初定居准噶尔，17世纪中叶迁移至伏尔加河下游，17世纪末游牧到伏尔加河河口及乌拉尔河流域。和硕特部此后也南迁青海，留下的称小和硕特部，在17世纪30—70年代，这四部便由准噶尔、杜尔伯特、小和硕特以及辉特组成。1672年后，噶尔丹成为卫拉特诸部首领，统一了准噶尔地区、天山南北，且向中亚地区扩张，控制了突厥斯坦，建立了准噶尔汗国。在其领导之下，准噶尔汗国迅速壮大，成为中亚强国。其极盛时期的势力所及，东起杭爱山西侧，西至卫拉特本部和中亚的一部分，直至欧洲东南部的伏尔加河、顿河流域，北抵额尔齐斯河中下游的托博尔河，南至青海，与印度接壤。

噶尔丹是一个具有远大抱负和军事才华的政治家，他的战略目标是统一蒙古诸部落，恢复成吉思汗时代的荣光。

漠北蒙古

一般称喀尔喀人，从地缘政治看，他们既处在蒙古诸部落的中间地段，也横亘在大清与俄罗斯两大帝国之间，在中亚具有举足轻重的战略地位，他们对此也有着清醒的认知。作为成吉思汗的后人，他们同样继承了蒙古部落的征战精神，他们是一群野心勃勃的战士，有着统一蒙古诸部并独霸中亚的雄心。

漠南蒙古

1636 年，在盛京大会上，漠南蒙古诸部落奉大清皇帝为可汗，是最早归顺大清的蒙古部落。

蒙古部落的统一之路

蒙古诸部落自元之后一直处在分散分裂的状态，但部落统一之路却始终没有终止。内亚国际局势的变数以及整个亚洲国际关系的变化，都受这一因素的影响。

入主中原后，大清对漠南蒙古的控制一步步强化，其势力自然也向漠北蒙古渗透。独立的蒙古诸部为此深感威胁，所谓"唇亡齿寒"。诸部落贵族感觉必须结束内争、巩固秩序、建立统一政权，这就是1640 年的卫拉特和喀尔喀诸部落的大会盟。

这次大会盟制定了《蒙古卫拉特法典》。法典的主题包括调整各部落关系，巩固统治，推崇黄教。最核心的还是共同对付外敌——所谓的外敌，自然是指兼并了漠南蒙古并直接威胁到漠北蒙古的大清——法典把共同对付征服者作为全体社会成员的职责。

喀尔喀内乱

但结盟是暂时的，内部的纷争——土地、人畜和汗位的争夺在一个资源缺乏的游牧区域，几乎是永恒的主题。

1661年喀尔喀汗诺尔布逝世，其长子与次子因汗位继承发生争战。辉特部的罗布藏仁钦支持长子墨尔根登上汗位，遭西喀尔喀大多数王公贵族的反对。为表示抗议，其中一些领主带领部众迁移至右翼土谢图汗领地，因土谢图汗同样反对墨尔根继承汗位。

出于土谢图汗的压力，墨尔根被迫下台，而罗布藏仁钦则出走卫拉特寻求保护。成衮继任新的汗位，但那些出走到土谢图汗处的领主们并不响应新汗召回的命令，左右翼之间关系恶化。

成衮向清廷和噶尔丹请援，希望化解纠纷。处在喀尔喀蒙古东西两端的大清与准噶尔也就由此介入喀尔喀事务——大清一直在用各种怀柔手段、丰厚的赠礼等方法将其影响向蒙古地区渗透；而准噶尔汗国也正好有干涉喀尔喀事务之意，其一贯政策本来就是联合蒙古各部落反对共同的外敌，噶尔丹认为自己是当然的领袖，但其统一野心并未得到多数蒙古王公的认同。双方的介入使喀尔喀局势变得越发复杂起来。

伯勒齐尔会盟

为解决喀尔喀内讧问题，1686年，在库伦的伯勒齐尔地方举行蒙古各部落的大会盟。会议由清廷出面敦请西藏宗教领袖主持，清廷派遣理藩院尚书阿喇尼为代表，噶尔丹也派出使者参与会盟。会议选出60名宰桑对喀尔喀左右翼的冲突进行公断，并签署协议。500多件诉讼案——得到裁决，左翼领袖土谢图汗、哲布尊丹巴亦认可其公正。参与会盟的喀尔喀各汗王、亲王、北京和拉萨的代表均以向佛祖宣誓的方式起身表态，土谢图汗和札萨克图汗且相互行抱见礼，表示同意"永行和好"，恢复喀尔喀地区的和平与秩序。清廷代表阿喇尼在呈文中报告，这次会盟达到了预期的目的。

然而，在执行时，土谢图汗却背叛誓言，拒绝交出右翼人马，噶尔丹也对蒙古王公与拉萨宗教领袖平起平坐的无礼提出谴责。

会盟体制并未解决蒙古各部落间的内讧。

喀尔喀与噶尔丹之战

更为致命的是，土谢图汗部众还袭击了准噶尔派往清廷的商贸使团，公开挑衅噶尔丹，导致冲突升级。

康熙二十六年（1687），左翼土谢图汗突袭右翼札萨克汗部，将其俘虏并淹死；1688年正月，土谢图汗之子击杀了噶尔丹胞弟（札萨克图汗成衮死后，噶尔丹支持其子沙喇继位，遭土谢图汗反对。噶尔丹派幼弟率兵300人扶持沙喇，土谢图汗为此派军队将其击败），双方乃以兵刃相见。

1688年，噶尔丹率兵3万，开始远征喀尔喀部，蒙古部落之间的一场大战于此拉开帷幕。

喀尔喀各部落联合一致在敖鲁地方向噶尔丹挑战，在一场连续三天的恶战后，噶尔丹获胜，喀尔喀人纷纷奔逃，一些部落进入内蒙，一些进入外贝加尔湖地区（后归附俄罗斯）。土谢图汗和呼图克图则得到康熙允许，到内蒙避难。噶尔丹推进到克鲁伦河，要求将两人交出作为议和的条件。尽管康熙十分清楚错在土谢图汗等人，但他正想借机控制喀尔喀各部，故拒绝了噶尔丹的要求。于是，蒙古内部的纠纷就演化为大清与噶尔丹的直接交锋。

康熙的军事远征

噶尔丹的崛起及其对喀尔喀的征战，直接威胁到大清在蒙古的利益，也对康熙的权威构成挑战。如何应对这个强大的对手，就成为日后康熙国策的根本。自 1690 年始至 1697 年，康熙动员 40 万军队与噶尔丹一战再战，且三次亲征，这在康熙个人历史上是史无前例的（此后的 1715 年、1720 年直到 1722 年康熙逝世，也一再发动远征准噶尔的战争）。而其后继者雍正、乾隆，也一再以战争方式对待准噶尔汗国，直至乾隆二十二年（1757）才最终将其平定。

纵观这长达七十多年、历经康雍乾三朝的与准噶尔的战争（准噶尔也历经噶尔丹、策妄阿拉布坦和策凌三朝），可以看出准噶尔在大清帝国前期历史中的分量。或许可以说，与准噶尔在中亚的冲突是大清帝国前期生死存亡的关键，而其对俄外交，都只是外线，一定程度上，对俄外交的战略谋划，是以对准战略这一重心为转移的。

战争先是以准噶尔强势东征喀尔喀为主线，期间经过乌尔会河之战（康熙二十九年六月，即 1690 年，双方共投入兵力 4 万余人，以清军失败告终）、乌兰布通之战（1690 年 7 月 6 日至 8 月 5 日，据最新研究，此战基本上打成平手），以及昭莫多之战（1696 年，康熙动员 15 万人并亲率中路主力远征 4000 多里）。在昭莫多战役中，噶尔丹失败，仅率数十骑突围，大清获得决定性胜利。

这次战后，噶尔丹已无力挑战清廷，而大清也由防御转向进攻。尽管准噶尔本部已经为政变的策妄阿拉布坦（噶尔丹侄子）控制，噶尔丹已不能回去，再也无力重整旗鼓，但康熙认为其人"不可留于人世，一刻尚存，即为生民之不利"，"务必剿除"。故在第一次亲征后回京不到三个月，就决定再次亲征。1696 年 10 月，康熙亲率大军前往呼和浩特。三十六年（1697），康熙第三次亲征，同年，噶尔丹去世，大清在中亚的对手算是暂时被制服。

康熙的这种劳师远征，备受汉族大臣们的非议，满蒙王公其实也少有认同。这其中有着战争胜负难定的考量、兵者凶器的道德考量，但最主要的还是战略思路不同。

那么，康熙的战略思路究竟是怎样的？

在第三次亲征准噶尔胜利之后，康熙曾在与汉族大臣李光地的谈话中，总结过自己的战略思路：

> 汝辈汉人，说予向征噶尔丹时，不必如此穷黩，身蹈不测之下；太平当休养生息。此都是不知事务语。本朝以四十八家为藩篱。噶尔丹自恃强胜，煽动四十八家。若四十八家为所煽诱并吞，我兵出则彼去，我兵归则彼来。噶尔丹边衅一动，兵疲于奔命，民穷于转饷，欲休养生息，得乎？所以予不惮亲征，去此大害，今而后庶可言"休养生息"四字。

——姚念慈：《康熙盛世与帝王心术》

在康熙看来，噶尔丹最大的威胁，是对蒙古各部族的"煽惑"，也即蒙古内部的统一趋势将导致大清根本的动摇。因大清的崛起取决于满蒙结盟，其对中原帝国的有效统治也赖于这一联盟。他还说，"本朝不设边防，赖有蒙古部落为之屏藩耳"，也就是说，控制蒙古，乃是其对整个中亚局势有效控制的前提，蒙古是大清的西北长城。

内亚统治地位的确立

在这样的征战过程中，康熙自身的身份也在悄然发生变化——由自诩的天下共主、各部族的仲裁者转变为一方势力的保护者，再进一步转变为整个蒙古地区的统治者。在平定准噶尔部的战争之中，大清完成了由部落盟主向中央帝国的转型，内亚霸主的地位最后确立。

中原帝国的文人们确实是很少能清楚地认识到这一地位的战略意义的，他们更愿意构筑长城这样的攻防体系，对外实施隔离，对内自我封闭。但这种隔离政策可以说从来就没有成功过，付出的代价却相当昂贵。仅以明代长城为例，这项延续百年、耗资巨大的国防工程自建成之后就没有发挥过作用（据黄仁宇估算，1英里长城的成本费用达4.45万两白银），而在沿长城一线的九边重镇布置50万以上的军力也几乎耗尽了大明的国力（养活这些军士，和平年份的常费按黄仁宇的推算需要120万两，若军情紧急则须另拨，如1500年至1502年间，因蒙古内侵，紧急拨付款项就达415万两白银），大明之败也许能在这里找到根源。

从中原帝国的历史看，其战略致命处也是在长城以外的游牧民族，即蒙古地带。历次中原政权的颠覆多少都与来自蒙古高原的游牧民族南侵有关。康熙的军事行动及其在中亚统治的确立，或许是解决中原帝国北部边患、实现内亚一体化的某种命定吧？

大清为什么会采取主动的外交攻势

  在大清对俄关系中，雍正前后是一个罕见的主动发起外交攻势的时期。1712 年，康熙曾派遣内阁太子侍读殷扎纳为首的使团（成员有内阁侍读图里琛、理藩院郎中纳额等，因图里琛此后撰有《异域志》，故一般称这个使团为图里琛使团）出使俄罗斯。1730 年，雍正派遣托时率使团赴俄罗斯祝贺新皇彼得二世继位，随同使团的还有一个转赴伏尔加河的满泰使团。这个使团还未返回北京，得知彼得二世逝世、女皇安娜登基时，雍正于第二年再次派遣使团远赴莫斯科祝贺。如果再加上此前《中俄恰克图条约》（雍正五年）的成功签订，则这一时期的对俄外交呈现出某种特异色彩，在整个大清历史上可谓空前绝后。雍正在其短暂政治生命中的这种高效且主动的外交攻势，似乎处处显示大清开始改变了其传统的对外战略、开始主动融入国际政治之中了。但从后续事件看，大清并没有融入国际社会，反而进一步固步自封，对这一现象又当做何解释？

俄准联盟的步伐

从地缘关系与历史渊源看，与俄罗斯结交，准噶尔汗国比大清优势多多，噶尔丹的外交姿态又远比大清主动。噶尔丹不仅是一位雄才大略的军事家，也是一位杰出的外交家，虽然他失败了。

基于地缘因素，卫拉特与俄罗斯很早就有往来，1606 年就有了外交关系。1671 年，噶尔丹与俄建立了正式外交接触。但 17 世纪80 年代以前，噶尔丹的注意力主要集中在改善与俄罗斯的关系上，与其保持稳定和谐的政治经济联系，以此保障卫拉特北部和西北部边界的相对稳定，为其解决东部特别是喀尔喀问题提供了契机和保障。

在喀尔喀内讧、准喀战争发生，尤其是此后大清介入蒙古事务并成为噶尔丹统一蒙古的主要敌人时，他对俄罗斯的外交攻势变得更加积极，曾多次向俄罗斯提出建立军事联盟的构想。

准噶尔希望与俄罗斯建立较为密切的关系，故不断向俄派遣使臣，一些使臣向俄罗斯传递准噶尔将要发起战争的信息，另一些使臣则是请求俄罗斯能给予军事援助。

在征战喀尔喀的 1690 年，噶尔丹至少向俄罗斯派遣过两个使团，一个到伊尔库次克，一个到尼布楚，两个使团都具有请求军事援助与缔结军事联盟的使命。伊尔库次克使团带来的信，要到次年 2 月才转给戈洛文，那时尼布楚条约已经签订，准俄军事联盟已经不现实了；往尼布楚的使团随身携带了两封信，但尼布楚将军以"未得沙皇圣旨"将信转送到西伯利亚事务衙门。戈洛文收到这些信时，他人已经快到莫斯科了，此时莫斯科政府的注意力集中在其欧洲部分，故对噶尔丹的建议不再感兴趣。

1691—1692年，噶尔丹再次派遣数队使臣到莫斯科及俄属西伯利亚各主要城市，也是希望建立军事联盟。此时清廷已经向莫斯科政府施加压力，要求其保持中立，俄政府态度变得更为谨慎，尽管并未正式拒绝准噶尔的请求，但中立立场已经基本定局。

但噶尔丹并不气馁，继续向莫斯科"单方面"提出军事结盟的要求。1691年的一封信就明确提出："蒙古乃陛下和我等之敌人，为了贵我双方事业的成功，敬请陛下就兵员、火药、弹铅和大炮等等一切作战之所需，给予至善的谕旨。"但那时的莫斯科政府甚至开始拒绝噶尔丹使团进入莫斯科，而是改由西伯利亚地区的军政长官接待。

在对俄外交上，准噶尔失去的是时机。

俄罗斯史家写道："如果噶尔丹早八九个月提出自己的建议，也就是在戈洛文请求莫斯科向卫拉特王发出正式国书时（因为戈洛文当时认为卫拉特王可能在即将举行的谈判中成为他的同盟者），那么，谁也无法知道，1689年下半年事态会发展成什么样子。"

噶尔丹死后，准噶尔汗国并没有因此消失，其中亚枢纽这一地缘优势决定了它复兴与崛起的速度。1717年，策零敦多布的军队甚至控制了拉萨，尽管此后康熙两次派遣军队将其驱逐，但由此也开启了准噶尔汗国与清廷的第二次敌对时期。当时，俄罗斯探险队在准噶尔发现金矿，策妄阿拉布坦则利用这一时机，试图与沙皇达成共同对抗清廷的协作。1721年，准噶尔使节带着正式提案前往俄罗斯，给予俄罗斯金矿勘探者自由过境的权利，以换取俄罗斯的军事合作。彼得大帝原则上同意这一方案，决定出兵协助，以换取准噶尔的归附和开采金矿的权利。这真是千钧一发的历史时刻，如果"所有的北方蛮子：

俄罗斯人、土尔扈特人和喀尔木克人共同联合起来成立一个总同盟，这对于中国是多么危险的一件事呀！"法国史家加斯东·加恩在《彼得大帝时期的俄中关系史(1689—1730年)》一书中不禁为此惊呼。然而，1725年，彼得大帝逝世，而准噶尔内部在归附俄罗斯问题上犹豫不决，且正在发动对西部哈萨克的战争，几乎达成的俄准军事联盟因此被搁置起来。历史往往就在这样的悬崖边缘滑过弯道，其惊险之状就算是专业史家也难免惊魂失神。

大清与准噶尔的外交对决

但这并非命运偏爱大清，而是在这一轮交锋中，大清的主动外交姿态挽救了自己。

在这场对决中，清廷对准噶尔与俄罗斯之间密切的外交往来十分敏感，以至于恐慌。这也是在前期的雅克萨战争中保留余地，在尼布楚边境谈判中主动放弃部分权利（使团出发前，康熙明确指示放弃以尼布楚为界的方案，改以额尔古纳河为界）的原因。乌云毕力格先生等撰写的《蒙古民族通史》（第四卷）说：为了集中力量解决准噶尔问题，"清朝通过割让大片蒙古土地，换取了俄国在噶尔丹事件中的中立态度。俄罗斯从清朝那里得到了如此丰厚的礼物，对噶尔丹便不再感兴趣了。清廷此举为以后的平定噶尔丹创造了条件，赢得了时间"。

不仅如此，由于与俄罗斯建立了正式的外交关系，当准噶尔试图与俄方建立军事联盟时，清廷才有可能通过外交途径阻止俄准关系的进一步发展，也能在谣言四起、波谲云诡的战争形势中摸清准噶尔与俄罗斯人的真实动向，为制定战略决策提供必要的信息。如 1695 年战争期间，清政府得到蒙古人报告："噶尔丹组建了二万人的军队，从俄罗斯调入五万手持火枪的援军。"尽管莫斯科政府在 1692 年就正式通知过清政府，他们不会援助准噶尔，但清军听到这些谣言时，还是异常紧张，军部大臣们甚至不断要求康熙延缓远征。清廷得到这些"消息"，立即向俄罗斯提出强烈抗议，指出：如果俄罗斯以武力支持噶尔丹汗，就意味着俄罗斯政府破坏了与清政府达成的和平条约。"噶尔丹……乃扬言会汝兵，同侵喀尔喀，喀尔喀已归顺本朝，倘误信其言，是负信誓而开兵端也。"俄罗斯也及时做出回应，说噶尔丹"请则有之，允发则未也"。

可以说，康熙能识破谣言，抵制内部动摇，坚持亲征噶尔丹，其决策之保证正是建立在与俄罗斯的正式外交关系上。

1727 年策妄阿拉布坦去世，噶尔丹策零继位，雍正决定利用这一时机彻底平定准噶尔。在战争之前，让俄罗斯人保持中立就成为其对俄外交的重点。前述雍正向俄罗斯派遣的两批使臣，虽然其主要使命是联系土尔扈特，希望对准噶尔实施两面夹击，但将未来的战事通知俄罗斯并确保俄罗斯不介入冲突也是其外交目标。故理藩院在致俄罗斯元老院的咨文中多次重申并明白告知，本国将派遣大军征讨准噶尔，因此需要联络准噶尔之敌人土尔扈特、哈萨克等部落，"预先告知该部落，以使其各自有备"。因为当时这些本属于蒙古部落的土尔扈特人以及有意臣属大清的哈萨克人居住在俄罗斯境内，曾经宣誓效忠俄罗斯。

为确保征准成功，需要充分利用卫拉特部落之间的矛盾，尤其是受准噶尔压迫而远迁伏尔加河的土尔扈特部落的支持。理藩院在给俄罗斯元老院的咨文中，对此并无隐瞒。咨文要求俄方外事部门（当时由元老院与大清理藩院对等处理外交事务）将此事上报女皇，并告知土尔扈特部落：

> 若将其军旅整饬，用兵准噶尔，此时乃为良机。仅土尔扈特之兵丁虽不能剿灭准噶尔，然而视其所能，派出数万兵丁从后路插入，于其界外行动，使其不得安宁。若哈萨克、布鲁特、叶尔奇木、喀什噶尔等回部闻知，能各自派兵，则准噶尔叛部四面受围，必分其力，始将迅速溃败。一经平定准噶尔，则各国之民均可得享太平。

因担心俄罗斯阻挡使臣前往土尔扈特等地，大清在颁发给使团的训令中，详细陈述如何面对俄罗斯各种可能的刁难，如"设将欲剿灭准噶尔一事告知俄罗斯国之后，俄罗斯亦要乘机派军队来边境地区增援，则可告知：准噶尔人当被我大军击败之后，亦难料其无窜犯尔界之处。我两国已多年和睦相处，尔若派兵防守尔界，则由尔便，唯我大军足可以征讨准噶尔，不用尔之援助"等语。一方面希望俄罗斯给予方便，另一方面严防其介入与准噶尔的军事冲突。

1732年，在莫斯科的正式会谈中，使团将清廷军队即将推进的位置告知俄方，以使他们"不要有任何怀疑"。为保证他们在大清与准噶尔之战中保持善意的中立，甚至表示："当中国军队进攻准噶尔人并占领他们的土地时，如果女皇陛下对与其邻近的土地有什么需求，就请告知他们……这些土地可让给俄国。"（尼古拉·班蒂什-卡缅斯基编著：《俄中两国外交文献汇编（1619—1792年）》）

但外交场合的"空口"许诺并不能起到真正的作用，尤其是，当时的土尔扈特曾表示效忠俄罗斯，哈萨克等部落事实上也归顺俄罗斯，且俄罗斯与准噶尔一直有着密切的贸易往来。相比之下，大清对于中俄贸易却一直持严控态度，由此导致俄罗斯对华贸易严重受损，彼得大帝甚至考虑过断绝同大清的外交关系以取悦准噶尔。这个时候要俄罗斯保持善意中立，实质性的让步成为绝对必要，这也是1727—1728年雍正能够快速启动并批准《中俄恰克图条约》贸易与边界谈判的根本原因。

终结了旧时代，错过的新纪元

显然，在与准噶尔的外交对决中，清廷是胜出者，这种胜出，得益于主动外交攻势处颇多。故加斯东·加恩在评论清廷此期的对俄外交时曾说，它的政策是完全成功的，不仅孤立了准噶尔，也埋下了此后土尔扈特人回归中国的伏线。由此，中国已经"控制了介于它和俄国之间的所有民族"，"借助于尼布楚条约，它已经遏止俄国进逼黑龙江流域；借助于恰克图条约，它又使俄国人远离北京，并且用条约阻止俄国进展，因此我们可以说中国也战胜了俄国"。

从内亚战略讲，自康熙、雍正以至乾隆，其眼光韬略确实远比那些饱读诗书的汉族臣下们高明，这自然与其"满洲特征"有关，这种满洲特征在民族主义视野中饱受指责与轻视。研究边疆史的美国学者托马斯·巴菲尔德《危险的边疆：游牧帝国与中国》一书对此有公允之分析，他说："中原王朝的汉族军事指挥官中很少会有对蒙古地区环境的亲身体验……那些学识渊博的边疆官员对于游牧力量所上报的深富眼光的奏章在朝廷中经常是被忽视的，这些官员也很少能够晋升到决策层。一旦大规模的战事组织起来，军队经常由那些在朝廷中八面玲珑的人物所统领，而不去管他们在领军时会不会问题百出。除了少数的几位皇帝，如唐太宗和永乐帝，汉人的统治者们将北部边境以外的地区看作是蛮荒之地，这是东亚仅有的一块被汉族世界秩序观念一直排斥的地区。"也难怪康熙会一再批评那些汉族大臣们，口吻多少带有轻蔑——"只有亲身旅行穿越北部地区，你才能理解它的状况。当你开始行动，你必须仔细考虑交通和供给等细节。你不能马马虎虎地进行估计，像明代他们的一些人所做的那样——甚至是现在，汉族官员还不甚明了这些。"

帝国历史上长期存在的北部边疆危机，自此得以解决。为此，巴菲尔德评价说，对准噶尔的平定终结了草原帝国的历史，持续两千年之久的争斗就此告终——大清乃是亚洲旧秩序的终结者。

确实，它是一个旧时代的终结者，对整个亚洲乃至对世界史都产生影响。在这一点上，它是成功的。但这种成功却需要限制在特定的历史框架中，限制在我们所说的当时亚洲地区国际关系中的"双重三角关系"中的"内三角"框架之中。

当时亚洲内陆的这个"双重三角"所构成的多边国际政治格局，其性质完全不同。以蒙古为中心的"内三角"只是传统中亚社会的继续，是一场控制内陆主导权的战和博弈。其胜败结局虽会对整个中亚格局产生巨大影响，但这种影响仍旧局限在传统的亚洲内陆秩序之中，并没有新的因素即我们所说的世界近代史因素的加入。但由俄罗斯—大清—蒙古三方力量构成的"外三角"则大为不同：俄罗斯因素的加入，使传统内亚的政治关系转向全球经济层面，国际贸易成为这一关系的战略重心。俄罗斯与欧洲的广泛联系，政经、知识与宗教的——将"外三角"纳入一个更加广阔的框架——全球史的框架之

329

中。世界近代史已经通过这一"外三角"进入中原帝国。这是一个新纪元，这个新纪元自17世纪中期就已开启、降临，但是，由于大清帝国的视野被内三角束缚，尽管也已经受着新纪元的冲击，但却无法理解新纪元的意义。

为此，巴菲尔德对清廷的胜利持谨慎态度，他认为，对蒙古帝国的最后征服，并不仅仅是清朝军事力量造成的结果，"曾经保护新的游牧国家并维系他们生存的体系瓦解了。不断变化的世界经济、更便捷的运输与交通条件以及中国旧有的帝国结构的衰落，使旧类型与旧关系迅速走向终结。草原的游牧世界已经不再空旷无伴"。

然而，大清帝国并没有理解这种世界历史变化的信息，它在终结一个旧时代时，也使自己深深困在旧时代的陷阱之中，无法逃脱，自然也就无法理解新时代的意义。所以，从世界历史的整体变迁与全球战略大比拼角度看，清廷虽赢得了中亚主导权，却"错过了新纪元"。

大清是如何理解自由贸易的

蒙古王公走私事件

乾隆三十年（1765），发生过一件震惊朝廷的大事：曾得到乾隆强力支持，并被认定为三世哲布尊丹巴化身的蒙古王公桑斋多尔济被废黜。桑斋多尔济当时是喀尔喀蒙古部落中的亲清势力，与蒙古王公土谢图汗、定边左副将军成衮扎布对立，乾隆曾帮助他排除这些对手，而桑斋多尔济也协助乾隆控制喀尔喀蒙古部落，当时，他在库伦的权势坚如磐石。但是，好景不长，仅在一年之后，桑斋多尔济就被乾隆解除了库伦办事大臣和土谢图汗部副将军之职，软禁在北京的家中，个人财产也被没收，亲王品级被收回。牵入此事的满洲大臣丑达被处以死刑，扎布固齐·额尔经额等多人"身系铁锁"被押解到北京，处以斩监候，喇嘛们也都受到惩罚。

这起事件其实很小。

据当时的调查，桑斋多尔济、丑达及其属下的官员、百姓、官兵等，持盖有官印的文书或没有官印的文书，出卡伦与俄罗斯进行交易，前后共 12 起，物品有骆驼、绢、茶、皮毛、白布、铁皮、烟草，等等。其中有：乾隆二十九年（1764），库伦喇嘛购入 18 车茶叶、12 车烟草、3 车布，往恰克图贸易，换回俄罗斯产的黑狐、白鼠、毛毯、毛皮等，除了用于佛像铸造外，剩余部分转卖后购买茶叶给了喇嘛学堂的学生，喇嘛学堂有 300 名学生，每天要消耗掉 300 包以上的茶叶。另一起则是购买建寺庙的屋顶铁皮，桑斋多尔济认为寺庙是用圣上银子修建，所以"可以发给许可证"；清廷官员额尔经额参与贸易，则是因生活贫困，任期将完，但"债务很多"，为"稍微赚一点钱还债"，借押送材料的机会捎带私货，涉入与俄罗斯的走私案件。

其实，自 1728 年中俄恰克图条约签订，双边贸易开始繁荣起来。汉商迅速壮大，成为中俄贸易的主力，而蒙古王公和各阶层牧民大多涉入对外贸易，不仅解决了生活问题，也获得了较大财富。尽管乾隆帝曾数次中断贸易，但在禁贸期间，蒙古边民、汉族商人与俄罗斯私商的小规模贸易却始终存在，禁令基本上只是官样文章。桑斋多尔济等的走私，规模也不是很大，而且大多是生活需要，即使是违背禁令，似乎还不至于引发蒙古高层政局动荡。但乾隆却为此龙颜大怒，怒斥"桑斋多尔济如此大胆妄为，完全出乎意料"，并下令严惩。

乾隆为何因这样一件小事大动干戈？中俄之间的国际贸易，对于他来说，究竟意味着什么？

俄罗斯：自由贸易原则的胜利

俄罗斯对华战略的重点始终是贸易。1689 年签订的《尼布楚条约》，其中一个条款就是建立双边贸易关系。根据这一条款，一国的臣民被允许进入另一国的领土自由买卖各种货物，"两国今既永修和好，嗣后两国人民如持有准许往来路票者，应准其在两国境内往来贸易"。这一条款被俄罗斯人理解为"没有任何例外和限制"的自由贸易条款。

此后签订的《恰克图条约》尽管是《尼布楚条约》的继续，但对俄罗斯人来说，它的意义却超过前一条约。《恰克图条约》以及乾隆五十七年（1792）新订的《恰克图互市条约》可以说基本上达到了俄罗斯的对华外交目标。所以，他们认为，这是俄中关系中的一个具有重大意义的事件，认为它宣告两国人民间的永久和平，表达了两个国家在相互遵守和尊重对方的法律和习俗的基础上和睦相处的愿望。

俄方看重的是贸易，尽管当时在北京的贸易已经出现问题，但俄罗斯政府仍继续请求清政府予俄罗斯商队种种方便，在其前往北京途中提供协助。清方对此也做出让步，条约规定，俄罗斯商队每三年赴北京一次，商队的商人和随从人员数量照旧不应超过 200 人。

俄方在贸易方面也做出了让步，同意终止在库伦的私商贸易，而在尼布楚和恰克图两个边境地方开设市场，"酌情建盖房舍，修造墙垣围栅"。

尽管在条约签订当时，清政府基于它在广州同英国人及其他欧洲国家的贸易经验，对自由贸易颇为担心，对贸易做了一定的限制。如条约第四条，在"一切物品皆可自由买卖"之前加上"除两国明令禁止者外"这样的限定，但事实上，国家并没有明令颁布禁止买卖的物品，"限制"因此只算虚文，并未对双边贸易产生过什么影响。

所以，像米·约·斯拉德科夫斯基在其《俄罗斯各民族与中国贸易经济关系史（1917 年以前）》中就宣称，恰克图条约再一次确认了"在平等和互利基础上确立俄中贸易关系"，它体现了第一个俄中条约——《尼布楚条约》—— 所宣布的自由贸易原则。

这一说法至少从俄罗斯方面看是成立的。

自《尼布楚条约》签订后，俄罗斯派赴北京的商队急剧增加，规模也日益扩大。1697 年前，赴北京的以私人商队为主，之后，则以国家商队为主。1689—1697 年间，共 7 支私人商队前来贸易；1698—1718 年间，则有 10 支商队到北京进行贸易；1720—1754 年间有 7 支商队赴华贸易。在这些商队中，俄罗斯国家商队共计 17 支，商队每次携带的货物一般在 20 万卢布左右。由俄罗斯运往中国的商品总值达 203 万卢布，由中国运往俄罗斯的商品总值也在 200 万卢布左右，依据 20 世纪 60 年代汇率换算，总交易额在 1.2 亿卢布。（参见米·约·斯拉德科夫斯基：《俄罗斯各民族与中国贸易经济关系史（1917 年以前）》）

大清：作为外交制衡手段的贸易

中俄自正式建立双边贸易关系以来，俄罗斯固然获得巨大的利润，中国的成绩也不菲。据俄方统计，俄方商人从中国运回的商品总额也在 200 万卢布左右，贸易总额基本保持在年度 400 万卢布，双方基本持平。中方从俄罗斯获得的是以毛皮为主的奢侈品，紫貂皮占据首位，其次是狐皮，特别是火红色的狐皮，再次是银鼠皮、海狸皮、灰鼠皮等，也有布匹、粗亚麻、玻璃器皿、镜子和五金器具、锡器、云母以及猎犬等；俄方从中国进口的主要商品是各种丝织品、陶瓷和茶叶。17世纪前半期，丝织品几乎占据俄罗斯进口的绝对地位，1728年商队运回的丝织品为6.17万卢布，占总货物的49%，莫斯科甚至以政府之力推销。1717年，彼得大帝为推销丝织品甚至下令"不得穿金戴银，只准穿用经西伯利亚输入俄罗斯的各种丝织品"。1751年，从中国输入的丝织品总值达10多万卢布，1759—1760年则上升至17万卢布。棉织品是第二大类商品，被称作"中国布""大布"，这类棉织品在西伯利亚土著居民以及俄罗斯农民和猎户中拥有广泛的销路。因此，其销售量迅速增加。1727年输入的棉织品达4.9万卢布，占商队输入商品总额的39%（中国丝织品与棉布输入俄罗斯的数量有逐年增加的趋势，且所占比重巨大，1778—1780年间，中国丝织品占俄罗斯丝织品进口的23.2%，棉布占53.2%）。除了这些大宗商品外，扇子、人造花、红宝石、甘蔗、烟草、大黄、麝香、各种腌制蜜饯和甜姜等，也源源不断输入俄罗斯。

俄罗斯史家齐米特道尔吉耶夫说，对大清来说，恰克图贸易不仅具有很大的经济价值，也具有政治意义。"随着恰克图贸易在蒙古地区的发展，特别是张家口—库伦—恰克图商路开通以后，沿途出现了许多驻有清政府军队的站台、卡伦、驿站以及驻军边防点。"大清对蒙古地区的控制得到加强。

但是，这些只是历史学家事后的认知，对于大清统治者来说，这些或许并未进入他们的视野。在他们眼里，与俄罗斯的双边贸易，仅仅出于外交绥靖的权宜之计，一旦平定准噶尔的目标完成，则这种暂时性的让步就必须中止。这既是清廷当时对俄的策略性手段，也是其国家战略思路的必然发展——贸易从来就未被纳入国家战略议程。

在尼布楚谈判期间，俄方提出自由贸易条款时，清方使者断然拒绝，并且表示讨论这样的"私事"，有失尊严。《恰克图条约》正式列入自由贸易条款，更违背清廷意愿，但正在与准噶尔争夺中亚主导权的大清必须获得俄罗斯的同情，为此只好让步。但清廷对通商并没有多少兴趣，不仅如此，甚至设置种种障碍，将在北京的俄罗斯商队隔离起来，且多次以治安、礼仪等等细故中断贸易。

一旦完成对准噶尔的平定，乾隆对俄外交立即就变得强硬起来。他不仅以打架、抢劫等小纠纷或违背贸易协议等细节单方面 4 次中断恰克图贸易（1737、1738、1744 和 1747 年），且在俄罗斯收留准噶尔和乌梁海逃人问题上对俄罗斯提出严厉警告，要求俄罗斯必须交出准噶尔部的逃人阿睦尔撒纳（于乾隆二十年，即 1755 年投诚清政府，清政府控制准噶尔后，又率军反叛，乾隆派兵征讨时，他率部 1 万余人进入哈萨克，逃入俄境），声称如俄不交，清军不惜动武。直到阿睦尔撒纳病死，俄方将其尸体献出，经清廷确认无误后，此事才告平息。（参见陈维新：《清代对俄外交礼仪体制及藩属归属交涉（1644—1861）》）

乾隆五十年（1785）的这次闭市长达七年之久，起因则是俄属布里亚特等部落牧民入境抢劫。直到七年之后，办事大臣报告俄罗斯人已经"诚实改过，再四哀求"，乃令与俄重订互市条约五款，其首款竟然是"恰克图互市，于中国初无利益，大皇帝普爱众生，不忍尔国小民困苦，又因尔萨纳特衙门（Senate，元老院）吁请，是以允行。若再失和，罔希冀开市"。一副上国对属国的恩赐口吻，但叶卡特琳娜二世刚好欲分割波兰领土，争霸黑海，无暇东顾，竟然接受了这种近乎侮辱性的条约。

上述对蒙古王公走私事件的严厉处理，只是乾隆展现其对俄外交强硬态度的一面。他的强硬所显示的症结，与其祖父康熙一样，是担心随着双边贸易的发展，俄罗斯在蒙古区域的势力越来越大，从而导致蒙古离心离德，影响大清对蒙古的统治权威。

清廷接受自由贸易原则，与经济发展无关，而是受制于巩固统治权、巩固其天朝上国虚荣心理的那种虚弱者的心理需求。

分流：不同认知体系之下的双边贸易

如果保持这种双边贸易态势，则至少从国际经济角度，大清在18世纪前期，就已经跻身全球国际贸易体系之中，也就不存在此后的"丧失的国际契机"，不会在东南沿海一再遭遇"帝国主义"战争而屡次败北。自然，近代中国也就不会有所谓"半殖民地"之类的悲惨命运了。

至少，大清帝国应与俄罗斯帝国平起平坐，而不是屡受其欺压与侵略。

但近代中国的命运似乎已经注定，那些从全球史视野观看这段历史的学界人物，也几乎是以一种历史命运的悲悯心绪在书写这段历史，历史的必然规律发生作用了！

然而，全球史中的这种国家命运"大分流"，其根源可能就隐藏在一些简单的故事中，隐藏在制定国家战略背后的那套知识体系中，也不必故弄必然律的玄虚。

《恰克图条约》签订前后，俄罗斯的外贸政策处于重商主义学说的影响下，俄政府认为，对外贸易最重要的任务就是为国家积累外国货币——黄金、白银，并保持对外贸易的出超，"这是欧洲各国都应该考虑到的最重要之点"。1719 年，俄罗斯政府商务委员会在训令其国家商队总管时，曾明确阐述过这种重商主义原则。

自 15 世纪兴起的重商主义学说，经历了早期的"重金主义"，即以货币为衡量国家财富的标准和晚期（16 世纪下半期至 17 世纪）的以发展工业和对外贸易的"贸易差额论"两个时期。在制定对华贸易政策中，莫斯科政府虽兼采两者，却是以后者为主。随着贸易额的增长，俄罗斯工业迅速发展起来，各大城市中出现了诸多工场，如生产丝织品的工场就有 40 个，投入资本 45.9 万卢布（1761 年数据）。这些工场一方面充分利用从中国进口的原料，另一方面也带动了消费市场。贸易方面，在经过一段时期的国家专营后，私商贸易不断扩大并最终取代国家商队。那些按照西欧各国先例组织起来的私营公司，不仅获得政策鼓励，而且可以得到国家的巨额贷款，收购国营公司，参与对华贸易。商贸与工业的发展，为俄罗斯政府创造了高额的税收回报。1755—1761 年，仅恰克图贸易所得关税即达 137 万卢布，占俄罗斯对外贸易总额的 7%—9%，而这一阶段对华贸易的拓展，又只是彼得大帝国家整体改革的一部分。

如果说重商主义思想乃是俄罗斯推行自由贸易的知识背景，那么，大清的读书人与官僚阶层要接触到这一知识体系，却还得等到一百年之后。等到 1862 年曾国藩提出"商战"以及严复《国富论》译作的出现，在此之前，大清还沉醉在盛世光环之中。

随着准噶尔的平定，大清帝国国家权力急速扩张，一个"天下共主"的帝国形象俨然降临。满人一直以来就以忽必烈、成吉思汗的继承人自认，统一蒙古的事业算是圆了他们的梦想。但这种权力是建立在军事战争之上的，建立在不断抬高满洲贵族地位，压制普通民众（尤其是商人）地位基础之上的，其天下共主的幻觉也是建立在与外部世界隔绝、自我封锁基础之上的。为此，国家权力的扩张，不仅没有扩大其统治基础与知识领域，反而强化了其将贸易认作"私人小事"，强化了其"重本抑末""重农抑商"等传统思想。为此，这个帝国不仅不能理解国家财富的性质，而且无视民生与经济发展。国家权力的扩张，不仅未能促进社会发展，反而加重人民的负担；不仅没有促进国家的富强，反而阻碍了它的发展。

没有经过现代经济思想熏陶的清廷，不可能从经济角度认识国际贸易的时代趋势，无法认识国际贸易在国家富强中的地位，而是陷在帝国权力的幻觉中，陷在传统小农经济思想体系中不能自拔。

也正是从这个意义上说，乾隆时期国家地位的巩固，不仅没有给中华民族带来新的思想与制度因素，反而使这个帝国越来越深地陷入旧辙之中。表面的强大，往往足以掩盖倒行逆施的顽梗；对外的封锁，在禁锢外来影响的同时，也禁锢了自我强大的机会。

东西方的兴衰、全球史上的"大分流"，其实在这样的知识分流中已决胜负。

朝贡体制是如何建立起来的

在新清史视野中，康雍乾三朝号称盛世，不仅是大清的自诩，也是世界历史的事实。仅以极盛时期大清帝国的属国而言，乾隆时期曾达到40余个，小国不计，甚至连英吉利、荷兰、法兰西、意大利、俄罗斯等"也看作属国"。依据《清朝通典》的说法是："朝献之列国，互市之群藩，革新面内之部落"，"咸奉正朔，勤职贡"。因此，朝贡体制及其副产品"天下主义"，在天下主义者看来理所当然应成为替代现代国际体系的"中国话语"——因为那种由西方殖民主义者建立的现代世界体系是霸权主义的，而"天下主义"则是建立在"天下一家"的儒家礼治秩序上的，是以道义交而非以利益交。只不过大清武力不如人，时势不济，结果"天下主义"错失了引领世界的机会。

国人津津乐道的"朝贡体系"，究竟是如何建立起来的？天下主义的理想诉求，曾经成为过朝贡体系的道德内涵么？本文以清初的后金与朝鲜关系，以及康熙时期大清与准噶尔关系为例，做一个简单分析。

康熙皇帝给噶尔丹的信

乾隆时期被认为是属国极盛时期，而这一盛况又与大清平定准噶尔有关。一些史家说，除缅甸和喀尔喀外，其余浩罕、左右哈萨克、东西布鲁特、安集延、塔什干、巴达克山、爱乌罕（阿富汗）、乾竺特等中亚诸国成为清朝属国，"都与准噶尔问题的最终解决有关"。那么，准噶尔又是如何纳入大清属国的呢？

康熙二十八年（1689）四月，清廷决定派遣理藩院尚书阿喇尼等出使准噶尔，化解准噶尔与喀尔喀蒙古部落的冲突问题。在这场大规模的蒙古内战中，战争的挑起方喀尔喀已经败北，寻求大清的保护，准噶尔则坚持要惩处挑衅者。康熙遣使的目的，就是要准噶尔放弃惩处，与喀尔喀达成和平。阿喇尼随身带去了康熙给噶尔丹的信，在信中，康熙先是表示统御寰宇，率土生民，"皆朕赤子"，要一体同仁，而蒙古内部也应彼此和好，共享安乐。然后是对于责任的认定与提出化解冲突的办法：

> 乃喀尔喀土谢图汗、泽卜尊丹巴胡土克图等，自做弗靖，违旨兴戎，又先发兵杀扎萨克图汗，及得克得黑墨尔根阿海，又杀尔弟多尔济札卜，是自取灭亡耳。尔因彼先举，遂兴兵破喀尔喀，其过在喀尔喀，不在尔也……今喀尔喀为尔所败，其汗、济农、台吉等，率举国之人，前

来归朕，朕矜其流离穷困，虽向非属国，而随属国之列，诚心职贡。且追念彼为元之苗裔，穷而来归，即以所属待之。朕统御天下，来归之人，若不收抚，谁抚之乎。故受而安插于汛界之外，其穷困人民，赈以米粮，而严责其兴戎之罪……战争非美事，辗转报复，将无已时。仇雠愈多，亦不能保其常胜。是以朕欲尔等解释前雠，互市交易，安居揖睦，永息战争。特遣使赍旨前来，汝果遵朕谕旨，自今以后，各守疆界，不兴兵戎，既不失揖睦之道，尔两国人民，亦免涂炭。

这封信透露的消息，首先是对于战争责任的认定，罪在喀尔喀，不在噶尔丹。这也是康熙始终一致的主张，无论是内部讲话还是对冲突的双方以及协同调解的藏方佛教领袖（康熙在给达赖喇嘛的信中，也是历数土谢图汗等之罪，说他们"自取灭亡""违旨兴戎"，首先起兵，"噶尔丹遂起兵破喀尔喀，此喀尔喀先举召衅之过，朕不以之责噶尔丹也"）。这个结论也是清政府的结论（康熙二十七年十一月噶尔丹请求通商，王大臣集议，其共同的结论是："土谢图汗、泽卜尊丹巴胡土克图等，背弃盟誓，杀扎萨克图汗，得克得黑墨尔根阿海。又加兵厄鲁特，杀噶尔丹之弟多尔济扎卜，实系伊等之过"）。

其次，是康熙对于解决蒙古冲突的信心满满。他的预案是同时敦请藏区佛教领袖参与调停，并派人传话给达赖喇嘛，请其遣一有名大喇嘛，同清廷大臣前往会盟，"召集噶尔丹、土谢图汗等，令土谢图汗等，自陈其过，大集会阅，永议和好"。并表示，"意欲使厄鲁特、喀尔喀尽释前怨，仍前协和，各守地方，休兵罢战"。这一方案遭到了喀尔喀方的拒绝，康熙二十八年正月，土谢图汗等具疏自陈，不愿与噶尔丹会盟。康熙似乎也并不认为这是什么大事，所以，在晓谕王大臣时，以一种轻松口吻表示："今土谢图汗、泽卜尊丹巴等，又难于会盟。其以朕收养伊等，中外一体，不忍令人失所之德意，并将土谢图汗等，背盟兴戎之过，一一申明，遣使赍敕，宣谕噶尔丹，令达赖喇嘛，亦遣使于噶尔丹，则案可结矣。"似乎只要对土谢图汗等加以口头训诫，则冲突可以化解于无形，这样的轻巧显然过于自信。

最后，高调的天下共主口吻掩盖着尴尬的模糊身份。

在这封信中，康熙一直在为其收留喀尔喀流亡者做辩解。这套辩解话语就是"天下共主"辞令。所谓"朕统御天下，来归之人，若不收抚，谁抚之乎？"以守为攻。还有"朕统御天下，凡穷者救之，绝者继之，离散者使之完聚，交恶兴戎者使之和协，一切生灵，无不欲其咸底于安乐也"等等自我辩护。

然而，这套话语并非没有漏洞，"天下共主"身份与作为仲裁者的第三方身份本不应该相互抵牾。按理，作为仲裁者的大清应保持一种中立立场，但收留喀尔喀部落却让大清失去调解人的中立立场。为此，康熙必须为自己的身份做出解释，也就是说，必须在清廷与蒙古关系上进行清晰定位。在此问题上，康熙的表述是混乱的甚至自相矛盾的。在给噶尔丹的信中，他有时称"厄鲁特、喀尔喀皆累世职贡不绝"，"恭顺职贡有年"，有时却又用了喀尔喀"虽向非属国，而随属国之列"。准噶尔并非大清的"职贡之国"，但康熙却将其与喀尔喀混杂一处，想蒙混带过；喀尔喀自然也并非大清属国，但康熙却想将其当作自己的属国对待。如此，则康熙就会丧失天下共主资格，而偏于一方，并陷入与准噶尔的冲突中。而康熙又想保持中立的仲裁人身份，正是因为康熙无法确定自己的身份，使得他在面对左右蒙古冲突时，首先得为自己辩护，也无法拿出严格的辞令与法理迫使冲突的双方接受，便只好寄希望于他们内部和解。显然，这样的闪烁其词是无法解决问题的。

大清是如何介入战争的

喀尔喀归降大清，康熙接纳了；喀尔喀拒绝参加会盟，康熙竟然也采纳了，这就使康熙失去了中立仲裁者立场，而将大清推向准噶尔的敌对阵营。但康熙却试图以天下共主身份出面调停蒙古冲突，噶尔丹自然不干，他的理由很充分，错在喀尔喀，必须对喀尔喀实施制裁。尽管康熙使臣阿喇尼一再表示"圣上明鉴，久已晰彼之曲，谅尔之直"，"尔又何必屡以此事为言耶"？希望噶尔丹不要在此事上纠缠。但噶尔丹坚持己见，说圣上宽宥小人，赐敕书，我无言以奏，但"若不惩处，岂不放过恶人乎"？阿喇尼无法说服他，就要求噶尔丹以书面形式把自己的想法写下。第二天，噶尔丹送达奏疏，重复会谈中的说法："哲布尊丹巴、土谢图汗二人曾违背旨意，苦累民众，今虑及岂能使民众受苦等因，不忌为此二人谨奏。"阿喇尼还想规劝，甚至以中断贸易相要挟（这一点在阿喇尼出使前康熙就已经训示过了，显然是预定方案），但噶尔丹得理不让人，由其大臣向阿喇尼传话："向由相和者，可变为相攻者，而由相攻者亦可为相和者。兵甲无常，孰保无事？"显然，这表示，如果大清不能惩罚喀尔喀，则噶尔丹将保留付诸武力、自行惩治的权力。

康熙的第二条思路，就是敦请拉萨派遣使者说服噶尔丹。12月，使者进京，密报拉萨方的决定，是"但擒土谢图汗，泽卜尊丹巴胡土克图，畀噶尔丹，则有利于生灵，此两人身命，我当保之"。也就是说，拉萨方希望将犯事者交给噶尔丹处置，不过他会出面保障他们的生命安全（黑龙在其《准噶尔蒙古与清朝关系史研究（1672—1697）》中认为，拉萨方提出这一建议，也是基于康熙曾允诺交出土谢图汗等人）。但康熙不干，他再次表示自己的公正立场，说"欲止其战争，同归于好，原非有偏徇一家之意也"，且亮出自己"天下共主"的身份来辩护："朕抚视万邦，有如一体，意无偏徇。"

按一般官史的说法，是噶尔丹顽固，坚持要惩处对手，拒绝康熙的调整并挑战大清，才导致战争的。这样的说法除了正统史观作祟外，与史料本身的篡改也有直接关系。学界通过比较留存的蒙文档案与正式出版物如《实录》等各种官方文献，已经发现清廷在史实方面的重大篡改。通过查证这些没有公布的蒙文信件原文，也揭示了那些被掩盖与篡改了的史实真相。

在《准噶尔蒙古与清朝关系史研究（1672—1697）》一书中，黑龙通过对蒙文档案的挖掘，梳理出导致战争的一个被掩盖的根源。在阿喇尼出使准噶尔期间，噶尔丹特意强调，康熙曾有遣返喀尔喀的谕旨，阿喇尼也承认有此一条。他回答噶尔丹说："若将归附圣上之众喀尔喀尽行遣出，在达赖喇嘛之处喀尔喀亦将遣出，汗尔处喀尔喀将如何为是？"也就是说，假如大清遣返喀尔喀，则噶尔丹也应该遣返逃亡到准噶尔的喀尔喀人，噶尔丹明确表示，"若将众喀尔喀尽行遣出，吾处喀尔喀亦将遣出"。为此，黑龙推断，康熙有过恢复喀尔喀国并使其成为缓冲地带的意向，但由于他随后改变了主意，没有履行自己的诺言，所以清朝所有的官修史书也都回避记录此事。

但康熙是否真有过设立缓冲国的想法？又因为何种理由改变此主意呢？通过对《实录》等文献的翻阅，可以推断，尽管在喀尔喀流亡来归时，康熙一再表示只是暂时收留，但其最终意图却早在此年

（1689）9月就已经显露。在谕令理藩院救济喀尔喀灾荒时，康熙曾说过这样一段话："昔太宗文皇帝，以次收定四十九旗蒙古。后欲全收北边喀尔喀，未及行而太宗文皇帝宾天……今闻喀尔喀国内饥荒，互相杀掳，朕欲普天万国，皆得其所，一体加恩，喀尔喀流离至此，故特遣大臣收集流亡，使安插得所。"后半段虽然是在指示理藩院收纳流亡，但其借机"全收北边喀尔喀"以完成太宗遗愿的想法却跃然纸上。[1] 正是有了这种并吞北蒙古，并将其纳入版图的意愿，则"缓冲国"之类的设想应该就是子虚乌有，而在准噶尔与喀尔喀的冲突中，无论噶尔丹做出什么让步，只要涉及喀尔喀领土问题，康熙也就丝毫不会退让。

这也就注定了战争的命运。其结果自然是，以仲裁者角色自任的大清皇帝，却转换角色，介入了战争。

朝贡体制建立的基础

我们再回过头来看大清第一个属国朝鲜的"归顺"历史。

1616年，后金建立，由明朝一个属部成为一个独立的政治实体。

---

1 康熙曾将对待喀尔喀问题交给议政王大臣会议讨论，其结论是："土谢图汗虽为厄鲁特所欺，请救本朝，似不便遣兵相助。向使土谢图汗早如四十九旗归于本朝，噶尔丹必不敢侵犯，即使侵犯，本朝必不忍坐视。"这是1688年8月土谢图汗向康熙求援，表示"臣自昔诚心职贡，以为或遇劲敌至于危急，希得救援。今噶尔丹兴兵攻我，事势危急。我兵虽少，且与噶尔丹一战决之，恐不能御，伏乞天朝发兵救援"的答复。1688年8月，喀尔喀败北，9月，请求归附清朝，康熙下令王大臣议政，正式接纳其为臣属。参见《亲征平定朔漠方略》（卷四），载西藏社会科学院西藏学汉文文献编辑室编辑：《西藏学汉文文献汇刻》（第四辑）。

其时，与后金相邻的朝鲜、蒙古均未承认它，作为"上国"的大明帝国就更不会将它放在眼里。1627年正月，皇太极即位，此时的蒙古喀尔喀部落虽与其订立盟约，但同时也接受大明的赏金，甚至背盟进攻后金。察哈尔林丹汗则组织大军向西征发，准备统一蒙古，与后金为敌。而其东部的朝鲜则为大明属国，不仅与明朝站在一起，而且成为明朝进攻后金的前沿基地。皇太极曾公开说过，"满洲、蒙古向以资取他国之物为生"，后金要图发展，就必须突破这种包围，以征战方式谋求利益。但以其当时的力量而言自然无法直接挑战明朝，故他采取与明朝议和、先取朝鲜的策略，试图各个击破，此即皇太极时期对朝鲜的"两次东征"。第一次东征在天聪元年（1627）正月，皇太极遣3万大军东征朝鲜，朝鲜因内无险阻，外无援兵，与之订立"江都之盟"。后金要求朝鲜解除与明朝的宗藩关系，改奉后金正朔，遭到朝鲜抵制。后双方妥协，"朝鲜以弟事兄，须进献方物"。双方地位虽不平等，但基本上属于同盟关系，而非宗藩关系，后金目的并未完全达到。九年以后的1636年（崇德元年），皇太极改元称帝。此时的后金已击灭蒙古的察哈尔汗国，夺得故元传国玉玺，收服漠南蒙古，一举成为大国，国号也改为"大清"，于是再次发动对朝战争。崇德二年，破江华，俘虏朝鲜国王及其大臣家属，迫使其签订不平等条约，要求朝鲜奉大清正朔，永为大清臣属，每年进贡黄金百两，白金（银）千两等，此后（崇德四年）并于三田渡地方树立"大清皇帝功德碑"，碑文以满、蒙、汉文撰写。自此至甲午战争，朝鲜一直为大清属国。

从入关之前征服朝鲜而有了第一个属国，到乾隆时期平定准噶尔，新一批"属国"归顺大清。极盛时期的大清控制着周边40余个属国，"朝贡体制"确实到达其顶峰，而儒家"天下主义"世界秩序的话语也达到其顶峰。

关于这些"国家"与清朝之间的关系，民国时期的史学家钱实甫就明白提出，这些"属国"，有些是以武力强服的结果，如关外时代的朝鲜和乾隆时代的缅甸等；有些是继承明帝国原有的朝贡关系而来的，如琉球等国。不管是直接征服还是继承，归根结底，"朝贡体制"的形成，都是武力征服与威慑的结果，这种判断基本符合史实。

在朝贡体制上，清廷曾有内藩外藩之分，学术界由此引出诸多假说。但我以为，拉铁摩尔的边疆理论最具解释力。他厘分大清边疆为行政控制线与军事打击线，内藩处于行政控制线之内，军事打击半径范围之内的，就属于外藩。这一解释精准地说明：所谓的朝贡体制，其实质就是处在大清军事打击半径范围之内的帝国体制，大清对治朝贡诸国的政策，是建立在军事占有之效益成本估算基础上的，所谓的道德文教，只不过是其边际效用递减的替代罢了。

为什么"天下主义"无法引领国际社会

——一个粗略的成本核算

上文提出武力威慑是朝贡体制存在的前提，不过具体到宗主国与附属国之间、中心帝国与边远外夷之间的"双边关系"上，究竟如何处理却是一个具体而现实的运作过程。任何两国之间的关系都可以有多种战略选择，从战争关系到欺诈、和亲、朝贡、互市以至于兼并征服等等，在绝对敌对到完全臣服之间，有着巨大的运作空间。其中，战争大多是短暂性的非正常态，双边关系中的常态终究是人员往来与互市贸易。就算是在所谓的"朝贡体制"中，这一概念的提出者费正清也不得不承认，"朝贡使团的主要功能是作为贸易的一种工具"。

不过，在双边互动中，宗主国终究还是处在当然的主动地位，其战略选择多少受其国际政治的想象力限制。在"我朝以武力取天下"的大清诸帝看来，轻车熟路的国际交往方式可能还是战争，虽然，其代价不菲。

还是以大清与准噶尔关系为例进行分析。

贸易的成本

与准噶尔的关系尽管以战争这一悲剧方式结束，但双方间的贸易还是时断时续维持着，而且这一关系对双方来说都至关重要。但限于篇幅，这里仅以乾隆十五年（1750）的双边贸易情况做分析。

乾隆十五年为噶尔丹策零之子策妄多尔济那木扎勒在位期间，其前往肃州进行贸易的诺洛素伯商队人数为300人，报关货物有"羊十五万六千余只，牛、马、驼只俱以千计，各项皮张共六七万张，统计不下二十余万两"。

当时的陕甘总督尹继善闻报大惊，他报告清廷："臣查从前节次交易，甲子年共计银四万一千余两，丙寅年九万五千余两，戊辰年七万四千余两，今次各物遽增至数倍，实系从前所未有。"尹继善担心的是这次贸易会突破"数十万两"，因此，建议清廷制定章程，对贸易进行严格管理与限制。清廷照准的此后交易数额为："羊不得过三万只，马牛二项不得过一千，各种皮货共不得过三万张。"

不过这次贸易还是照常进行，清廷挑选了13万只羊、667头牛、661匹马和各项毛皮6.3287万张，作价18.62余万两，兑给茶叶、绸缎等值16.73余万两的货物，并兑现现银1.88余万两，加上商队经过哈密时完成的部分交易，这次贸易总额为19.4067万两。（蔡家艺：《清代新疆社会经济史纲》）

这应是乾隆年间与准噶尔贸易最大的一宗了。按理，对于大清来说，这样的贸易其实不算太大，但作为地方督抚的尹继善却一惊一乍，提出贸易限制，为此遭到乾隆的严厉批评：

> 尹继善所奏准噶尔交易一事，朕从前以为银数太多，
> 未免繁费，不可不为撙节。……今详览尹继善所奏，彼此
> 原不过以货物相准，所费银亦有限，即令彼沾受微利，感
> 悦而去，亦足见天朝字小之恩。若照该督所定议单之数，
> 未免过于裁减，如以为出自官商所定。
>
> 再或坚执成议，令彼失所利赖，设或铤而走险，攘窃
> 边储牛马，以激我兴师，其能置之不问已乎？偏师一出，
> 较之交易之费，何啻十倍！是交易虽有小费，所全实多。
> 朕意该督所定，实属过严难行。

——《清高宗实录》第380卷，乾隆十六年正月戊申

当时与准噶尔的互市贸易，基本上是对等的市场关系。但其中，
首先，大清严格控制白银出口，坚持以货易货原则，现银支付只占很
小一部分；其次，货物价格议定方面，大清掌控着主动权。

乾隆对尹继善的批评，可以说是基于简单的成本核算，在大清与
准噶尔之间，究竟是贸易合算，还是战争合算，对于乾隆来说乃是十
分清楚的。但这种核算，并非纯经济关系的考量，也非对等的外交关
系，而是在天下主义体系中宗主国对属国的某种恩赐。因此，只有在
宗主国不准备采取军事行动的情况下，国际贸易才被允许，贸易额的
大小与出超入超才可以当作次要问题对待，但宗主国的利益毕竟是最
后的决定因素。

战争的成本

从乾隆有关上述关于贸易的言论中，可以很清晰地听到战争的潜台词。

战争缘起，一般史家多只关注领土冲突，领土冲突无疑是主因之一。但就算是在领土冲突中，清廷为逼迫准噶尔就范而采取的中断贸易等强硬手段所造成的影响，似乎被学界低估了。相比而言，准噶尔与俄罗斯同样一直存在着领土冲突，而且准噶尔态度强硬，但双方并没有兵刃相见，其原因，恐怕与双方之间自由贸易的维持有着直接关系（准噶尔与俄罗斯的贸易额要小得多，例如，1724—1728 年亚梅舍沃海关五年的贸易总额超过 4.7 万卢布。但双方贸易关系却要密切得多）。

在冲突中，清廷往往实施贸易限制政策，以为可以致其死命。康熙二十二年（1683），噶尔丹就对此提出过抗议，说是"自古以来，四厄鲁特贸易，向有旧制，我等未便废也。若仍遵旧制，则凡事皆宜"，但康熙不为所动。噶尔丹表示，这样的限制导致"我国之人，殊为忧苦"，一再请求取消限制，但清廷坚持限制政策——其在贸易上的僵硬策略，一方面出于错误的认知，以为一旦中断贸易，这些依赖中原物资的游牧部落就没得选择，要么崩溃，要么投降。但根本原因还在于，自顺治、康熙以至乾隆，始终信守着"我朝以武力取天下"的传统战略，天下一统于我乃是帝国的最终目的。

不过，大清是否做过"以武力取天下"的成本核算呢？显然，对于这些天下雄主来说，这样的账单绝对不会糊涂了事，问题的关键在于，他们究竟采取何种方式计算？

维持军事威胁需要的"常费"，一般占清廷财政开支的 70%，乾隆一朝降低至50%，但其财政开支的总基数却远远超出康熙时期。

康熙元年（1662）军事常费为2400万两，财政总支出为2700万两，军费占财政支出的88%。

康熙二十四年（1685）军事常费为1360万两，财政总支出为1900万两，占71%。

乾隆三十一年（1766），军事常费为1780万两，财政总支出为3451万两，占51%。

尽管乾隆一朝的常规军费只占财政总支出的50%，但期间的临时性军事支出却巨额增长：

> 第一次金川之役（乾隆十二至十四年），2000万两
>
> 准回之役（乾隆二十至二十二年），3300万两
>
> 缅甸之役（乾隆三十四年），900万两
>
> 第二次金川之役（乾隆三十一至四十一年），7000万两
>
> 廓尔喀之役（乾隆五十七至五十九年），800万两
>
> 如果再加上其余支出，总计超过1.5亿两

如果以乾隆三十一年财政总支出为标准（3451万两），则其临时战争支出是其常规军事费用的9倍，是其年总支出的4倍多，这还是不完全统计。

仅以对准战争而言，康熙时期的财政数据不全，无法统计，不论。雍正时期的准噶尔之战，魏源说户部"渐积至六千余万，自西北两路用兵，动支大半"，但这个估计严重不足。仅从户部存银看，康熙五十八年（1719）尚有4700余万两，但到雍正元年（1723）只有

2300余万两，两者相减为2400余万两，如果加上每年尚有2000余万两的岁入，其征准军事支出应在6000万两以上。乾隆在回顾雍正用兵准噶尔的费用时说过，"西北两路，费至五六千万"，历史学界的保守估计为5400余万两，可能相差不大。乾隆年间的对准之战，魏源的记载为"三千三百余万"，我国台湾地区史家庄吉发、赖福顺认为应在3500余万两，也是保守估计。

总计：顺治朝的战费约为1亿两，康熙朝为2亿两，雍正朝约6000万两，乾隆朝为1.5亿两，嘉庆朝为1.8亿两，加上此后道光朝镇压湘粤瑶民起义又耗费2000多万两，大清在鸦片战争之前的各种战争耗费，总计在7亿两左右。在清前期的两个世纪中，平均每年用于战争的费用达400万两左右，如果再加上维持常规部队的各项费用（占财政总支出的半数以上，平均在70%左右），则仅战争一项就消耗了帝国的绝大部分财政，清廷尽管坐拥天下财富，但事实上大部分时间却是入不敷出的。（陈锋：《清代军费研究》）

天下主义的"负担"

任何控制都要付出代价，而军事的代价往往最巨，这一点，对于精明的政治家来说，应是常识，上引乾隆的话足为明证。康熙自己也承认（康熙六十一年）："近见天下钱粮，各省皆有亏空，陕西尤甚"；官员中如兵部侍郎刘弘遇报告山西情况的奏折中也有"民之财力虽竭，未尝敢缓幸"，"小民髓枯血尽，何以堪命"；浙江文人汪景祺周游陕甘之后亦有"转饷半天下，所糜费金钱数千万，中国之力已竭"

的批判，他为此被雍正处以极刑。

尽管封口、砍头能暂时隐瞒事实，却无法取消事实——为筹集如此巨额军费，除掏空国库外，清政府或下令强征，或私下派捐，或增加田赋，甚至以预收方式加征地丁银。此外，关乎民生日用的食盐也一再加征，有所谓"加斤增课""遇闰加课""计丁加引"等"旧例所不载"等等名目，康熙十七年（1678）起开始实施，加引数额高达22.9万多引，仅两淮就年增课银达4.7万两，长芦4.3万两，故当时有"所需兵饷，半资食课"的说法。帝国每个臣民都得为战争付出自己的财产，且一再遭受搜刮，盐价上涨，以至于下层民众连食盐都买不起。此外还征收房屋税，自康熙十五年（1676）起，"以军需浩繁，国用不足，始税天下市房，不论内房多寡，惟计门面间架"，税率并且一再提升，"二十二年复征间架，照前加三分之一"；更有考生通过缴纳银两即可获得生员资格，甚至举人等功名也可以公开标价竞拍这样的恶例，也是以军费所需打开的口子，从此以后，不仅国家官位可以公开买卖，科举的美意也被玷污，权威流失，"斯文扫地"，大清帝国无论是就其财富还是精神，其腐化颓败之势已经启动，且如滚石下山，一发不可收拾。

帝国衰败的先兆已经累积了，但皇帝们统御天下的雄心并不因此而稍敛，只不过在其公开政令中却需要扮出一种仁慈君主的形象，说什么"西陲用兵以来，一应军需，皆取资于公帑，丝毫不以累民"等等。

康乾盛世之后大清国势的急速衰落，底层社会的大规模反抗（相比对外战争，对内镇压的耗费其实更大，嘉庆年间镇压白莲教耗费达1.5亿两白银）早已在此埋下祸根。否则，历史学界也就无法解释大清沿海战略的一再败北，也就无法解释近代中国备受挫折的历史命运。

但历史学的认知是一回事，"天下共主"们自己的认知却是另一回事。对于这些"以武力取天下"的清朝帝王来说，"中国之力已竭"其实是无关痛痒的，因为"中国"不过是他们军事掠夺的奖品。战争导致民生凋敝与地方财政亏空，按理应引起康熙、乾隆等霸主雄材的高度警惕，但对外征战却有相继、连年不绝，且规模越来越大，以至于乾隆以"十全武功"自诩。姚念慈先生的《康熙盛世与帝王心术》一书中揭示——尽管民众生活在水深火热之中，地方财政亏空凋敝，但皇室与中央政府的财政与权力却在这样的军事征战中得到了扩张、充实，内重外轻局面得以形成，而这样"不可告人"的目的是无法通过行政手段达成的，只有对外发动战争才能避开"旧制"，从而破坏传统的君相制衡机制，创建"军机处"之类的独裁机构，这正是军事帝国想要达到之目的，也是帝王们汲汲于"武功"的个人权力欲望的展现。

"天下共主"正是通过将战争成本转嫁给天下而维持其天下主义形象的，这一"帝国的秘密"大约也只有替天下主义做成本核算时才能揭示其些微真相。

战争导致清帝国的财政危机与政治危机，也引起新近归附的喀尔喀蒙古部落的离心，这一点连俄罗斯外交使臣都意识到了。康熙时期（1721—1722）驻北京的俄罗斯非正式使者洛连茨·兰格在给圣彼得堡的报告中写道："同珲台吉的战争使中国人极端困难，因为，据我所知，这支由20万人组成的军队（清廷对外声称动员了20万军队，其实只有5万余）每年由于瘟疫而减少着……且对粮食的需求数量极大，以致不得不以倒毙的骆驼、马匹及其他牲畜充饥……军队大批病死迫使他们在每年开春重新补充新兵"；"它的军队几遭失败，大量军队开支严重影响到国家的财政状况，接连不断地压在喀尔喀身上的各种苛捐杂税、徭役贡赋使喀尔喀居民怨声载道，日益不满"。

大清帝国内部的政治动荡终有清之年没有停止过，这已是众所周知的事实，不必多论。蒙古部落的政治反叛其实也是贯穿整个清朝的。1723年，在库库淖尔（青海湖）爆发了一次由顾实汗孙子罗布桑丹津领导的和硕特领主的大暴动，其目的即在推翻清政府的统治并恢复过去和硕特领主的独立。尽管反叛最后被清政府镇压，但这样的反叛在喀尔喀地区几乎每年都有，并且一直延续到策妄阿拉布坦死去。

战争中的另一方其实也好不了多少，有清一代的官方历史也承认，清廷对准噶尔的战争，导致当地人口的大规模减少。准噶尔当时有60万至100万人，战争中有十分之三遭到杀戮，十分之四死于饥饿、疾病，一部分人逃入俄罗斯。战争导致农业人口锐减，尤其是男劳动力的减少，牧区剩下的只有老人和妇孺了。1732年12月1日，俄罗斯的乌格里莫夫向西伯利亚总督报告："今年夏天，他们那儿只剩下一些教士和布哈拉人，还有少量被他们领主带去打猎的卫拉特人。兀鲁思的其余卡尔梅克人连小孩全被打发去为反对中国人和哈萨克玉兹服役了。"

那些无法逃亡的妇孺则经受着战争的苦难，他们被迫把各种骏马和牲畜送往汗那里，变得"赤贫如洗"，而且其统治模式也在向集权化推进。伊·亚·兹拉特金《准噶尔汗国史(1635—1758)》引当地妇女对俄罗斯使者的话："我有舌头和智慧，但不敢说，不敢做，因为禁止大家跟俄罗斯人说任何事情，不然要处死……"

"天下主义"在掏空附属国的同时，也将宗主国推向衰败之地，一个连自身稳固都难以维持的制度，又如何能够成为引领国际社会的准则呢？

天下主义的温情故事背后，掩盖的是战争以及由战争而导致的政治高压，但这样的结论，天下主义是不会承认的。[1]

1　与以兵刃相见的大清与准噶尔的关系相比，大清与朝鲜之间的朝贡关系似乎更合乎经典的天下主义故事模式，但其"礼尚往来"背后掩盖的同样是宗主国对属国的掠夺。以赠礼计，朝鲜每年进贡礼品约10万两，皇帝赐给朝鲜国王礼物约7000两；以贸易计，朝鲜每年约50万两白银流入大清帝国，给朝鲜政府以巨大的财政压力。故全海宗在其《清代中朝朝贡关系考》中总结道："朝贡制度给朝鲜政府造成极大的财政损失，是完全没有益处的。"参见费正清编，杜继东译：《中国的世界秩序——传统中国的对外关系》，中国社会科学出版社2010年版。

战略决策中的知识基础

——划界谈判中大清为何没有自己的地理学家

使节的随员们

1722年康熙去世，俄罗斯拟派遣高级官员使华，庆贺中国新皇帝登基，并宣布俄罗斯女沙皇即位（彼得大帝也于此后的1725年逝世），萨瓦·务拉的思拉维赤被任命为"特派驻华全权大臣"。

萨瓦接到命令时，要求派备各种助手和专家，他开列的随员名单包括：1名医生、1名植物学家、1名地理学家、2名数学家。使团成员中，萨瓦自己是商业与外交专家，他的助手劳伦斯·郎克是一个"中国通"，熟悉中国外交和商务程序，从1715年起就与中国打交道；另一个是枢密院的审理官，刚担任过俄罗斯与波兰、土耳其的划界工作。此外就是负责边界测量工作的地形学家，1名测量员和2名俄罗斯科学院的学生（俄罗斯科学院于1725年成立），后来还加选了几名有经验的西伯利亚测绘人员。担任翻译工作的，是拉丁文和蒙古语学校的学生，还有 1 名主教和几名神职人员，使团成员共 120 人。除少数几名官员外，其余绝大部分是专业技术人员。

萨瓦使团出使是雍正年间的事，其使命是与大清达成商务合约并划定边界。所以萨瓦使团随员中有众多的地理学家、测绘专家。他们在进入西伯利亚时就开始测绘工作，沿路实地进行测量。根据留存的档案，我们基本上能够弄清这批地理学家们的工作方式与成效。

由于第一批测绘结果不太理想，萨瓦将由亲王指派的第二批测绘员分为两组，每组两人，一东一西，在使团经过的西伯利亚地区进行实地测量。负责东部测绘的人员由于无法越过隔断黑龙江和勒拿河流域的高山，而绕道雅库茨克，但收获甚微。萨瓦于是委托当时正在西伯利亚东部考察的丹麦造船家维塔斯·白令完成这一带的勘测任务。

此前，彼得大帝在临终前发布手谕，命令白令组织一次远征，去探明美洲与亚洲之间的地理关系。白令于 1726 年抵达西伯利亚首府，并将考察队分为两组，前往海岸考察。远征队中有一个由 30 名专家组成的堪察加科学考察分队，他们携带着几百册图书，包括像《鲁滨逊漂流记》《格列佛游记》这样的小说，9 辆四轮马车装载的仪器和 15 英尺长的望远镜。随同考察队的还有 1 名外科医生、2 名风景画家和 1 名制造仪器的工人及 5 名测量员（1741 年，白令在考察途中病死，连接北美洲和亚洲之间的海峡即以他的名字命名）。

1727 年，白令将其在外兴安岭和乌第河、黑龙江、高丽和辽东海岸的测绘图送给萨瓦，为其划界谈判提供依据。

使团在抵达大清边境时，要求清方也派遣一些地理学家，会同俄方测绘人员一同勘测。但大清却无人可派，他们不仅对与自己接壤的俄罗斯疆域情况不明（大清在 1712 年至 1715 年曾越过西伯利亚访问伏尔加河下游的土尔扈特人，但只有图里琛一人对俄罗斯做过简单的观察），对于自己的疆域也不熟悉，尽管康熙时期曾组织耶稣会教士对西北一带进行过实地测量，但教士们未能勘查西伯利亚地区，因此，这一地区在他们绘制的中华帝国地图上完全无法精确呈现。

对于俄罗斯绘制的这些精确的地图，大清谈判代表只能以"顽固和傲慢来回答"（加恩语），首席大使国舅隆科多什么事也不做，就地等待俄罗斯使团的到来；而"俄罗斯专家"图里琛与隆科多又不和，其助手蒙古额驸策凌对于边界更没有什么科学概念，甚至对他自己的领土也懵懂无知。

策凌在给雍正的奏折中这样说明他对疆域的理解：

今观所设包衣卡伦内侧，我右翼喀尔喀牧场，并不狭窄，各自生活优裕。卡伦外侧，由车零旺布、博贝所属乌梁海人居住。该车零旺布所属乌梁海之地，与俄罗斯划界无关。再，居住于山区之博贝所属乌梁海人牧场，其俄罗斯所属哈里雅特、布里雅特人亦不去，可仍按本爵原奏划界。至哲得河，原虽属喀尔喀地方，然经噶尔丹之乱，我方人等原再未居住，而由俄罗斯所属哈里雅特、布里雅特人居住多年，亦属事实。故可将哲得河划入俄罗斯，沿南梁为界……本爵虽不甚详知，然据隆科多与使臣萨瓦等议称，前内大臣索额图与俄罗斯使臣费奥多尔·阿列克谢议定时，将额尔古纳河为界。该河以北属俄罗斯，经询我喀尔喀车臣汗等属下，亦称并非伊等游牧之地。今与他国议事，显然无庸再议此地，应以额尔古纳河源沿我所设卡伦，斟酌其俄罗斯人住地之远近定界驻防为好。

雍正对于这片土地也是完全无知，对于策凌的报告，他只能装腔作势地写下批示："知道了，此事，尔等任重，事关万年之是与非。朕信用尔等，或是或非，在于尔等，日后盖有评论。朕今不甚详知尔等是否按地形办理，故其可否之处，毋庸降旨。图里琛性情急躁，凡事尔应多加留心，不可随声附和。"（《策凌奏与俄使会议边界情形折》，载《清代中俄关系档案史料选编》）

以这样颟顸的皇帝指示使臣，以如此无知的使臣出席划界谈判，其结果自然可想而知。

不过，大清自有挽回面子的高招，面对俄罗斯的土地要求，图里琛以一种哲人般的高论回答道：

> 如今我等现议之地方，昔并未归入两国，而在两国中间者。而俄罗斯国，自古不通中国。我圣祖大皇帝以至圣临大中国，以大仁厚德掌理国政，开拓地方甚广。尔察罕汗向东渐占地方，始与我边相接。今我等会往定界。此等地方，使臣尔试思之，百年前皆归谁所有，千万年后又不知如何。

"利玛窦们"在大清的命运

其实，现代地理学在明末就已传入中国，耶稣会教士中不仅有地理学家，对于地理学知识的介绍也不遗余力，一些人还出任皇家钦天监要职，担任帝国大地实测工作。至清初，康熙本人对几何学、实地测绘、天文学等现代知识的学习不遗余力，连耶稣会教士们都惊叹不已，认为他是一个充满科学兴趣、大力扶植科学事业的伟大帝君。然而，为什么在中俄勘界谈判中会出现没有自己的地理学家介入、无法拿出实测地图以确定自己疆界的笑话？

下文以利玛窦的遭际来解释这一现象产生的根源。

曾在罗马学院学习，接受过几何学、日晷制造法和天文学等科学以及技术教育的耶稣会教士利玛窦，明末到广东一带传教。1584年，应广东肇庆知府王泮之请，利玛窦绘制了一份《坤舆万国全图》（全球地图），王泮将之刻板印刷并分发给一些重要官员，这是中国接触现代全球地图之始。1602年，这份地图的第三版在北京印行，开本为3.72米乘1.68米，新版由李之藻雕版印刷数千份，在官员中散发，一时风行，甚至出现盗版翻刻的。那时，利玛窦地图已成为诸多中文舆图的基础，而且，其他耶稣会教士也在大力推广这些现代地理知识，艾儒略著有《职方外纪》，南怀仁著有《坤宇图说》《坤宇全图》等，现代地理学知识与地图测绘技术在明末清初已经传播开来了，至少在高级官员中如此。

康熙时期，在耶稣会教士的参与下，清帝国曾举办过大规模的地理测绘。当时制订过一个精密的编图计划，并于1717年完成《皇舆全览图》的编制。这份地图不仅是亚洲所有地图中最好的一幅，而且比当时欧洲绘制的中国地图更好、更精确。由于西方地理学会有机会接触到这份地图资料（在巴黎雕版印刷），欧洲地图的绘制工作也得以改进。（李约瑟：《中华科学文明史》）

按理，大清完全可以发展出自己的地理学，且培养出一批具有实地勘探能力的测绘专家和地理探险家，在帝国对外谈判中派上用场。然而，理当如此的事，现实中却完全两样，这其中的原因何在？

从利玛窦在乾隆时期的"遭遇"，可以看出当时知识界的动向以及这一动向背后的制度性制约。

为了与"天下"观念区分，利玛窦将世界地图命名为"坤舆万国全图"，但"万国"并立，中国仅居其一的概念，只在极少数高级官员和知识人中间传播，如李之藻（他没看到"坤舆万国全图"之前，所画的天下图只有大明的 15 省）。利玛窦所画万国图所显示的中国位置，由于不在天下中心，而是偏于一隅，从而引发读书人的"人神共怒"。为此，利玛窦不得不修改布局，将中国安置在地图的中心。

但这样的"迎合"并未获得读书人的认可，乾隆朝编修《明史》时，其评利玛窦，依据的是《会典》。因为《会典》中只有"西洋琐里国"而没有"大西洋"的记载，故对利玛窦自称"大西洋人"表示"真伪不可考"。《明史》对于西洋各国的记载尤其可笑，如有"佛郎机"（葡萄牙）"掠小儿为食"之类。更为荒诞的是，史官们竟然以郑和下西洋所见不及来否认荷兰国的存在，有所谓"郑和七下西洋，历诸番数十国，无所谓和兰者"——以死的文字否定活的事实，乃是帝国知识人的精神传统——在这种时代精神熏陶下，知识人以典籍为尚，唯书本是从，服从权威，膜拜经典，乃是那个时代的基本特征，这可以称之为"经学时代"的知识态度，一种对于知识的意识形态处置方式。

也是在乾隆年间编纂的《皇朝文献通考》，对利玛窦则有如下评论：

> 至意达里亚人所称天下为五大洲，盖沿于战国邹衍裨
> 海之说，第敢以中土为五洲之一，又名之曰亚细洲，而据
> 其所称第五洲曰墨瓦腊泥加洲者，乃因墨瓦兰开而名。夫
> 以千里之地名之为一洲，而以中国数万里之地为一洲，以

矛刺盾，妄谬不攻自破矣。又其所自述彼国风土物情政教，反而非中华所及者，虽荒远犷獠，水土奇异，人性质朴，似或有之，而即彼所称五洲之说，语涉诞诳，则诸如此类，亦疑为勦说……

再往下推，则道光二年（1822）纂修《广东通志》时，离近代史开端的鸦片战争已经不到二十年，离利玛窦等西洋人进入中国也已过了两百多年，但史官们在编纂这本通志时，其材料仍旧是照抄《明史》，闹出了将非洲与美洲混为一谈的笑话。

鸦片战争之后呢？徐继畬编写《瀛环志略》时，遭遇了与利玛窦一样的命运。在书中，他将《皇清一统舆地全图》（大清全图）放在亚洲总图之后，当他把已经刻好的前三卷送给以西北地理学闻名的学者张穆时，张穆回信规劝他："本朝舆图，必应那居亚细亚图之上，尊说不必更动，即已吻合。春秋之例，最严内外之防。执事以控驭华夷大臣而谈海外异闻，不妨以彼国信史，姑作共和存疑之论。进退抑扬之际，尤宜慎权语助，以示区别。"并以明末徐光启、李之藻"负谤至今"相警戒，徐继畬只好将大清地图挪至亚洲地图之前。但这样的迁就并不能让他逃脱时人的"诽谤"，咸丰元年（1851），徐继畬因英人入居福州神光寺事件被清政府免职，罪名是"处理不善"（其实并无不善之类），但这是表面原因，其致祸之由，则早已在其著作中埋下了。李慈铭当时评价说："或言此书实先入罪案，谓其夸张外夷，宜哉。"

如果再往后推五十年，这样的悲喜剧甚至还在重演，戊戌变法之前的《湘学报》刊登皮锡瑞儿子的一篇"地球歌"，其中有一句"若把地球来端详，中国并不在中央"，结果遭到湘省士绅的群起围攻，差不多被当作"鬼子"处置了。

一种关系国家利益的知识，其更新却如此之艰难，这是为什么？

"经世致用"的知识态度往往窒息了知识的发展

1685年，法国国王路易十四（1643—1715年在位）向康熙帝国派遣了一批"国王的数学家"，这些数学家们在两个帝国的不同命运引起了此后历史学家们的极大兴趣，东西文化中知识的不同命运也由此有了可资比较的视角与史料。

表面上，康熙像路易十四一样，扮演着对帝国内的科学家和科学知识的保护人角色，在帝国内为科学建立了新的地位。然而，路易十四的政策在某种程度上允许社团制定自己的规则，并实施相应的发展活动，这，在康熙帝统治时期的大清帝国机构中几乎没有可能。康熙没有给这些知识活动些许自治权：在他统治的整个时期，他保留着对所有与科学有关事务的至高无上的决定权。这和同时期欧洲国家给予学术机构自治权的情况形成了强烈的对比。詹嘉玲（Catherine Jami）在其论文《康熙皇帝和西学传播》中详细分析了康熙对待科学知识的政策，指出，"控制"是康熙对待科学与知识的基本态度。康熙对于科学的兴趣，只不过出于想把自己装扮成一个无所不知的君主、一个伟大的导师。他要向他的皇子和官员们证明自己不仅能控制天地，而且能控制一切，包括这些外来的知识。因为支配自然和统治人是紧密地联系在一起的，他依靠历法支配天，依靠测量控制地，依靠将那些掌握新知的耶稣会教士牢牢拢在自己身边而控制知识本身。这些被御用的"利玛窦们"，皇帝可以给他们加官封爵，但他们永远只是仆人，像仆人一样被利用着、被管控着，也偶尔能享受一下君主近臣的尊荣与奢华。但他们终究还是仆人，他们的知识从来没有受到尊重。

康熙迫切感觉到"不仅有必要控制传教士，更有必要控制他们传播的知识"，故其任命学者参与帝国的所有知识，包括数学、天文、音律协调等的编纂工作，这只是其从控制知识传播到直接控制这些知识的提出者的整个过程中的一步。康熙对知识的态度，一言以蔽之，就是控制，严密地控制，为己所用，由己垄断。

在这种心态与制度下，纯粹知识自然无处发展，对于知识人而言，最安全的知识策略就是一切以经典为据，唯圣贤之言是从。而在实用性知识方面，相应地，帝国知识人也发展出一套自己的知识策略，这一策略被誉称为"经世致用"，据说是传统文化中的精粹。然而，这是一种与"为知识而知识"的理性态度完全无关的中国式实用理性，其结果，往往是既不能经世，又无以致用——连最具实用价值的地理学在大清都无以发展，由此可见一斑。

还是回到上述徐继畬的话题以略申余义。

徐继畬费五年之力，数易其稿，才编成《瀛寰志略》十卷，这是一部严谨而具原创性的地理学著作。与之相比，魏源编撰《海国图志》，以一年时间辑录成五十卷，东拼西凑，草草汇成，后来却洛阳纸贵，甚至东邻日本都以之为维新教材。两书相比，其命运可谓霄壤。为什么会产生这样巨大的差别？历史地理学家周振鹤认为，这正是因为魏源的著作并非纯粹的地理学著作，而是一部策略性的参考资料，其重点不是纯粹的地理学知识介绍，而是宣扬所谓的"以夷攻夷""以夷款夷""师夷长技以制夷"的对外策略，是"经世致用"传统的产物。

（周振鹤：《正眼看世界的第一人——纪念徐继畬诞辰二百周年》）

在对待国际社会的态度上，徐继畬的书是平等叙述各国的历史、地理，从不以"夷"字加诸国。这与魏源口口声声鄙视海国为外夷的态度正好相反，而其结果也正好相反：平实的学术性描述，为徐继畬招来的是"张大外夷""张大英夷"的攻击——差不多相当于现在的"汉奸"骂名。李慈铭攻击徐继畬，就说他："似一意为泰西声势者，轻重失伦，尤伤国体。况以封疆重臣，著书宣示，为域外观，何不检至是耶？"徐继畬当时已备受摧折，现今也没有获得多大的认可，而满口"夷狄"的魏源，则获得了"开眼看世界第一人"的伟大声誉，这反映的正是传统文化对待知识的态度。

在"经世致用"传统中，不会出现为学术而学术的知识态度，所谓"学术"其实都是拿来为政治目的服务的，因此，也注定其受权力的严格操控。这样的知识态度不仅让纯粹知识无法生存，甚至那些实用性知识也无法发展。因为，知识终究必须以客观事实为基础，而经典与权力却正是以藐视客观事实来彰显自己权威地位的。在知识与权力的冲突中，最后的胜利者必然是知识，这也是现代西方国家主导国际社会的原因。国家战略决策的制定，终究要建立在扎实的知识基础之上。

一般性知识缺失是大清对外战略中的致命伤

奇特的外交训令

1712 年至 1715 年，康熙曾派遣太子侍读学士殷扎纳、理藩院郎中纳额和内阁侍读图里琛等 5 人（史称"图里琛使团"）借道俄罗斯赴土尔扈特。

出使前，康熙给他们下达训令说：

> 如问生计，尔等但言，随处皆同，富者亦有，贫者亦有，且数年前闻得俄罗斯国与其邻国不睦，互相攻伐，俄罗斯国欲调用边兵，或疑我边人不行调发，亦未可定，两国和议年久，朕无他意，有调用边兵之处，即行调拨，不必疑惑等情。……如问年高之人，尔等即告以我皇帝每岁

查取年高之人，每次查得一百余岁者二三十人，九十余岁
者或一省有万余人，俱加恩赐……如问出猎行幸之处……

此役尔等同心合意而行，不可饮酒无状，严禁随役，
沿途以至俄罗斯国，地方风俗甚坏，妇女不端者多，尔
等随役不可无礼妄行，须严加约束，至俄罗斯国地方，
或见妇人，或见可哂之事，尔等须庄重行事，不可轻于
戏谑……

若问尔等系何官职，但言我等系外部院衙门所司官员，
并非皇上侍近之臣。此役俄罗斯国人民生计、地理形势，
亦须留意。

——图里琛：《异域录》

雍正七年（1729），清廷派出了托时使团出使俄罗斯；第二年，
又派出德新使团赴俄罗斯祝贺女皇登基。雍正九年在德新使团出发前，
雍正也给了一通长长的训令，摘要如下：

抵楚库柏兴后，设俄罗斯等欲索取咨行彼萨纳特衙门
〔元老院〕之文书，或探询口头转告之言，以为便于呈报
等情……则可告之……

抵楚库柏兴后，设称仅准出使其国之人入境，而不准
差往土尔扈特之人过境，并以此为借口而不准入境，则可
告之……

设若彼国之人提及将如何拜见〔女皇〕之处，使臣等
则可告之……

设俄罗斯察罕汗〔沙皇〕差人来告知欲会见我使臣，则可告之……

设察罕汗差人来称务必会见，该使臣则可告以……

设将欲剿灭准噶尔一事告知俄罗斯国之后，俄罗斯亦要乘机派军队来边境地区增援，则可告之：准噶尔人当被我大军击败之后，亦难料其无窜犯尔界之处。我两国已多年和睦相处，尔若派兵防守尔界，则由尔便，唯我大军足可以征讨准噶尔，不用尔之援助等语。

——《清代中俄关系档案史料选编》第一编

仅从语气看，这样的外交训令仿佛一个演员的自我表演，在其想象中，全世界的视线都聚焦在他身上，演员被笼罩在聚光灯的巨大光环中，完全无视外部世界的存在。这样的形象当然用不着强调，因为在传统文化的自我想象中，天子本身就是天下的焦点，政治权力的运作与其说是一种理性的决策与操作，不如说更像是一种仪式化的表演，是这个天下独一无二的演员之自言自语。从其内容看，这样的训令则更像一个父亲对未成年子女的惇惇教导、语重心长的规诫与具体行动的规定，而不像一个政治家高屋建瓴的战略性指示。

匆匆浏览，这样的训令或许没什么奇异之处，但如果将其纳入比较视野，其特色就会清晰呈现出来。

萨瓦使团出使大清时，俄罗斯外务委员会给他下达了45条训令，商务委员会给他下达了20多条训令，此后，外务委员会又补充了3条密令，内容涉及商务、界务、传教、遣返逃人等等问题。

外交部关于边界事务的第26条训令是要求他们全线收集地理情

报，并绘制详细地图。训令说："全权大臣在路经西伯利亚时，应竭力搜集此等地区详尽可靠的情报，尤须注意下列几点：（一）何处确曾划定边界，何处尚未划定？（二）在尚未划定地区，俄罗斯的势力达到边境何处？中国的势力又达到边境何处？（三）尤其中国人在何等地区向前推进？现下提出何种要求？此等地区以前由谁管辖？（四）在未定界地区，应明确指出一切必须归于俄罗斯的地区。关于上述所有地区，亦应尽早绘制一幅简明地图并附以对此等地区的精确说明；应寄呈外交部一份，全权大臣本人携带一份，作为与清廷交涉的依据和必要的参考。"

商务部训令是：

> 大使应与中国缔结商约，或者至少也应恢复中断了的商务关系。为了做到这点，他可以利用一切手段和一切人，尤其是耶稣会教士，可以许诺他们经过西伯利亚旅行及通信的自由。大使应尽力获得商队入境的许可，以及获得在北京设立事务官或领事，后一职务应由郎克担任。如果中国方面坚持要先解决边界问题，大使应为了最重要的商业利益而在这一点上向中国让步。

外交训令背后的一般性知识状态

上述外交训令的不同格式，呈现的是两种完全不同的国家外交体制——未经理性化与专业化的个人政治与已经理性化与专业化的现代政治。尽管我们一般将俄罗斯与大清当作同样的帝国政治实体看待，但其权力结构却早已在此分道扬镳，一个是现代的，一个是前现代的；同时，它也呈现为两种完全不同的知识体系：个人化的人身经验与一般化的共有知识。

彼得大帝一样喜欢向臣下下达手谕。在给白令的手谕中，彼得写道："你可调查美洲海岸从何处开始，并到一些欧洲人的殖民地去，当你看到欧洲船只时，可问一下这个海岸的名称，把它记下来，在该处登陆，并于绘制好海图后返回。"

但这份手谕所提示的内容，却是当时俄罗斯知识界（尤其是地理学界）关注的一般问题，而非仅为彼得的个人兴趣，它经过官僚体制（白令组织的考察队最终需要整个官僚体制配合）的整合，彼得的个人意志由此转化为帝国意志，并落实为知识界的具体行动。在这一帝国意志的落实过程中，知识共同体的存在是关键因素，不仅为帝国提供了决策的知识基础，也将决策转化为直接的知识行动。在这一转化过程中，皇帝的个人意志转化为帝国意志，而帝国意志又通过知识共同体转化为国民意志，帝国的国家认同感由此得到建立。彼得大帝时期的俄罗斯，正是在这一点上，实现了由"朕即国家"的君主政治进入立宪帝国的现代政治，政治不再是个人权力的"运筹帷幄"，而是俄罗斯帝国的整体事业；与之相比，大清虽号称帝国，却仍旧处在个人与部族政治之间，从康熙到乾隆的一代代雄主们，个个以"乾坤独断"为理想模式，权力（不管对外还是对内）乃是其个人绝对意志的体现，近臣与官僚不过是其实现个人意志的工具（以满族为主体的帝国官僚往往自称奴才，正说明这种国家权力的个人性质），政治与国家、与国民之间并无关联。

这种区别，表面上是国家体制的不同，其实却是社会结构的差异，其中最为关键的是知识共同体的有无及其在帝国所处的位置。

彼得大帝时期及其之后的俄罗斯帝国,尽管仍然处在沙皇统治之下,但其国家政治结构却已完成了理性化建构,具体表现就是元老院、宗教委员会、科学院、最高法院等宪制权利结构的形成与商务部、外交部等行政专业化机构的设置。制度框架反映的不仅是权力关系、社会关系,更是其社会知识状态,只有对政治事务的认知进入专业化的程度,才能在制度设计上充分体现这种知识状态。上述所引俄罗斯外交、商务部对萨瓦使团的训令,展现的正是这些行政机构对于其所管辖领域系统知识(一般性知识)的掌握与理解。

俄罗斯在彼得大帝时期即已加入了欧洲知识共同体:1714年,俄罗斯贵族亚历山大·米契科夫当选为皇家学会院士(英国皇家学会成立于1660年,顺治十七年),这一年也正是俄罗斯第一家公共图书馆的开放时间。莱布尼茨当时正在向俄罗斯大力"移植"他的艺术和科学计划,他劝说彼得,彼得大帝为其雄辩折服,最后决定聘请他担任顾问。1724年,在圣彼得堡建立了科学院,其蓝本就是莱布尼茨设计的柏林科学院。彼得·伯克在其《知识社会史》中用"国际学术共同体"或"文人共和国"这样的词汇描述当时整个欧洲的知识状况,俄罗斯是这个知识共同体的一部分,它们之间相互认识、相互影响、相互促进,为整个欧洲社会建立了普及国民的一般知识体系。

一般性知识缺乏是大清对外战略的致命伤

从个人经验与政治智慧看,清初的几位雄主,与彼得大帝相比并不逊色,然而,其训令却"迂腐"得可笑,原因不在这些雄主们的个人能力,而在于他们并没有为自己的经验与智慧创造、建立一个使之成为帝国一般知识的制度体系。尽管他们完全有能力创设这样的体制，但终有清一代，这样的知识共同体根本就没有出现过。

当然，现实需求必然会逼迫出一种制度性架构，只是，在大清帝国，这种现实需求产生的不是皇家学会或科学院之类的独立知识机构，而是作为皇帝个人工具的机构——军机处。

雍正一手创立的军机处主要是为其个人服务的参谋与办事机构，但其下还设置有方略馆与内翻书房两个子机构。[1]

1　军机处于雍正八年（1730）设立，由最初的经营西北军务扩展至"掌书谕旨，综军国之要，以赞上治机务……议大政，谳大狱得旨则与；军旅则考其山川道里与兵马钱粮之数，以备顾问；文武官员的简放、换防、引见、记名、赐予……外藩之朝正者拟其颁赐"。《历代职官表》卷十二载："凡当命将出师，征剿情形皆令以邮函直达，圣神烛照，洞悉机宜。军机大臣承旨书宣，帅臣等仰凭授算。"此后，议政王大臣会议形同虚设，徒具空名，一切机要奏章都由军机处大臣拟旨，皇帝朱批，内阁则仅仅票拟一般例行公事，从此"承旨出政"都在军机处了。此机构一出，则一切大政均由其主宰，而原内阁就此名存实亡。

具体而言，军机大臣负责的政务包括：

皇帝下达谕旨的撰拟和参与官员上报之奏折文书的处理；

凡国家之施政方略，军事谋略以及官员的重要陈奏意见，或官员的惩处，参奏事件等等，皇帝批交军机处大臣议，或会同各关系衙门议，议后即提出应因、应革、应止、应行等处理意见，奏报皇帝裁夺；

重大案件、皇帝特交军机大臣审理定拟，或由军机大臣会同三司审理；

重要文武官员的任免及考试，各部尚书、侍郎、各省总督巡抚，以至道、府、学校、关差等官员名单提出与任用等；

军机大臣随侍皇帝出行，以备顾问；

军机大臣奉皇命，以钦差大臣身份往各地巡视或处理一切政务。

雍正逝世后，曾一度将其职掌交总理事务处，军机处名目取消。但乾隆二年（1737），又罢总理事务处，恢复军机处，这一机构由此持续近两个世纪之久，虽屡屡遭到大臣反对，但并不能动摇其根基。《清史稿》说："军机处名不师古，而丝纶出纳，职居密勿……军国大计，罔不总揽，自雍、乾后百八十年，威命所寄，不于内阁，而内翻书房的主要职能是满汉互译，除此之外，也承担纂辑经史、拟定清文（满文）音义的标准和增添清语词汇等文字工作，算是一个专为皇帝服务的学术机构；方略馆（本为非常设机构，至乾隆十四年才定为常设机构）的主要职能则在纂修方略等书。依据清制，每遇到重大的军事或政事，都要将事件中官员的报告和皇帝的谕旨等相关档案材料编纂成书，记其始末，名曰方略或纪略，另外，皇帝也特交纂辑其他书籍，如《大清一统志》《西域图志》《明纪纲目》《明史本纪》等。

本来，方略之类应是帝国战略制定中最为重要的知识资源，但其所编辑的方略、所保存的档案之类，外界绝难接触，其严格的存档备检制度，与其说是为了便于利用，不如说是为了封锁信息更为恰当。

乾隆四十八年（1783）的一道谕旨说：

> 国史体例与历代不同，馆臣纂辑，惟应据事直书，毋庸分别各门。至该馆采录事迹，俱发红本……第自雍正八年设立军机处以来，五十余年，所有谕批奏事件，未经发钞者尚多。

五十年时间，这些档案资料大多被封存在军机处这样的绝密机构中，其结果，自然是对外战略的实战经验被永久性地私密化封存，无法进入知识共同体，成为一般知识而与普通国民共享。

上述乾隆谕旨似乎说明他已经意识到这一问题，但乾隆时期的状

于军机处，盖隐然执政之府矣。"但清末几次议改官制，军机处均列为"不议"，直到宣统三年（1911），实行"君主立宪"时，才宣布成立"责任内阁"，同时撤销军机处。

况是否有所好转呢？

表面上，乾隆时期在文化工程方面堪夸"盛世"，《四库全书》等让世界瞩目的文化工程大都是在这个时候启动，一些与国家战略直接相关的文献著述也是在这个时候编撰完成，如《乾隆内府舆图》《大清一统志》《平定准噶尔方略》《西域图志》《西域同文志》《蒙古回部王公表传》等等，但是，这些并未带来知识的普及与文化的创新，反而在一定程度上窒息了知识与文化的创造。

本来，官方主持编修的舆图、方略、图志等等历来是政治参考书库的重要部分，舆图划定着王朝权力的界限，也是税收赋役征发的依据。编修方略、图志的目的就在"存史以为鉴""言史以治国"，为现实政治运作准备知识储备、提供机宜借鉴，这也是中外政治的基本状态。但在康熙、雍正、乾隆时期耗费巨大国力编修的这些帝国知识库存，于此后的对外战略中却并未派上用场。光绪年间的中俄边界谈判中，中方交涉人员仍旧无法获得精确的中俄分界地图，曾纪泽、许景澄在与俄人的外交折冲中，依据的竟然是俄罗斯人、英国人测绘的地图——这样的闹剧，究竟是如何形成的？

学界认为这与从官书修成到被一般学者参考使用之间有一段时间差有关，也与知识无法得到广泛传播有关：官书一向流传不广，《乾隆内府舆图》修成后一直藏在内府，外间流布绝少；乾隆年间修的《大清一统志》等，民间也少有收藏；其他西北官书，如《平定准噶尔方略》之类，虽被收入《四库全书》，但起初是"非词臣任校雠之职，不得而窥"；后来虽在江南分储三地，士人理论上可以借阅，但也因为"学掌于官，求观亦不易"。

知识被秘藏，由官府所掌控，自然无法形成本文所说的可以共享的"一般性知识"。然而，毕竟知识创造与传播是知识界的分内事，何以大清的知识界无法像欧洲的"文人共和国"一样承担起这一任务？

这里以郭丽萍（参见其《绝域与绝学：清代中叶西北史地学研究》）等学者所研究的"西域绝学"为例来阐述这一现象产生的根源。

尽管大清对西北用兵以及将西北地区纳入统治范围，随之出现了对于这一区域的知识性探寻，从康熙亲征噶尔丹始，曾参加征战的宁夏总兵殷化行就开始对其行军所经之处的山川道里有所记载，其在蒙康熙召见时呈上了他"所记征行地图形势道里"。随着乾隆年间西北战事的结束，各种"事略""事宜"，各种档案汇抄、办事则例、方志、官修政书，以及文人的诗赋、史地著述等等纷纷出现，西域研究一时成为显学。然而，这种"盛况"是虚假的，"显学"在昙花一现之后便成"绝学"，是因为缺乏实地亲历目验的资料，缺乏先进的技术手段，学界只好走入文献考证、以史为鉴的旧路："当实地目验手段缺失后，求助于文献记载的西北研究转向以文献考证为手段的史地研究"（郭丽萍在书中比较了处于同一时期的大清西北史地学家徐松与德国近代地理学家洪堡的不同装备，说亚历山大·冯·洪堡在19世纪初赴南美洲进行实地考察时，在巴黎装备了各式各样的仪器，如八分仪、六分仪、气压表、气温表、望远镜等40多种），因此，嘉道至同光时期的舆地学家们只能在文献整理、文献考订的圈子里止步不前。

技术性支撑当然重要，但纯从技术角度看，康乾时期能接触到的技术其实完全可以与欧洲诸国并驾齐驱，因此，形成东西分流的关键性因素，不是技术的落后，而是制度性的缺失。在大清，不存在一个欧洲历史上的那种"文人共和国"式的知识共同体，甚至连俄罗斯式的参谋总部、地理学会、科学院等国家学术机构也不存在（就科学院设置而言，则已经是两百多年之后的民国了），遑论独立的知识共同体。

　　德国思想家马克斯·韦伯说，中国是一个未经理性化的家父长制国家，美国史家列文森则说，中国的官僚文人拒绝职业化，他们只是一批业余人士、一批外行。以如此业余而外行的政客官僚，却要在既要靠实力，又要凭知识与智慧的国际竞争中拼出个高下输赢来，大清的败亡命运难道不是早已注定了？

结 语　帝国的困境

　　在任何社会环境下，解决价值冲突的办法都只有寥寥几种。一种办法是通过地理上的隔绝，另外一种更主动的办法就是退出。弥合个别的或文化上的差异的第三种办法是通过对话，在这种情况下，价值冲突原则上能够表现出一种积极的征象，也就是说，能够成为增进交流和自我理解的手段。最后，价值冲突也可以通过使用武力或暴力来加以解决。在我们今日生活于其间的全球化社会里，这四个选择有两个已经急剧地减少了。

　　　　　　　　　　　　——安东尼·吉登斯：《超越左右》

1500—1800 年代，被认为是全球化第一波，是知识扩张的时代，也是帝国扩张的时代。不仅欧洲各国开始相继越出自己的地盘,向东西海洋探索,土耳其—伊斯兰世界也在继续其自中世纪以来的持续扩张,向地中海、印度洋拓展。而自元帝国解体后,大明也在亚洲范围内全方位地扩展,不仅向大陆内地,也向东南沿海、印度洋区域扩大其影响范围,一些原来的小国如莫斯科公国等,其触角远远超出自己原有地域,迅速成为横跨欧亚大陆的庞大帝国,全球化第一波就是以帝国的全球扩张模式开启了人类的近代历史进程。

人类历史上的这种"共时性"现象至今还未得到合理的解释(与雅斯贝尔斯所说的"轴心时代"一样),但对此共时性现象的意识却可以为我们重新认知原来各自独立书写的"国家历史"提供一个全球性框架。尽管在全球化之前,人类历史因地理隔绝而多少相对有着各自发展的空间,但自此之后,历史已经相互缠绕在一起,构成无法分离的整体。每个帝国都是在全球地缘政治格局中获得自己的发展空间与历史意识的。

明清帝国此期的地缘格局,多少制约着其政治决策者的战略构想、实施与此后的历史发展路径,尽管,帝国知识体系的影响同样有着不可忽视的制约性。

一

元帝国解体后,以汉族为主体的大明帝国陷入了与其残余势力的角斗中,战略重心被锁定在北部,与这一对抗结构直接相关的是,伊斯兰世界的崛起及其向印度洋与中亚的扩张,形塑着大明帝国的地缘政治框架。这构成了本书提出的"双重三角关系"中的"外三角",

它是制约大明帝国战略决策的结构性力量；在"外三角"之内，尚存在"南中国海—印度洋"区域内的复杂网络，大明帝国—伊斯兰帝国与东来的西方势力相互纠缠、博弈，构成本书所称的"内三角"。而东亚地缘格局中的大明帝国与日本、朝鲜又构成第二个三角关系，一个平行的"内三角"，这样，大明帝国就处在这种双重三角所组成的多边关系中，其地缘政治格局复杂而多变。为应对这一格局，大明帝国选择了传统的"远交近攻"战略，在以全力北伐元朝残余势力的战略主导下，一方面高度关注"南中国海—印度洋"政治格局的变动，另一方面又派出使臣探求伊斯兰世界的对华态度，并试图与之结盟。

大明帝国的战略重心，一方面受控于这种多边国际关系所构造的客观形势，另一方面也多少被帝国意识形态与知识体系所制约，从而无法脱身而出、创造性地解决帝国所面对的困境。

清王朝前期所面对的地缘政治格局基本上延续着大明帝国时期形成的结构，最大的变化是俄罗斯帝国东进造成的巨大影响。在本书中，我同样使用"双重三角关系"这样的简化概念来描述这一结构性特征。

"俄罗斯—蒙古—大清"这一地缘政治结构，为框架性的"外三角"，其中三方都受其约束；而在"准噶尔—东南部蒙古—大清"的"内三角"中，大清是主导者。自晚明以来欧洲势力的全线东侵，西班牙、葡萄牙、荷兰、英国等西方势力以及崛起中的日本，构成另一个平行"内三角"，其中大清帝国具有举足轻重的地位。尽管海洋力量在此后的历史进程中近乎决定了整个东亚乃至全球的势力布局，但仅就其当时对大清帝国的影响而言，毕竟尚处在萌芽状态。相比于明清帝国决策者们所面对的北部危机——所谓的"心腹之患"——来自远洋的势力还仅仅是"癣疥之疮"。事实上，这些"外夷"势力至少尚处在可控范围，在清廷的决策者们看来，古老的朝贡体制仍足以应对。

地缘政治结构的客观存在对于帝国而言多少是一种外在的制约，并不完全受其意志控制，但政治结构并非铁板一块，其固化与变动，以及对其认知与解释却都与帝国自身的权力诉求有关。说到底，作为框架的结构性力量往往是在帝国的权力意志中才产生作用的，而帝国的权力意志却自元朝崩溃以来就处在自我修复与扩张之中。

帝国尚在建构之中，统治权的稳固深深制约着帝国决策者们的想象。如果历史应该以自己的话语，在自己的问题中展开叙述的话，本书所揭示的核心问题，就是"忽必烈的未竟事业"——一个超大规模政治实体的一体化问题，或者称政治整合问题，这是元帝国解体之后留下的"遗患"，也可以认作是留给中华帝国的一项长久的历史使命。如何完成这个超大规模政治实体的一体化，如何完成帝国的政治整合或者"天下的建构"，这一问题不仅困扰着明清帝国，也在帝国向民族国家转型的近代化过程中引发了巨大的"政治—社会"震荡。

在最近几年的"新清史"争论中，傅礼初将这一主题扩展至整个大清时期，认为帝国的建构直至19世纪仍在延续：

> 1800年之前清朝历史的焦点在内亚——它的……政治活动以及这个广阔的、多元文化的地区被统一的、不断汉化的中华帝国所并吞和消化的过程。1800年之后重点开始转向中国内地和沿海，19世纪清代内亚开始被置身于汉文化的影响下。

傅礼初认为，大清在平定准噶尔之后，开始向当地移民，采取回屯、兵屯、旗屯、犯屯等等形式。政府向这些内地移民每户提供27

亩土地，并修筑城市，允许通商。但这样的一体化经略并未完成对民族和宗教信仰都十分复杂的广阔区域的真正控制，政治整合依旧是一个"未竟的事业"。

至于蒙古地区，由于藏传佛教（黄教）的推行，"持久地削弱了人类历史上最令人生畏的军事征服者的后裔们"。

> 19 世纪，这个王朝控制着蒙古，清政府不再惧怕他们。甚至蒙古的人口，也主要由于僧侣制度和梅毒而锐减……清在蒙古的利益日益变成了汉人的利益……甚至可以说汉人的经济渗透是服务于朝廷的利益的，因为它将蒙古与帝国的其他地方紧密地联系起来。

由于持续的经济连锁反应，蒙古贵族和喇嘛们负担着沉重的债务，被迫非法地将大片草场押给汉人，汉族商人则带来越来越多的汉族农民，把草场变成农田。这样，蒙古，尤其是内蒙古，就随着这种商业的渗透而完成了"汉化"，或者说实现了帝国的"一体化"进程。

但这种一体化只是一种弱势整合，它面临的并非仅仅是内部的挑战，帝国结构的脆弱性可能是更重要的障碍。

常识性的认知是：帝国具有强固的结构，无论是就地缘政治、战略纵深还是制度构架，由此，"天下主义"的优势也被当作某种国际体系的内部化，或者说一种世界帝国的构想。在这种世界帝国的构想中，拥有绝对主权的国家之间的绝对纠纷也就被化解为内部的可治理状态，从而保持某种长期的和平。

但这是一种非历史性的幻觉，是对帝国的结构性脆弱的忽略产生的乌托邦。

帝国结构性脆弱首先表现为主权的非继承性，或者说主权转移的断裂性。从元到明，从明到清，主权转移取决于军事力量，其合法性来源则在"天命"，一种具有神秘色彩从而可以任意解释的理论构想。"天命"是一个公共符号的自我生产过程，没有一个集团可以永久占有公共符号的解释权，除非它不再是公共符号。也就是说，公共符号本身需要重复性的自我生产以证成其权威性，一旦被垄断就必然失去其公共性，而如果失去了公共性，它就无法提供合法性来源。这就不仅为任何一种力量的兴起提供了获取主权的可能性。不仅帝国内部的任何力量都有获取主权的理论可能性，周边四夷也具有挑战此主权并声称"天命在我"的自由。事实上，无论是日本对"中华"名号的"僭取"，以及农民起义者如李自成、张献忠等对于天命的主张，持续不断的白莲教对于合法性的冲击，以及大清对明廷的最终取代，在在说明这种由天命而降的主权观造成的动荡，是一种几乎无法解决的帝国结构性脆弱。它几乎将所有主权者置于一种始终无法稳固掌控统治权的焦虑地位。这一点，在中国历史上主要表现为历史的断裂，或者天下的分裂，所谓"分久必合、合久必分"陈述的正是这种"天命"体制留下的问题。相比而言，西方世界虽然也存在这种主权转移的混乱，但其问题被夸大了，近代以前的欧洲，"君权神授"由于获得自罗马时代以来教权的保障而具有稳固的宗教基础，现代社会则由于主权在民的理论与选举的程序设计而有着稳固的法律保障，在主权转移问题上，尽管始终有着权势与利益的冲突，但至少都存在游戏规则。

政治的要义永远在权力的性质上。

从战略地理看，一般只强调帝国所具有的相对独立的地理空间。山海环绕，自成一体，似乎这正是帝国秩序稳固的地理保障，这一判断在大航海时代到来之际当然失去效力，不论。但即使在此之前，它也难以成立，因为历史上的北方游牧民族始终构成对中原的威胁，且事实上也节奏性地取得了主宰中原的政权。尽管封锁内外的长城早在先秦时期就已经构筑着，但周期性的政权替换，至少说明长城事实上并没有构成帝国的地理保障线。其实，熟悉军要地理的都能明白，长城一带，始终是一个开放地带，是人流、物流的交换地带。在这条广阔的交换地带中，还存在着两个无法弥补的战略缺口——黄河河套与辽河河套——两条河流如同两条撕裂带一样深入中原，从而随时可以被游牧部落利用，并足以致帝国于死地。

如果再加上中亚通道、西南通道及南中国海域的开放状态，则帝国结构的脆弱性就表现得更为突出——一种超大规模的政治体，必然意味着超大规模的接触频率、幅度与超大规模的地缘政治复杂性的存在。帝国的稳固如果是建立在不受外力干扰的状况下，它就需要实施全方位的封闭，但这是一项不可能的任务——仅凭这一点就可以拖垮整个帝国。

也正是意识到这一点，帝国对天下秩序的维持，就不是直接统治，而是一种象征性的文化宣示与礼仪表达。在这种天下主义的话语中，作为立法者的天子必须是一个高高在上的超然存在。相应地，作为天子存身之所的"中国"也应是一种超然性存在。事实上，这一构想本来来自列国时代的历史传统，作为天下共主的确实只能是"虚君"，它也确实适合于一种理想的"国际体系"。"中国"若要以超然姿态"君临天下"，就必须脱离实体概念，也即不能以一个帝国（国家）的身份出现，而只能以一种功能出现（也就只能是此后的国联或联合国这种体制，近乎立宪政体中的虚君）。也就是说，它所动用的力量只能是道义的与象征的（这也是明清帝国处理海外华侨事件时的姿态）。一旦启用硬实力，则这种建立在象征符号基础上的权威就会大打折扣，甚至丧失，引发对其天下共主的合法性身份的质疑与挑战。

这正是礼仪为什么会成为一个原则问题的根源。

在这种天下主义的意识形态构想中，"中国"——作为天下共主的中原帝国——是立法者、监视者与仲裁者。在华夷秩序的等级结构中，天下夷狄是平等的，而中华共主却高高在上。这种等级结构，当然是帝国的内部统治结构在国际秩序中的自我复制。

但这一理念又与"帝国"这一实体产生矛盾，作为实体的中国，必然有着自己的实质性利益，它参与诸国的交往，也只能以一个实体的身份。事实上，"帝国"扩张本身是其维持天下共主身份的现实基础。于是，在这种天下秩序之下，帝国不得不在这种"双重身份"之间摇摆，但要真正获取平衡，却大成问题。

为了摆脱"双重身份"的困境，帝国可以选择以一个纯粹军事征服帝国的面目出现，而不顾及天下共主形象。但其道义丧失巨大，因此，大部分时段，帝国往往以道德反思与自我审判的面目出现，以补救这种道义的丧失。也由此，天下主义的国际秩序，就成为一种囚禁帝国自身的道德牢笼，在这种自我束缚下，帝国反而失去了处理国际事务的主动与能力。

这近乎一种自攻自伐状态，一种系统的自我败北。

二

帝国建构的政治实践与对这一实践的话语表述是两个不同的体系，后者，作为帝国意识形态，具有规范知识体系的特征，在传统政治中，它是先于帝国建构的理论构想。其先在性因此就具有某种文化所固有的惯性，以及道统的合法性制约，并非可以随意更动与改写。因此，明清两朝统治者面临的问题是，就算拥有至高无上的权力，也并非可以完全采取现实主义态度应对政治实践。其战略行为既需要实际利益与帝国武力的支持，也需要意识形态即"天下主义"的支持。

从明清帝国的具体外交实践看，其实用主义路线的奉行仍旧遵循一般政治的行为模式，并非总是如批判者所描述的那样顽固不化。如大明帝国对待伊斯兰世界、大清王朝对待俄罗斯帝国一样，当其面对真正的敌手时，总是采取这种看似例外的现实主义平等外交政策。可见其手段与策略均具有灵活性，但这些个案总是以一种特殊的手段加以掩饰，如对平等外交实际意图的隐藏及双重话语的表达（这一点尤其体现在大清对俄外交上的处置，一些外交文件被销毁或禁止向汉族官员传播），这种实践与话语背离的现象是如何产生的？这就需要对作为帝国意识形态的天下主义的监控功能加以考察。

尽管绝对皇权不容置疑，但那些掌握话语权的儒家官僚却也具有某种传统的权力，作为个人的皇帝并不具有挑战此话语及体制的能力，这也是钱穆等传统主义者强调中华帝国并非个人专制的理由之一。

其次，皇权的至高无上本身就是建立在这套意识形态话语基础之上的，其天下共主的绝对权威、尊严与身份，依赖这套话语体系。因此，尽管在现实政治中他必须采用违背意识形态话语所设定的方式行事，但却无法挑战这样一套话语体系，故，他只能隐瞒真相。

这算是帝国政治的某种作茧自缚，或者也可以理解为帝国的自我监控程序。然而，这种状态却会给帝国政治造成严重的困难。

受意识形态影响，政治实践往往会产生致命性的时代倒错，而这一倒错却得不到反思。而这种由意识形态错误导致的结果将进一步强化帝国官僚体系的自我封闭，从而本来可能因政治现实主义而引发的良性连锁反应，并没有产生预期的效果，而往往是帝国的自我萎缩。最安全同时也是最经济的态度就是保守主义式的不作为——决策者及官僚个人的理性成本考量，却由帝国付出的沉重代价来买单。

再次，这一话语体系本身同样无法获得突破口，现实主义政治实践如果不能形成对话语的冲击，话语就不可能产生变动，从而无法形成对新现实进行解释并创造符合新现实的话语体系、新的国际关系理论。

话语的僵硬来自话语自身的神圣化，而神圣性又来自其对现实语境的"超然状态"。儒家正是在将自己的天下主义话语建立在这种超越性的基础上才获得了神圣性资源，获得所谓的"道统"。因此，话语本身会切断其与现实世界的关联。这本来应该是一种宗教性行为，然而，天下主义话语并非天国宗教，而是实际政治事务；儒家官僚也并非教士阶层，而是帝国体制中的一员，他们无法隔绝也不应隔绝现实。这样，帝国的天下主义话语由此导致精神分裂：在现实与理想之间，在实践与话语之间的精神分裂。

国际政治中，仅有现实主义是无法承担领导者责任的，它不仅需要某种政治理想的想象力与规划能力，更需要一套相配合的知识创新体制与超越性的知识共同体。

战略规划不取决于事实，而是取决于对世界或国际政治的愿景想象。因为，战略规划的任务并非现实性的日常应对，而是国家全局定位与长期发展的方向性拟定；它是理论性建构，而非现实性的操作；再者，它对实践与事件的解读，并非面向事实本身，而是意义的提取与创造；最后，战略规划的直接目的在于预案的制定，而预案意味着必须在国际政治中"先发制人"，由此，历史事实往往是由这种战略制导的,而非相反。国家战略的过程,因此便是一个自我循环的过程——它并不对具体的政治目标负责,只对国家意识形态负责。

也就是说,战略决策需要一种独立体制,这套体制应在具体政治实践之外运作,而不是官僚体制之内的实际操作,它应是一种学术共同体或元老院式的贵族共同体——在具体的政治运作之外或之上,由此才能对具体政治过程加以反思与监控。

如果说清帝国初期形成的部族内部联盟制和议政王大臣制度在某种程度上承担着这种功能的话,雍正时期军机处的创设就是对这一制度的破坏,政治运作由此就成为一种没有监控与评价体制的绝对权力,变成权力集团内部的循环——它是事端的发起者,也是事端的评价者与善后者。这样,政治就成为纯粹的折腾而失去意义,成为一种恶性的权力意志之自我复制。

在实际的地缘政治层面,大清具有高度的务实精神与比较灵活的应对手段,至少在其内亚战略方面,将西藏、新疆与青海、蒙古作为一盘棋考量是成功的。但超出地缘政治格局之外,大清就无法进入战略性认知与运作中,究其原因,不在清帝个人的才略识见,而在帝国的知识体系这种根本性缺失。由于没有一个超然性的知识共同体,或独立的决策阶层,因此无法发展出一整套基于政治实践的新的理论体系来,新的政治实践也就无法纳入新的认知之中。这是一种双重意义上的缺失——制度的缺失与知识的缺失——制度是知识的落脚处,知识是制度的产品,而在这两个层面,帝国直至 19 世纪都未发生任何新的变动。

帝国主权的更替(如明清更替),并不影响天下范畴的变化;帝国地缘政治格局的变化,也难以影响天下范畴的变化(如西人东来),

也就是说，天下主义范畴具有超越现实政治的强大制约力。为此，以夷狄入主中华的清朝诸帝就需要调整自己的行为以适应天下主义话语的严格界定，为此甚至不得不避开帝国的意识形态官僚监控，隐藏自己的战略意图。或者，采用强制的手段修改天下主义所设定的华夷秩序范围，帝国政治不得不耗费在这种内部的实践与话语的龃龉之中。正如本书一再揭示的，明廷诸皇帝对官僚机构的杯葛，以及他们启用如具有伊斯兰族裔的人出任内臣，清廷诸皇帝则直至乾隆时期还在为自己的夷狄身份辩驳，他们以严酷的手段（如文字狱）逼迫汉族儒士修正华夷表述，一再严厉地指出，蒙古、回部及西藏已经不是夷狄——而是中华的一部分（是基于主从关系或君民关系建构的），"藩部"制度设计可以理解为将历史上的夷狄纳入中华之内，从而扩大华夷秩序的范围。

这些均可以解释为随着帝国的扩张，天下主义也处在调整与建构之中，这种"天下主义"在帝国对外关系的处置中，就是历史上著名的朝贡体系这一制度框架。

历史学家们尽管已经对费正清等提出的"朝贡体系"多有修正与批判，但这一解释框架至今仍有巨大的解释力。可以说，某种程度上，它确实是明清帝国处理对外关系的规范，虽然，具体实践往往会突破这一规范。

国内一些学者试图将"天下主义"打造成现代"世界体系"的替代品。在他们看来，既然这一体系维持东亚秩序近千年，它就具有当然的优越性，尽管，"天下主义"具有典型的华夏中心主义色彩，他们并不讳言。针对一些批评者的强烈质疑（批评者提出，以华夏中心主义这种偏颇的理论体系换取西方中心主义的偏颇学术，除了换汤不换药外，根本没有事实上的变化），他们反驳说，所有的文明都是种族中心主义的，知识背后隐藏的总是权力，天下体系具有华夏中心主义色彩又何足挂齿？

　　这种辩驳充斥于国内思想界，其对"天下主义"正当性的维护，建立在一种福柯意义上的"知识—权力"关系上，但这种福柯主义泛化显然是偏颇的。本书研究显示，如佛郎机人（葡萄牙人）想象"异域"的方式，虽然有着某种近似的"我族中心主义"特征，但其基于人类平等与全球一体的人文主义色彩却更为明显，充满着历史学家所说的"同情的理解"和人类学家所说的"他者的视角"，与此后所谓的"西方中心主义"或白人优越感完全是两回事。人类学家王铭铭曾经说过，我们现在所看到的西方中心主义是晚起的，是19世纪的产物，将非西方人类当成野蛮民族乃是19世纪之后殖民主义的结果。很长一段时间，西方人都相信基督徒和异教徒均来自同样的起源，人类在神面前是平等的。更甚的是，西方世界的海外探险不仅有着地理学的知识依据，其最主要的动力还是来自对异域文明的羡慕与景仰（当然也包括对东方世界的充满浪漫的想象），以及他们往往将来自异域的文明或者蛮族当成欧洲社会的未来，当作乌托邦，用野蛮人的文明来构想他们的理想秩序。东方世界的物产一直以来就是西方世界的时尚，是他们创造力与想象力的灵感之源，这种"东方梦"持续至18世纪。现代意义上的"西方中心主义"是全球殖民之后，借助社会进化论这一理论体系才建构出来的，也就是说，它是18世纪逐步发展起来的一套理论体系，到19世纪才被广泛接受。西方中心主义的系统化与偏见固化，依据人类学家斯托金的研究，还与国内社会结构有关。比如此后主导全球殖民主义的大不列颠帝国，那些去"异域"探险、开拓与殖民的人，他们在英国本土社会地位低贱，由此将自身所遭受的偏见与歧视转移至殖民地，歧视这些所谓的野蛮民族，"他们把自己国内的阶级差异搬到了海外，于是把他者想象成比自己还要落后的阶级"。

反观明清帝国对异域文明的想象与认知，就能更清晰地呈现这种想象模式背后的文化内涵——天下主义不仅有着根深蒂固的自我中心主义偏见，还有着严重的等级压制。西方世界对"西方中心主义"的自我反思与批判，并非要维持这种非正义的世界格局与规则，而是要推翻它，这正是福柯揭示"知识—权力"关系的目的所在。正是这种揭露，显示出：我族中心主义并非人类无法摆脱的命运，而是特定文化模式与社会结构所塑造的产物。人类之所以能由中古时代进入近代，由近代进入现代、后现代，就是克服了这种我族中心主义的结果，是自我反思与自我批判的结果。

按福柯在《必须保卫社会》中的说法，体系内部的这种区分，无论是种族的或阶级的，还是文明的或华夷的，其表面是在创建秩序，其实质却是在征服、在进行社会控制，分化与控制——这是一种将战争逻辑强加在社会之上的强权，它制造着一种内部战争、内部殖民状态。当然，它也从一开始就面对着挑战，面对着无止境的社会反抗。因此，也可以说，准战争状态不仅是天下主义体系的必然结果，也是这个体系内部的逻辑及其制度的本质。

与具有固定疆域从而内外关系明确的现代国家不同，天下主义秩序可以随时调整从而成为一种变动不居的动态关系。这样，奉行天下主义的中华帝国之下的世界秩序，至少在理论上可以无限扩张。"王道无外"，因此，这一体系也就不需要"对外关系"这一现代国际政治事务及理论。但同时，这种内外不分的现实也就必将导致国际冲突的内化、国内战争的外化，从而使得天下秩序永久性地处在动荡之中，并因此失去控制。

从人类学视角看，每个个体、部族或文化、国家多少都具有某种程度上的自我中心主义倾向。但如果仅仅作为一种认知偏颇，并不会造成太大的问题，毕竟在一个全球化的时代，人类具有相互理解与自我反思的理性，从而可以遏制其过度发展。但当这种自我中心主义获得了系统的理论建构与强大的帝国力量的支持时，它就会成为一种霸权，当它获得了规范世界秩序的意识形态力量或宰制性的权力结构支持时，无论是以道德的、礼仪的、宗教的或文化的，还是以赤裸裸的暴力方式表现出来，其实都是"征服"——它必将遭到永远的反抗，不管是暂时性的屈服，还是直接的挑战。

三

本书提出的地缘政治中的双重三角关系，表面看是一种对抗性或说是一种多边博弈关系，从根本上说却是一种利益互生关系，一种经济上的相互依赖关系。换句话说，这种地缘政治格局其实构成一种区域性的共同体，在这个由多边关系构成的共同体中，没有一个国家或帝国是孤立的，也不可能孤立，每个政治体都是在与别的政治体的互动中才建构其实践框架的，也只有在这种互动中才能体认各自的历史使命与未来方向。

学界对近代外交的理解，往往将之当作一种国家为谋求各自的利益而折冲樽俎的行为，一种维护主权的国家意志。这种理解是只看到其表层，而忽视了从双边甚至多边、从共同体整体看待问题的深层思路。从后一角度看，外交乃是区域性共同体，是国际社会建构的行为，是在确认自己的同时也确认他者，主张自己利益的同时也尊重他者的利益的互动过程。它是共同体共享规则的创建与形成的机制，也即共同体本身的创建机制。

国家主权的表示从来不是权势中空里的自言自语，而是对等国家之间的相互承认。这一原则适应传统的帝国政治，也适应现代国际关系。这也是大明取代元朝之后，朱元璋需要派出各路"行者"向周边国家宣示的原因，也是大清能够与俄罗斯达成条约关系的原因。现代国际关系的确立，之所以以主权为核心，就是因为从根本上说，主权概念是一种相互承认的结果。

这种相互承认的政治有着更为深层的理由，那就是，人类不是一个孤岛，无法独立存在，而是相互依赖、相互促进的整体。这既是一种信仰，更是一种现实，尤其是一种利益现实。人类不仅在资源上无法独存，在环境、文化与感情上也是相互依存、无法分割。所谓"有无相通，邦国之常也"，基于地理环境与生态资源的不平衡分布，基于知识与文化的相互促进，也基于历史上与现时代越来越频繁的交往所造成的紧密关系与共同命运。没有一个国家可以脱离整体而独存，也没有一个民族可以真正做到闭关自守、自给自足。

这既是一个国际事实，也是一种帝国内部的事实。

以中原为中心的中华帝国，从经济地理与战略地理看似乎是一个独体，这也是帝国政治话语中的惯常用语，但这种自给自足的神话显然只能当作一种象征性话语对待（总有史家陷在"天朝物产丰盈，无所不有，原不藉外夷货物以通有无"这段著名的乾隆外宣辞中而相信这种神话）。不仅蒙古高原从生态和经济上与长城以南的农耕区构成互补关系，无法离开农业中国，农耕文明的中原地区同样无法与游牧民族隔离。历史上的茶马互市可以说是这种互补的正常形态，而战争的发生往往就因为这种互动关系被打断。在这一点上，"新清史"的代表人物濮德培说的也许更符合事实：

> 只有当游牧部族的发展与中国经济联系在一起时，游牧帝国联盟方能存在……游牧帝国往往与中国本土王朝同时兴亡。当中国陷入严重无序与经济衰退时，它就无法再和游牧帝国维持良好关系。北方草原的权力将重新归属原有的松散部落。除非中原重新恢复秩序，否则草原就无法再恢复统一。

对这种相互依存关系的认知，至少在嘉靖初年就成为朝廷某些大臣的共识。1521年后，广东当局奉中央政府命令驱逐葡萄牙人，导致"两广公私皆匮"的财政危机。严从简在《殊域周咨录》中引当时的巡抚都御史林富上疏，其中说道："中国之利，盐铁为大，有司取办，仡仡终岁，仅充常额，一有水旱，劝民纳粟，犹惧不克。"也就是承认中华帝国连最基本的日常生活资料也处在匮乏状态。其中还提及两广的相互依赖性，有"广西一省，全仰给于广东"，而广东的财富又依赖外洋通商（查得旧番船通时公私饶给，在库番货旬月可得银两数万）。故经世思想家徐光启提出"有无相易，邦国之常也"这一原则，以之为处理国际关系的准则。

白银贸易的情况可以更为清楚地说明这一点。

经济史学家们往往强调，至晚明之际，中国拥有世界上最巨量的白银，如全汉昇提出的，美洲白银（约1571—1821年间）通过菲律宾中介，至少有一半进入中国，如果再加上等量的由日本走私进入中国的白银，则中国每年输入白银达50吨；但这种数字还被认为是保守的。弗兰克在引起学界震动的《白银资本》中提出，这一数字可能高达每年125吨。依据这种估计，则自16世纪至17世纪中叶，流入中国的白银数量总计将达7000—1万吨。弗兰克由此认为，中国占有了世界白银产量的四分之一或三分之一，并由此得出一个令人兴奋的结论："整个世界经济秩序当时名副其实地是以中国为中心的。"

经济史学家们往往认为，白银流入中国与无可替代的中国制造有关，尤其是蚕丝与瓷器。西方世界拿不出中国必需品以交换中国商品，白银于是成为西方世界获取中国商品的几乎唯一的硬通货。这种说法多少落入了乾隆式的自大，它忽视了中国正是严重缺乏白银储量才出现这种对于白银的饥渴。

自明初纸币贬值、铜钱膨胀，白银几乎替代了铜钱成为民间社会的交易硬通货，随后明廷也在税制改革中采纳白银为基本结算单位。但帝国的自产白银远远无法满足市场需求，帝国财政存在着严重的白银短缺问题。随着铜矿开采的资源枯竭，对白银的需求就更为迫切，中国的银价几乎高于世界任何地方。因此，大量白银向中国流入就几乎成为一种暴利——直接以白银购买中国产品成为最快的致富之道。

明代永乐一朝，朝廷开始开采白银，其官方统计（一般经济史家认为这一数字只有事实上的三分之一）最高年产量为10吨，在1440年左右下滑至3吨左右，到1500年则只有1.5吨了，这就意味着帝国面临严重的白银短缺所造成的恐慌。于是，商人冒着危险，突破海外贸易的禁令，开始走私白银。首先是从日本走私白银，因为日本有白银矿。仅就抓获的情况看，1542年，抓获3艘来自日本的船，每艘都运载了1吨的白银，这比景泰元年1450年以后中国国内所产白银的总量还多。即使只按20艘算，每年从日本进口的白银也达20吨，但事实上，走私数量要远远超出这个数（为了获得白银，17世纪二三十年代中国漳州商人甚至从日本进口银矿冶炼剩下的矿渣，以便从中提炼剩下的微量白银。这也说明中国白银矿的稀缺及从事白银贸易的高额利润）。

此后，明代在其"一条鞭法"的财政改革中以白银为基本货币，可以说是完全依靠这种白银贸易输入。按一些史家的说法，中国的第二次商业革命（第一次是宋代）离不开这种白银的巨大贡献。

历史学家如弗兰克在《白银资本》中所说的事实，呈现的正是这种"相互依存""有无相易"的国际关系。但事实是一回事，对这种事实的理解又是一回事。而要真正理解这种事实，其责任在知识界——知识界没有面向事实的勇气，没有突破制约的勇气，没有对世界相互依存的承认，这样的事实再多，也无法自动改变帝国的政治实践与格局。

"朝贡贸易"的维护就是对这种事实的拒绝。这种贸易必将培养其对立面——走私。如果帝国以强力推行这种垄断贸易，则其对立面——走私，也会采取强力反制。在北方，帝国希望通过这种垄断来"羁縻"游牧部落，其结果是促使其武力要挟，双方不得不付诸战争。而在南方，帝国以为通过垄断可以控制沿海局势，结果逼出了武装海盗。"南倭北虏"的形成，可以说就是这种拒绝的结果，也是帝国相信可以单边宰制这个世界的结果。

帝国何以无法创生自己的海洋话语与海洋文明，根源就在这里。海洋是一个开放而自由的区域，是一个相互依赖、相互交流的多边框架，不可能被单边宰制，只可能是多边的频繁互动与反复博弈。尽管，其硬实力仍旧具有举足轻重的影响，但最终必须向变动不居的地缘政治格局倾斜。在这种无法单边宰制的流动的秩序中，最好的治理模式就是相互之间的互动，以及建立在互动基础之上的相互信任，与这种信任的法律化。

一个共享的法律框架因此成为海洋文明的基础，尽管它起源于早期海洋帝国之间的双边关系（葡萄牙与西班牙之间），但这种相互承认的原则是通用的，它因此也就成为欧洲世界对于无主海洋（海洋自由）的管治方式，成为此后全球公海的治理方式。正是因为有了这种法律框架，无主的海洋世界才被纳入管治范围。这并不是说此后的世界就不会发生冲突，而是冲突的发生由此有了法律与外交解决的途径。

图书在版编目（CIP）数据

天下.1，明清对外战略史事 / 邓文初著.—上海：
上海三联书店，2020.11
ISBN 978-7-5426-7098-4

Ⅰ．①天… Ⅱ．①邓… Ⅲ．①中国对外政策—国际关
系史—研究—明清时代 Ⅳ．①D829.10

中国版本图书馆CIP数据核字（2020）第116550号

天下1：明清对外战略史事

著　　者 / 邓文初

责任编辑 / 朱静蔚
特约编辑 / 李志卿　项　玮
装帧设计 / 微言视觉｜苗庆东
监　　制 / 姚　军
责任校对 / 项　玮

出版发行 / 上海三联书店
　　　　　　（200030）中国上海市徐汇区漕溪北路331号中金国际广场A座6楼
邮购电话 / 021-22895540
印　　刷 / 河北鹏润印刷有限公司

版　　次 / 2020年11月第1版
印　　次 / 2020年11月第1次印刷
开　　本 / 880×1230　1/32
字　　数 / 300千字
印　　张 / 13.25
书　　号 / ISBN 978-7-5426-7098-4 / D·457
定　　价 / 69.00元

敬启读者，如发现本书有印装质量问题，请与印刷厂联系 010-60278722。